聖嚴研究 第四輯

Studies of Master Sheng Yen **Vol.4**

二〇一三年十一月

聖嚴研究

第四輯

目錄

智旭《四書解》與儒佛關係論

禪修傳統的復興與東西交流*
——以聖嚴法師為例

李玉珍

國立政治大學宗教研究所副教授

▌摘要

當代的宗教現代化與國際化趨勢都使東西兩方的交流加速與縮短距離,向來被視為亞洲重要文化傳統的佛教,不但弘揚歐美,相對也將西方的宗教需求與概念回流入亞洲。在此複雜的互動過程中,禪修成為近二十年來貫穿東西方佛教的重要實踐觀念。東西方透過佛教這面鏡子互相透視/對視的當下,是否也改變對方?或者增進彼此對自己的理解?這是筆者關懷的重點。

本文將藉由聖嚴法師在臺、在美弘揚禪法的實例,以漢傳佛教國際化的大脈絡為經,臺灣中產階級社會修禪為緯,探討亞洲禪修復興運動的另一模式。

關鍵詞:中國禪師、美國華人佛教、聖嚴法師、漢傳佛教全
　　　　　球化

---

* 本文為聖嚴教育基金會支持之「學者與禪師」研究計畫部分成果,特此致謝。

一、前言

學者于君方、丁敏以及法鼓山果暉法師等人，都推崇聖嚴法師（1930～2009）以中國禪師聞名國際；學界也多推崇聖嚴法師復興默照禪，因此著力研究聖嚴法師禪法思想淵源以及默照禪的內容。❶但是「中國禪師」此一稱譽蘊含一個重要卻尚缺乏系統研究的脈絡，即佛教文化的東西交流，或者更具體地說，漢傳佛教在美國的發展。本文將以聖嚴法師在美國教導禪法為個案研究，專注的時期為法師初抵紐約（1976）到法鼓山紐約象岡道場落成（1997）的二十年為限。一九九七年至今十五年以來，法鼓山服膺聖嚴法師的教導，推廣三大教育，禪修與學術發展並重，成為國際重要佛教組織。❷就法鼓山而言，前二十年的基礎與後來十五年的發

---

❶ 于君方指出「在海外，聖嚴法師被公認為中國禪師。」「每次（海外）禪七，西方人士都不下於華裔的同胞。」請見氏著，〈聖嚴法師與當代漢傳佛教〉，收入聖嚴教育基金會學術研究部主編，《聖嚴研究》第一輯，臺北：法鼓文化，2010年，頁46、50。丁敏原文為：「從宗教傳播的角度來看，聖嚴法師是以中國禪師的身分，將漢傳佛教傳入歐美佛教界，而與先行盛行的藏傳佛教、日本禪宗、南傳佛教並駕齊驅，廣泛吸引西方人士學習中國禪法的開創者、生根者。」鞭辟入理。請參見丁敏，〈當代臺灣旅遊文學中的僧侶遊記──以聖嚴法師《寰遊自傳系列》為探討〉，收入林煌洲等合著，《聖嚴法師思想行誼》，臺北：法鼓文化，2004年，頁317。釋果暉，〈漢傳禪佛在西方的弘傳──以美國紐約象岡道場為例〉，「教育部顧問室人文領域人才培育國際交流計畫」結案報告（100年），頁5。

❷ 有關法鼓山的發展分期，請參考陳美華，〈法鼓十年（1989～1998）──從農禪寺到法鼓山的立基與開展〉，收入《聖嚴法師思想行誼》，頁251-258。

展息息相關，注重禪修與學術的特色成為其傳統，於是有二
○○五年的中華禪法鼓宗成立。

　　法鼓山的發展，並未獨立於佛教全球化的潮流之外，而
同時期臺灣佛教徒的跨國互動也不曾停止。上述三十五年
間，臺灣佛教界較為顯著的建樹，包含成立佛教大學、積極
參與國際活動等。相對的，國際化的程度提高，各式各樣的
佛教修行傳統傳入臺灣，也成了勢不可擋的風潮。譬如正觀
（Vipassanā）與藏傳的修行次第，吸引相當多的信徒（僧俗
皆有）；達賴喇嘛、一行禪師、帕奧禪師、阿姜查林居僧的
譯作，也在臺灣十分風行。

　　筆者認為聖嚴法師穿梭東西社會教禪，提供當代佛教跨
國雙向交流的絕佳例證。以往漢傳佛教法師不曾停止向西
方社會弘法，但其中以禪修如此深入者，除聖嚴法師外，不
做第二人想。目前研究漢傳佛教在西方社會「復興」者，對
於禪修如何成為漢傳佛教進入美國佛教社會的契機，討論較
少。此外，除了向西方社會介紹中國禪法，聖嚴法師在臺灣
提倡禪修也融合西方社會的禪修概念，但是這個層面也比較
少受到注意。

　　本文將分為三段，首先介紹當代美國佛教的發展，然後
分析聖嚴法師得以在美國奠定中國禪師地位的原因，最後嘗
試比較臺灣與美國社會契合禪修的異同。至於如何修習默照
禪，或者默照禪的歷史傳承與義理基礎，不在本文探討範圍
內。因為聖嚴法師本身及其弟子教禪的文字中，已經形成一
套完整的論述（discourse）基礎；而且不論法鼓山復興或者創
建中國禪法，其成功不只在鋪陳義理，而是從實踐層面推動

禪修系統。簡單來說,聖嚴法師顛覆以文字義理來趨近禪的
生活的作法,提出一套可以教導、有次第可學的禪堂修行,
為其教禪之特色。

二、當代美國佛教與華埠佛教

美國社會出現本土的佛教修行團體已超過一世紀,而且
他們正積極尋求定位。一八九七年鈴木大拙(1870～1966)
抵美後輸入的日本禪法,已經在美生根,但是新的亞洲移民
仍然不斷引進各種傳統的佛教。一九六〇年代以後的嬉皮風
潮,引起美國社會主動尋找亞洲精神智慧的風潮。對應佛教
在美國的發展,美國學界觀察到「美國佛教」或者「佛教在
美國」間的爭論。❸前者呈現美國佛教信徒具有菁英特質,不
論學法修禪,都有跨文化追求宗教導師的資源與力量;而後
者則相對排斥亞洲移民對美國佛教的貢獻,甚至將佛教信仰
定義為「民族性」宗教(ethnic religion),走不出「中國城」
(Chinatown,文中接下來稱華埠)。❹「美國佛教」與「佛

---

❸ Kenneth K. Tanaka, "Issue of Ethnicity in the Buddhist Churches of America," in Duncan Byuken Williams and Christopher S. Queen eds., *American Buddhism: Methods and Findings in Recent Scholarship.* Surrey, TW: Curzon Press, 1999, p. 4.

❹ Chinatown,中國城或者華埠的華裔移民組成,近二十年來隨著臺灣、中國大陸移民潮產生極大的變化,閩籍人口已經超越粵籍,但是佛教仍是他們凝聚身分定位的重要文化因素與網絡。請參見Kenneth J. Guest, *God in Chinatown: Religion and Survival in New York's Evolving Immigrant Community.* New York: New York University Press, 2003. Helen Rose Ebaugh and Janet Saltzman Chafetz eds., *Religion and the New Immigrants:*

教在美國」的分類，顯示美國此一民族大熔爐的特色。相當程度上，也顯示美國本土性的修行團體已經確立。一九八三年以後美國連續爆發日系禪宗❺、藏傳團體的領導者濫用權力、酗酒、性侵的醜聞，女性佛教修行者開始檢討師徒關係，禪修者趨向尋找更為平等嚴謹的修行紀律。❻

確有「美國佛教」與「佛教在美國」的現象，但其交涉互動比分類重要。以二○○二年出版的*Westward Dharma: Buddhism beyond Asia*（佛法西行：超越亞洲的佛教）一書為例，作者Martin Baumann和Charles S. Prebish即放棄邊緣與中心的理論，提出佛教國際化使佛教中心多元化，某些新興的

Continuities and Adaptations in Immigrant Congregations. Walnut Greek, CA: Altamira Press, 2000. R. Stephen Waner and Judith G. Wittner, *Gatherings in Diaspora: Religious Communities and the New Immigration.* Philadelphia: Temple University Press, 1998. Bernard Wong, *Chinatown: Economic Adaption and Ethnic Identity of the Chinese.* New York: Holt, Rinehart and Winston, 1982.

❺ 筆者此處使用日系禪宗，特別指鈴木大拙介紹給西方的日本禪法，有別於其他漢傳（包含中國、韓國、越南等）、南傳、藏傳的禪法。因為這些禪宗宗派的成員（不論信徒或者僧尼），都已經不限於日裔移民。

❻ 尤其是禪師的權威，被反省的除弟子對師父的忠誠度，還包含亞洲佛教的階級模式。至於更平等嚴謹的修行方式，則指兩性平等的組織運作。由於美國佛教徒過分期待禪的神祕性，造成封閉性的領導模式。請參考Sandy Boucher, 葉文可譯，《法輪常轉：女性靈修之路》（*Turning the Wheel: American Women Creating the New Buddhism*），臺北：立緒，1997年。原書於一九八八年出版後，不斷再版。作者Boucher是美國重要佛教刊物*Tricycle: The Buddhist Review*的編輯，並長期出版有關佛教修行的書籍。一九八○年初期美國數個禪修中心爆發醜聞，此書訪問了這些禪修中心的女性成員，分析他們離開或留下的心路歷程，並且深切反省美國佛教的組織問題與師徒關係。

西方佛教中心甚至取代傳統亞洲佛教中心的地位。❼以往研究佛教跨國交流的議題，在歐美社會修習佛教多年後，已經從「歐美社會如何接受來自較重威權的亞洲社會的佛教？」變成「東西社會如何透過佛教交流來提昇彼此的福祉？」此一轉變，奠定於「跨國交流是同時雙向進行」的共識。❽

　　于凌波指出，第一位到美國弘法的中國僧侶妙峰於一九六二年三月抵達舊金山。❾十三年後（1975）歲末，剛獲得日本博士學位的聖嚴法師應沈家楨居士之請抵美，第二年即擔任美國佛教會董事兼任紐約市布朗區大覺寺住持，在華埠開始其弘法事業。不過有別於其他華裔法師講經弘法，

---

❼ 原文為 "globalization involves a dissolving of the Asian center(s) as the main or only agent of authority and the emergence of a variety of authority centers," p. 7。請參見Martin Baumann and Charles S. Prebish, *Westward Dharma: Buddhism beyond Asia.* Berkeley. CA: University California Press, 2002. 此書相當完整地討論北美、歐洲、澳洲的佛教發展及其重要議題，包含上述的醜聞與檢討，以及比較東西佛教的社會結構、東西社會對佛教的理解與期盼。

❽ 目前美國學界對於當代佛教的研究，多半從國際互動的脈絡中進行，以當代南韓佛教的研究成果為例，已經從韓國移民在美國建立的佛寺、教堂研究，反過來注意到歐美佛教徒對南韓佛教發展的助力。譬如Ryan Bongseok Joo對當代南韓佛教的研究——"Countercurrents from the West: "Blue-Eyed" Zen Masters, Vippassanā Meditation, and Buddhist Psychotherapy in Contemporary Korea," *Journal of the American Academy of Religion* 79. 3(2010.9): 614-638——即借用Robert Buswell 的「來潮與回流」（Currents and Countercurrents）理論。以雙向互動做為其研究中韓佛教的主軸，參見Robert Buswell E. Jr., *Currents and Countercurrents: Korean Influence on the East Asian Buddhist Tradition.* Honolulu: University of Hawaii Press, 2005.

❾ 于凌波，《美加華人社會佛教發展史》，臺北：新文豐，1996年，頁132。

聖嚴法師以指導禪修為主。聖嚴法師感受到美國社會熱衷禪修的氛圍，一九七六年應西方弟子之請，首次於紐約市菩提精舍帶領禪七。用聖嚴法師自己的話，就是「當時趕上西方人學禪的熱潮」。❿當時Philip Kapleau的禪學作品*The Three Pillars of Zen*相當盛行，顧法嚴將之中譯為《禪門三柱》，同住大覺寺的日常法師已經隨顧於紐約上州羅徹斯特禪中心學禪，推舉與Kapleau屬同輩的聖嚴法師指導禪七。⓫

聖嚴法師與日常法師於大覺寺共住兩年（1975～1977），期間在佛教寺院與附近的大學社團帶領多場禪七。一九七六年聖嚴法師於紐約市大覺寺帶領禪訓班，年底並於哥倫比亞大學教導初級禪坐訓練十堂課，歷時五週。他持續於大覺寺帶完五班禪訓班（至1978年止），一九七九年在菩提精舍教導五期禪七，同年年底於大乘寺帶一期禪七（1979/12）。期間又在哥倫比亞大學帶完兩季的「禪坐與生活」講座（四月與七月，各四週四堂課），並拜訪紐約市立大學（1979/11/29）、加拿大多倫多大學（1976/3/16-23）。⓬

一九七九年聖嚴法師建立東初禪寺，成為定期授課、禪

---

❿ 聖嚴法師口述，胡麗桂整理，〈我所知道的日常法師〉，原載於《人生》雜誌二五六期，轉引自http://www.wretch.cc/blog/hungchihwen/9906520，2012年5月16日摘錄。

⓫ Kapleau師承日本禪師安谷白雲（Yasutani Roshi），安谷的同門師兄伴鐵牛則是聖嚴法師在日本的禪師，兩人皆出自原田祖岳（Harada Sogaku）門下。

⓬ 上述資料來自「聖嚴法師國際弘化（1976～1992年）」表，參見釋果暉，〈漢傳禪佛在西方的弘傳──以美國紐約象岡道場為例〉，頁26-32。

修的中心。之前的禪修地點是借用沈家楨居士的菩提精舍
（前五次）、大乘寺（第六次），之後和弟子租屋辦禪中
心，直到一九七九年底，才有了正式所屬的落腳處──The
Institute of Chuang-Hwa Buddhist Culture（中華佛教文化
院）。當時東初禪寺是附屬於此禪修中心，由此可見聖嚴法
師非常重視以禪弘法。❸約十三年間（1979～1992），聖嚴法
師隔季奔馳紐約、臺北，忙碌中仍在東初禪寺帶領了五十四
期禪七，授課七百五十二堂，並且發行五十五期英文季刊
《禪雜誌》（*Ch'an Magazine*）、九十四期英文季刊《禪通
訊》（*Ch'an Newsletter*），以選刊禪七心得以及禪學演講。

　　除了在紐約市地區教導禪修、禪學──如羅契斯特禪
中心（1984/11/13）、臺灣會館（1988～1992八場大型演
講）、閔宏小學禮堂（1989～1990二場大型演講）、整體
健康博覽會（1990/5/19）、紐約開放中心（1990/6/16）、
莊嚴寺（1990/12/8）、禪山叢林（1992/5/19）、中華公所
（1992/6/16）、紐約臺北道場（1992/11/16）。❹同時期聖嚴
法師不斷奔波巡迴美國的重要大學演講，包含以哈佛大學為
首的八所長春藤盟校、麻省理工學院、加州柏克萊大學、史
丹佛大學、加拿大多倫多大學等，他都教過禪修或演講。至
一九九二年底為止，聖嚴法師已經拜訪過美加四十所大學院

---

❸ 聖嚴法師，〈序──夢中人的夢話〉，《禪門囈語》，臺北：東初，
　1982年，頁2。
❹ 上述資料來自「聖嚴法師國際弘化（1976～1992年）」表，參見釋果
　暉，〈漢傳禪佛在西方的弘傳──以美國紐約象岡道場為例〉，頁26-
　32。

校。如根據釋果暉的統計，一九七六至一九九二年間，聖嚴法師弘化地點遍歷七個國家的五所寺院道場、二十一處禪中心、禪堂以及一般社團、四十八所大學院校。三種場所比例分別為6.7%、28.2%、64%。**⑮**聖嚴法師在美弘法，於美國大學院校演講、帶領禪修的比例高達六成以上。

在美國大學講禪學、帶禪修，接觸的對象不論西方學子，或以臺灣留學生為主幹的華裔社群，皆是社會菁英。隨著禪修演講後的皈依而建立的師承關係，則拓展了教團的力量。這些活動中，容易被忽略的影響人物，還包含當地大學的佛學教授，因為大多數佛教社團平時即由教授指導，教授也會關心這些活動。對開課介紹亞洲佛教的教授而言，難得一位亞裔博士禪師來訪，可是輔助其課堂教學的重要活動。聖嚴法師雖然一直強調他在美國的禪師身分，但是擁有博士文憑的學問僧身分，卻是締造他突出表現的主因之一。在文憑社會（the certificate society）中擁有文憑，就能受益雙重（甚至多元）的身分定位。**⑯**在陌生社會中，文憑更是具有公信力的叩門磚。試想一位來自臺灣的和尚到美國大學系所與社團演講，擁有日本博士文憑的可信度，必然比單純的宗教師身分更受信賴。聖嚴法師風塵僕僕地周遊美國大學校園弘法，奠定他與美國學術社群的知名度。

有別於大多數中國法師，聖嚴法師以禪修弘法、鎖定大

---

⑮ 釋果暉，〈漢傳禪佛在西方的弘傳──以美國紐約象岡道場為例〉，頁24。

⑯ 筆者一直認為聖嚴法師的學者身分與其禪師身分互相支援，但是苦無理論來驗證此環節。感謝祝平一教授提出此一「文憑社會」的理論。

學菁英、出版英文佛教刊物，奠定其在美弘揚漢傳佛教的
基礎。之前中國法師經常在華埠講經說法、提供儀式服務多
年，卻無法打入美國主流社會，語言障礙是限制他們弘法活
動的主因之一。❼聖嚴法師當然也深刻體驗到英文不佳的困
境，譬如他初抵紐約市大覺寺與仁俊（1919～2011）、敏智
（1909～1996）、日常、通如法師共住期間（1975年底至
1979年），就發生過敏智長老因為不識英文而迷路的事，令
他印象深刻。❽一九七三年敏智長老以六十五歲之高齡，應美
國佛教會會長樂渡法師之請抵美，次年起擔任美國佛教會會
長❾，弘法對象主要都是華人，而且「會務與對外交涉都由護
法居士們分勞。一則是因為我們對美國環境的經驗不足，二
則是語言不通」，更使他不易與美國社會打交道。❿

　　除了語言障礙，敏智長老所傳承的知識系統也有別於聖
嚴法師。敏智長老是二十世紀初中國佛學院系統出身的高材
生。他先後就讀過玉山、龍池、閩南、武昌等四所佛學院，
後來擔任天寧寺佛學院教務主任、院長，一九四九年避難到
香港，孜孜不倦辦學，創建內明佛學院（即後來向中華民國
僑教會登記立案的內明書院）。他本身飽讀儒學經典、詩文

---

❼ 于君方，〈聖嚴法師與當代漢傳佛教〉，《聖嚴研究》第一輯，頁45。

❽ 聖嚴法師口述，胡麗桂整理，〈我所知道的日常法師〉，原載於《人
生》雜誌二五六期，轉引自http://www.wretch.cc/blog/hungchiwen/
9906520，2012年5月16日摘錄。

❾ 敏智長老於一九七四至一九八〇、一九八六至一九九六年間，兩度擔
任美國佛教會會長。聖嚴法師，〈敏智長老——慈祥、豁達中略顯孤
單〉，《我的法門師友》，臺北：法鼓文化，2002年，頁137-143。

❿ 聖嚴法師，〈敏智長老——慈祥、豁達中略顯孤單〉，頁137。

俱佳，主持經筵經驗豐富，講過《法華經》、《維摩經》、《金剛經》、《地藏經》、《解深密經》以及《因明》、《唯識》等論。❷但是這套紮實繁複的經典訓練，到美國缺少翻譯則無法宣揚，即使能言說無礙，也不是當時美國信徒能夠直接吸收的。更重要的是，這套二十世紀初僧院改革的經典教育，一九七〇年代尚無法與美國學界接軌。

聖嚴法師相當了解上一輩中國法師的處境，他綜合大覺寺共住的經驗：「為了接觸西方人，接引西方人，而把佛法傳播到西方人的社會去的目的，僅僅用口頭說，是沒有吸引力的。美國人重實際，求速效，最好的辦法是要他們修持密咒、學禪打坐……。」❷加上日本修學博士的歷程，聖嚴法師更嫻熟日本禪宗以及現代學術界的運作方式，兩者都是他的前輩與同儕僧侶無法企及的條件。❷聖嚴法師自陳傳授西方弟子的禪修方法，綜合其在中國大陸、臺灣山中閉關、日本所見的禪修方式。❷他正是在日本留學期間，接觸了日本禪宗的禪堂訓練，之後到美國才能與日本禪系溝通，與西方禪子的經驗接軌。

聖嚴法師是漢傳佛教弘傳歐美的先驅者之一，但是他採取以禪修接引西方弟子的作法，迥異於同輩駐美僧人復興漢

---

❷ 聖嚴法師，〈敏智長老——慈祥、豁達中略顯孤單〉，頁142。

❷ 聖嚴法師，《聖嚴法師學思歷程》，臺北：正中，1993年，頁155、318。

❷ 聖嚴法師並未進過中國禪堂，只是自己打坐，直到留學日本才見識到禪堂的生活，因此甚至有人以為他教授的是日本禪。〈自序〉，《禪的體驗‧禪的開示》，臺北：法鼓文化，1993年，頁1。

❷ 聖嚴法師，《聖嚴法師學思歷程》，頁155。

傳佛教的形式。蔡政純介紹三個華裔在美的佛教組織——紐約美國佛教會（1964成立迄今）、德州佛教會（1979～）、紐約佛光山道場（1993～），按照其成立時間正好呈現中國法師在美的發展階段。㉕基本上他們都懷抱在美弘揚漢傳佛教，或者將漢傳佛教本土化企圖，但是他們仍然都偏重經教以及傳承。㉖以美國佛教會為例，成立最初十年的宗旨在革除中國寺廟迷信的缺點，提昇經典的翻譯與講述，所以網羅各方高僧來講經，並設置各種佛學研究的獎助。㉗美國佛教會很早就與藏傳佛教淵源頗深，聘任張澄基（1920～1988）於一九七〇至一九七八年間擔任美國佛教會所屬譯經院院長。雖然他本身禪修很好，但並未公開教授，而是致力於藏文經典的英文與中文翻譯。㉘紐約莊嚴寺直到最近十年才聘請藏傳系法師，推廣禪修。

三、翻譯與禪修

　　從亞洲佛教徒的眼光來看，佛教的核心應當以出家僧尼

㉕ 因為這些團體最初大部分是聘任大陸籍的法師，尤其以紐約的美國佛教會為代表。

㉖ 蔡政純，〈美國漢傳佛教寺廟之人群特色〉，「2012年臺灣宗教學會年會暨全球化下臺灣宗教發展之典範學術研討會」會議論文，臺北，2012年5月19日。

㉗ 沈家楨口述，楊黌靜整理，〈美國佛教會的宗旨、精神與特色〉，收入《美國佛教會四十週年紀念特刊》，頁13；轉引自蔡政純，〈美國漢傳佛教寺廟之人群特色〉，「2012年臺灣宗教學會年會暨全球化下臺灣宗教發展之典範學術研討會」會議論文，臺北，2012年5月19日。

㉘ 有關張澄基之生平與著作資料，取自 http://tw.myblog.yahoo.com/religious-experience /article?mid=24，2012年5月18日摘錄。

為主，但是這並非歐美佛教的常態。曾有弟子質疑美國的佛教「除了南傳佛教的指導師大都為出家人外」，日本禪道與藏傳密教為「在家修行的宗教師」領導，導致傳承不清楚、戒律不謹嚴，孳生處理金錢與性關係不當的問題，使得西方信徒透過閱讀另求明師，因此接觸了聖嚴法師著作的英譯本而跟隨他。❷此一說法大致契合一九八〇年代以來美國佛教的普遍反省，但是從傳承與戒律的角度而言，則有待進一步釐清。一來美國佛教向來以居士為主，整個社會尚未接受供養佛教寺院與僧尼的概念。二來日本禪道與藏傳密教本身的派系傳承紛雜，他們在歐美的分支道場也有實驗發展本身戒律的空間；道場負責人獨身與否並不會影響其戒律實踐，信徒也不必然有終身出家的概念。簡單來說，歐美佛教的僧俗界線並不如亞洲佛教階序嚴謹。上一波美國佛教團體的醜聞，使信徒警覺到對魅力型禪師的過度依賴（甚至縱容），因此有人出走、有人改革，尋求更透明、更平等的禪修方式。❸而此觀察最具啟發性之處，便是舉出聖嚴法師與西方弟子結緣的重要橋梁，在於英文譯作。

　　聖嚴法師出版的英文書籍大都是教導禪修的，有助於建立其中國禪師的國際形象。根據釋常慶的整理，從

---

❷ 很遺憾的，歐美的南傳佛教團體亦發生過師徒關係曖昧的問題。傅佩芳，〈認識聖嚴法師的西方弟子〉，《人生》雜誌二〇五期（2000年9月），頁22-23。傅佩芳於一九九三年皈依聖嚴法師，為成功女企業家轉型專心協助弘法事業，在法鼓山有三克拉弟子的暱稱。

❸ Sandy Boucher，葉文可譯，《法輪常轉：女性靈修之路》（*Turning the Wheel: American Women Creating the New Buddhism*）。

一九八二至二〇〇四年間，聖嚴法師出版了十七本英文書籍，除了*Getting the Buddha Mind*（1982）之外，全部介紹中國禪法，還包含傳七的開示（*Illumination of Silence: the Practice of Chinese Zen, 2001*）。這些英文書甚至被譯成中文，不斷出版。❸聖嚴法師曾提到紐約法鼓出版社出版的八本英文禪書，就再版次數及發行量而言，是最受讀者喜愛的。這八本書依出版時間為：*Getting the Buddha Mind*《佛心》（1982），*The Poetry of Enlightenment*《開悟的詩偈》（1987），*Faith in Mind*《信心銘》（1987），*Ox Herding at Morgan's Bay*《牧牛》（1988），*The Infinite Mirror*《寶鏡無境》（1990），*The Sword of Wisdom*《智慧之劍》（1990）。❸筆者目前尚需要進一步的資料，以推論其發行量、市場占有率、讀者群以及其他行銷過程。但是可以確定聖嚴法師直捷的文風，在上述英文禪修書籍中是一貫的。

　　聖嚴法師教禪的書能在美國長銷，筆者認為寫作風格是成功的重要關鍵。原本聖嚴法師的寫作風格，就是擅長以人物交流為主的流暢白描，使讀者很容易親入其境。❸局限於本身的外語能力，聖嚴法師以英文接眾時，一向也是簡潔俐

---

❸ 請參見釋常慶，〈淺談默照禪在當代復興的契機〉，《2010年禪宗六祖文化節研討會論文集》，頁99。

❸ 聖嚴法師，〈序〉，《禪與悟》，臺北：東初，1993年。

❸ 丁敏認為聖嚴法師書寫自傳時：「以人物自身的活動歷程，予人物間的交流對話為記敘重點。……不假雕飾，用流暢白描的手法，敘事寫人簡潔俐落又宛然在目，使讀者彷彿親臨現場，極見文字功力。」請參見丁敏，〈當代臺灣旅遊文學中的僧侶遊記——以聖嚴法師《寰遊自傳系列》為探討〉，頁336。

落、直中人心，所以某種程度上聖嚴法師英文著作的流行，更落實禪式英文的美。當然，聖嚴法師一直有禪修程度很好的西方弟子為他翻譯，不能抹煞這些翻譯者的功勞，不過應答簡潔有力，不攀緣複雜經句，卻真的是聖嚴法師的特殊語法。丁敏由聖嚴法師的《寰遊自傳系列》入手，推崇他的手法為生動的報導文學。❸❹筆者則認為除了寫實，如此簡潔對話，頗有禪宗應機解惑的語錄傳統。

以聖嚴法師的自傳《雪中足跡：聖嚴法師自傳》為例，我們更可以看到其敘事與對話交織的禪家文風，如何契合英文讀者。❸❺《雪中足跡》是西方弟子Mickey Desendca採訪聖嚴法師、為西方讀者而寫的英文自傳——*Footprints in the Snow*，一開始即為西方讀者而寫。採訪始於一九九六年，二〇〇五年由 Kenneth Wapner 將錄音整理，二〇〇八年在美國出版，二〇〇九年翻譯成為中文，同時在臺灣和中國出版。❸❻其流暢的細節和內心剖析，甚至被某些中文讀者讚許比另一部中文傳記《枯木開花》更為感人。❸❼

---

❸❹ 請參見丁敏，〈當代臺灣旅遊文學中的僧侶遊記——以聖嚴法師《寰遊自傳系列》為探討〉，頁336。

❸❺ 聖嚴法師著，釋常悟、李青苑譯，《雪中足跡：聖嚴法師自傳》，臺北：三采文化，2009年。

❸❻ 聖嚴法師在此書跋中自道，此書與以前出版的兩本自傳，只有小部分內容重疊。

❸❼ 松山工農小鼎鼎的網路書評就是很好的例子，鋪文提到：「它（《雪中足跡》）和之前我看過的傳記《枯木開花》最大的不同是，它以西方人的角度來看聖嚴師父的一生，也因此花了相當多的篇幅在描寫聖嚴師父小時候歷經戰亂、動盪不安的那段日子，也對他自十三歲出家以後人生每個階段的心路歷程描繪得更深入。……此外，聖嚴師父這一生也度過

　　筆者對此書最感興趣的是〈第十五章吃苦〉中，聖嚴法師接引西方弟子法蘭克林和彼得的經過。聖嚴法師先引用一系列的禪宗語錄來給自己壯膽。像唐代禪師鳥窠禪師和其弟子的機鋒接引一樣，聖嚴法師自嘲大覺寺的董事要他這位博士法師吃點苦，然後才「慢慢從僧袍裡抽出一根鬆脫的線，吹向風中，說：『喔，佛法，我這裡有一點。』」應對破英文的恐懼，就抓日本伴鐵牛禪師鼓勵他到美弘法的話──「禪法不是用文字教的」，加上大智懷海禪師教禪的公案：「餓了，就吃飯；累了，就睡覺，不需要文字和語言」來支持自己。他想：反正菩提達摩來中國時，也不會說中文。最後模仿趙州禪師整理出一套吃飯、洗碗的教禪模式。

　　更進一步，聖嚴法師還常用「No」來回答西方學生的問題。當學生問：「是什麼原因？」他會說：「沒有原因。」有人問：「法師，什麼是真實相？」法師答：「沒這種事。」問者驚歎：「太好了！」（禪師暗喜，反應極佳）。禪宗本有顛覆語言的接引法門，而聖嚴法師運用公案的幽默自嘲，更令讀者忍不住大笑。

　　法蘭克林和彼得到大覺寺原來是要學功夫的，聖嚴法師乾脆回答自己會功夫，包括太極和少林拳。只是他強調不教電影裡的打鬥功夫，而是「我教人如何運用心：首先要學

好幾段貧困交迫的日子，在中國、日本、紐約都曾經歷過，甚至在紐約還露宿街頭、撿超商丟掉的麵包、水果來吃，雖然以前在《枯木開花》裡面看過這段經歷，但是在《雪中足跡》裡描繪得更詳細寫實，這種貧苦的過去，是今天人們看待這位在光環底下的一代高僧所萬萬不會聯想到的。」http://www.ireader.cc/index.php/book/in_push_re2?commend_sn=5238&article_sn=16361&page=1，2012年5月18日摘錄。

習訓練念頭和穩定自心，那樣才不會為人所傷。」法蘭克林和彼得說：「真棒！」就留下來學禪。之後法蘭克林參加功夫大賽還請聖嚴法師去坐鎮，因為：「我會向所有的人介紹你是我的師父。別人會認為有師父在旁邊，我不用打就能贏了。」聖嚴法師則教他們把禪修工夫融入武術，因為：「武術的最高境界是不需要用武器或擺姿勢。當別人攻擊時，你必須把自我意識放下，對手就不知道如何攻擊你。為什麼？因為他們無從下手。這是無我、無心的道理。當自我中心仍然存在的時候，無論是進攻或防禦，對方都能夠偵查出你防守的弱點，並加以利用。如果自我不存在了，無物可防，無處可攻，對方就找不到可以攻擊你的弱點了。」結果如聖嚴法師所預料的，這些武術極佳的學生努力奉行，都獲得很好的成績。

　　從聖嚴法師的角度而言，是禪的精神把事情簡單化，使學生心領神會。禪法原本就要跳脫文字言說，才能明心見性。但是上述對話在美國社會可能別具意義。弱者遇到亞洲禪師，接受禪法與武術結合的密集訓練後，終於揚眉吐氣。這是一九八四年賣座電影《小子難纏》（Karate Kid）的主題。此部電影由森田則之（Pat Morita）飾演日本宮田大師，當年獲得奧斯卡獎男配角提名。二〇一〇年成龍翻拍《功夫小子》仍然沿用Karate Kid的片名與主題，只是日本大師與白人小孩的組合，換成了中國大師與非裔美籍小孩，但是仍然造成轟動，票房高居前茅。❸

---

❸ 影評批評成龍換湯不換藥，但是仍然無法否認其賣點依舊吸引觀眾。參見〈藍色電影夢〉，http://4bluestones.biz/mtblog/2010/09/post-2062.html，2012年5月18日摘錄。

早在媒體具體呈現美國社會對禪師的神祕想像前,聖嚴法師以禪法治心的「武功祕笈」就收服了法蘭克林和彼得。聖嚴法師能洞見西方弟子的需要,並且不堅持舊有的弘法概念,願意隨順因緣,喻禪於武,不但勇敢面對了當時的美國情況,而且翻轉了中國禪師的刻板印象,藉機使力地奠定他教導禪法的權威。

目前法鼓山一系列的專書、雜誌、網站、部落格等設置,主要內容也是禪修。透過小故事教禪而非講經,不會落入長篇說教的枯躁不堪與高不可攀,不僅可讀性高,而且直接提出紓解問題的方法。吸引現代讀者,並不是出版輕、薄、短、小的小冊子即可,關鍵是這種有趣、簡潔、易懂、平等的書寫風格。聖嚴法師的第一位西方弟子約翰(John H. Crook)即視「能將艱深的佛學名詞和觀念,轉變成淺白易懂的現代語言,讓一般人都能接受,為聖嚴法師的天賦。」❸❾不說教、非教條式的可親風範,加上有用的以禪觀心技巧,使得讀者容易認同問題、覺得可以有效解決問題。上述平易風格不但吸引臺灣讀者,對個人主義意識濃厚的西方讀者而言,更是開啟平等溝通的基礎。

現代心靈讀物市場的暢銷書特色,必須兼顧讀者的個人主義,心靈療癒的書籍尤其如此。因為借助書籍來探索個人心靈的幽暗地帶,是不就醫的自我療癒,基本上就是個人私密的心靈旅程。所謂的心靈療癒必須為讀者保留他本身可以自助DIY的空間,無同理心的說教大概一定引起反感。對於西

---

❸❾ 聖嚴法師,〈如何研究我走的路〉,《聖嚴研究》第一輯,頁21。

方讀者而言，這種平易隨和的語法尤其重要，代表一種開放而非威權式的溝通。❹

四、西遊東向

　　一九七六年起的歐美遊化，成為促成聖嚴法師鑽研禪法的重要契機，也促成他在農禪寺教禪以及成就法鼓山的人間淨土運動。❹一九七八年聖嚴法師開始在臺灣舉辦禪七，創風氣之先。❹當時國內熟悉的佛七是以念佛為主，罕見禪七。聖嚴法師本人即承認他是先在美國成為禪師後，臺灣信徒才提出請他教導禪修的要求。❹以至於當他回顧這段紐約、臺北輪流駐錫三個月的歲月時，形容：「我似乎就是為了打禪七而奔馳於臺北紐約之間；因此被人送了個『禪師』的稱號……。」❹林其賢也認為後來臺灣佛教界與新興宗教的禪修

---

❹ 釋果暉與陳瑾瑛曾經訪談聖嚴法師，整理出他弘法美國的心得，是相當重要的材料。筆者認為下列記述，符合筆者對聖嚴法師接引西方弟子的觀察。聖嚴法師認為美國人學佛，對儀式與教義不感興趣，而講求實際效率（A12, p. 130）；美國文化（包含華裔移民社群）不同於中國文化，強調互相尊重與平等，並且鼓勵自我表達（B4, p. 131）；西方弟子不會照單全收，他們會思考和討論，一旦不同意老師的觀點，就會提問（C4, p. 132）。請參考Guo-huei Shi, Chin-ing Helen Chen, "Master Sheng Yen's Chan Thought and Contemporary Society: A Preliminary Exploration"，《聖嚴研究》第一輯，頁113-151。

❹ 釋果樸，〈聖嚴法師「建設人間淨土」理念根源——法師大陸出家學習與近代中國佛教興革〉，收入《聖嚴法師思想行誼》，頁345-504。

❹ 聖嚴法師，《拈花微笑》，臺北：東初，1987年，頁353-380。

❹ 聖嚴法師，〈如何研究我走的路〉，《聖嚴研究》第一輯，頁24。

❹ 聖嚴法師，〈序——夢中人的夢話〉，《禪門囈語》，臺北：東初，1982年，頁4。

風氣，幾乎多少都受到聖嚴法師的影響。❹

多年帶領禪修之後，聖嚴法師於七十歲（1999）之際，揭示其禪法為默照禪，並且整理成初中高三階制。❻釋常慶認為這是復興默照禪的關鍵時刻，並推崇聖嚴法師此舉之動機為：「因應當代二十一世紀的現況與需求，自創自學，『分析整合』（『整理』），創建了一套適合現代人的默照禪，東西二方推廣的禪法，在西方深受禪眾的歡迎，並興起『默照禪風』。」❼值得注意的是，這一年正是聖嚴法師將在美國前一年實施默照禪七、禪十、禪十四、禪四十九的成果，帶回臺灣開始推行默照禪的時間。在「因應東西方禪眾的需要」的目標下，其實驗場域在西方。❽聖嚴法師受西方禪修流行刺激，開始在臺灣教禪修是確定的。接續的問題是為什麼他的禪法也在臺灣成功？

筆者認為聖嚴法師的禪法在臺灣迅速推展，廣為臺灣弟子接受，可以從信徒的生活、僧團的修行方式來考察。首先，聖嚴法師的禪修將弟子帶進禪堂，而非從傳統的經典系統入手，實際突破後，更能應對生活現況。而貫穿西方弟子、臺灣弟子、華裔美籍弟子的共同生活經驗基層，正是現代高度資本化的工商社會。我們雖然無法分析全部法鼓山信

---

❹ 林其賢，〈聖嚴法師人間淨土思想的實踐與弘揚〉，《聖嚴研究》第一輯，頁171。
❻ 釋常慶，〈淺談默照禪在當代復興的契機〉，頁114。
❼ 釋常慶，〈淺談默照禪在當代復興的契機〉，頁100。
❽ 雖然筆者尚無法取得參與一九九八年禪修的禪子國籍比例，但是其禪眾應當不限於華裔，而且至少是已經有禪修經驗者。

眾的社會背景，但是就其學歷、職業而言，大概可以都會地區的專業人士為標的。這個社會階層的居士對宗教的追求，不但講求理性，而且注重身心平衡，以應對面臨專業工作的壓力與意義虛無感。

西方學者認為南傳內觀禪法弘傳到西方社會，是將原本僧侶才能修習的禪法教給俗人。藏傳佛教的情況也是如此，有錢有閒的西方俗人能夠接近大師、完整的學習經典，當地的俗人（甚至一般喇嘛、阿尼）卻無法享受相對的教育資源。臺灣一九九〇年代以來的禪修盛況是否也是俗人加入所致呢？筆者認為聖嚴法師將居士帶進了禪堂。但是由於臺灣僧尼也熱衷於內觀、禪修、閉關種種修行法門，情況恐怕更為複雜，也須關照僧團的修行。

一如聖嚴法師指出的，默照禪已經失傳八百多年，融攝此禪宗教法的叢林禪修規範，恐怕則從未在臺灣建立。❹戰後臺灣寺院才開始有安居坐夏之制度，但是研修的多是戒律，而非禪修。❺傳統叢林冬禪夏講之制，透過封鎖來保障僧尼清修；但是現在配合信徒的休假而舉辦冬令營、夏令營，以及

---

❹ 聖嚴法師曾提到大陸叢林有冬夏兩期的精進禪七，以及現代日本禪宗的攝心精進修行。請見〈序——夢中人的夢話〉，《禪門驪語》，頁5-6。臺灣早期寺院經常有某某禪寺之稱，但是並無禪修之實。此「禪」可能來自禮禪宗六祖惠能為祖師的齋教影響，指涉惠能外傳的法脈。當代禪寺之稱更加氾濫，有些以入定神通來辦事的寺廟，也直接命名禪寺。

❺ 筆者所知，一九九〇年代靈鷲山無生道場夏安居即要求禪坐，可能是國內少數特例。同時期臺南悟光精舍仍以嚴謹的安居律聞名。不過，靈鷲山住持心道法師為緬甸華僑，也與南傳法師密切往來，他對禪修的重視應當來自南傳的影響。

農曆七月與春節的法會，反而使得僧尼不得喘息，失去年度清修的機會。以往禪宗尚有雲遊之制度——按律五夏學戒之後，得出外參學修禪，❺現在臺灣寺院的運作型態，亦無此輪休制度。如何於服務社會以及栽培僧尼間取得平衡？使僧俗相安於現代繁忙社會？進一步將修學與禪修結合？聖嚴法師之復興漢傳佛教而從禪修開始，顯然關切到現代僧團之變革。❺

　　綜合上述僧俗禪修的時空條件來看，聖嚴法師在臺教禪為當代漢傳佛教提出解決之道——禪堂禪修制度。釋常慶指出默照禪得以在歐美深受歡迎的原因之一，歸因於與西方社會廣傳的內觀等禪法銜接，並舉內觀中心的勞瑞與日本曹洞宗的禪子向聖嚴法師學禪為證。❺過去二十年來，臺灣社會充斥各種佛教修行法門。此現象無法避免，因為現代佛教的特色之一，即是超越國界、宗派傳統的快速接觸；臺灣的宗教市場龐雜，正是拜國際化之賜。臺灣社會突然像歐美社會一樣，面臨南傳內觀、藏傳修行法門的眾多選擇。如達賴喇嘛、一行禪師等已在歐美社會奠基的佛教領袖影響力，也隨著英文翻譯進入臺灣佛教界，撼動傳統弘法途徑。

---

❺ 《沙彌律儀要略》上篇戒律門：「佛制，出家者，五夏以前專精戒律，五夏以後方乃聽教參禪。是故沙彌剃落，先受十戒，次則登壇受具。」先學律而後聽教參禪，為僧伽養成的教育歷程，但是臺灣的佛教重視傳戒，將以教律代替守戒的觀察期，而後以經教為主，也忽略參禪的訓練。

❺ 另一個注重禪修的臺灣佛教團體為中台禪寺，於臺灣各地設立普字精舍，教導禪修。其開山和尚惟覺法師，自稱六祖惠能弟子神會轉世，於埔里建立照顧僧侶從小到死的全方位社區。

❺ 釋常慶，〈淺談默照禪在當代復興的契機〉，頁118-119。

傳統上佛教提供的功能——團體儀式、義理研修，並無法滿足現代都市菁英重視個人療癒的宗教需求。聖嚴法師此際將信徒（不論僧俗）領回禪堂，紮紮實實地坐禪配合心靈環保，由實際的宗教修行到落實於待人處世的豁達充裕，使宗教隱修與入世法門共濟。其回歸心靈層面的宗教實踐以禪修為基礎。所以，法鼓山在臺的禪修系統，借鏡佛教在歐美的發展，將原本僧侶的禪堂向俗人開放，進一步凝聚現代資本主義社會的菁英族群。

為了釐清聖嚴法師回復禪堂系統的禪修，我們必須先回顧中國禪法如何建構禪修的大脈絡。中國禪法之核心議題在於頓漸之爭，即直接頓悟或由漸修而悟，因此重點是解釋頓悟之可能性、判斷哪次是真正的證悟，衍生的問題如證悟是否會退轉，而非禪修的次第。(54)如果禪修有次第階序，即推翻越級頓悟的可能性。中國禪法的關鍵時刻，因而成了境界現生，而非綿延不停的禪修時序。在這種禪法的概念上，指導禪師的責任並不是逐步帶領你叩關、逐步為你把關，而是激發你進入另一個境界，拔地超生。所以禪修包含坐禪以及言

(54) 聖嚴法師曾謂中國禪宗「不落階次」，禪宗祖師先開悟後求證於明師，即是過來人闡明中國禪法特性的精闢論述。請見〈序——夢中人的夢話〉，《禪門囈語》，頁8-9。相關研究還可參考Peter N. Gregory ed., *Sudden and Gradual: Approaches to Enlightenment in Chinese Thought.* Hawaii, University of Hawaii Press, 1987. 此書提出中國禪宗注重頓悟是來自中國思想的影響。此外，Bernard Faure將「頓悟的反諷性」此一論述的形成，歸於西方社會對於東方禪學的神祕性的想像，可參考Bernard Faure, *Insights and Oversights: An Epistemological Critique of the Chan Tradition.* Princeton: Princeton University Press, 1996。

語道盡地顛覆、解脫你。因此禪師本身必須具有比你高的修行境界，愈高愈好，以便及時為你認證。但是禪師不能也無法洩漏此境界給學生，因為境界是無法言傳的，必須靠你真實體驗到。

　　這種禪修的邏輯使得禪師與禪子的關係十分密切，促進禪宗極重視以心印心的師承。相對的，這也使得禪子傾向尋找明師，甚至過度倚賴指導老師。老師希望學生興起愈多疑點，愈好突破；學生期待老師以異常的舉止證明他特有的高超境界，愈難懂愈好。禪子與禪師互證境界的緊張暗流。這種情況下，魅力型的禪師非常容易建立禪修傳承。

　　宗教魅力在禪修的師徒親炙過程中，尤其重要。聖嚴法師能夠凝聚西方弟子的向心力，憑藉的是親自帶領禪七的功力。誠如聖嚴法師所說，任何人在短時間內都可以學到他教禪的方法，但是卻學不到他的心法，因為未若他心眼已開。而聖嚴法師帶領的禪七使人感到「快速有益而且印象深刻」，正是因為他因禪子不同，對治設機不同，所以他指出：「我還沒有打過一次相同的禪七。」指的就是明師親臨指導的水磨功。[55]

　　聖嚴法師在臺灣的宗教領袖地位無須質疑，他廣為佛教徒景仰，而法鼓山「以禪浴心」的理念與禪修制度也已經獨樹一幟，二〇〇五年中華禪法鼓宗之成立就是明證。但是聖嚴法師的殞落，卻可能影響到法鼓山海外禪修系統的發展，因為此時尚無禪師可以繼承其魅力。

---

[55] 聖嚴法師，〈序——夢中人的夢話〉，《禪門驪語》，頁15-16。

五、結論：來潮與回流

當代的宗教現代化與國際化趨勢都使東西兩方的交流加速與縮短距離，向來被視為亞洲重要文化傳統的佛教，不但弘揚歐美，相對也將西方的宗教需求與概念回流入亞洲。在此複雜的互動過程中，禪修成為近二十年來貫穿東西方佛教的重要實踐方式。東西方透過佛教這面鏡子互相透視／對視的當下，也逐漸改變對方以及增進彼此對自己的理解。聖嚴法師穿梭紐約、臺北教禪，為上述複雜的過程提供絕佳典範。

東西方對禪修產生興趣的時程不同，但是原因類似。西方社會接觸佛教，因為文字隔閡，一開始不容易接觸經典，但是禪修則立即可學而且效果明顯。這並不表示他們學佛不學經，否則禪修就和瑜伽一樣，失去宗教性。佛教教義提供一套分析心理活動以及維繫社群的哲理基礎（如禪修與慈悲），像剝洋蔥一樣讓信徒層層深入。亞洲社會因時因地發展的佛教儀式（譬如法會、誦經共修、普度），在西方社會失去附著的僧團，反而無用武之地。當然，道場（Dharma Centers）的牆一旦樹立起來，供佛、齋僧、自修、共修等儀式，是清楚界定道場藩籬所需。問題是，西方道場尋常規模❺❻與其社會定位如何？目前歐美道場仍多以禪修為中心，甚至不乏提供長期閉關，或者以定期閉關號召來者，佛教在美國

---

❺❻ 此處筆者所謂的「尋常」包含時空向度，因為歐美有些道場平時人數並不多，僅在每年的特殊時段舉辦密集工作坊、禪修營。

的發展仍然未達到社區的宗教中心地位,而為集合個人宗教追尋的團體。禪修團體在臺灣的發展則不同於西方,易回歸到傳統的宗派立場。

二十世紀以來佛教現代化的浪潮下,臺灣已無冬禪夏講的寺院生活常軌;太注重經教而擠壓實際的修行空間,首先受到衝擊的是僧尼,無法修復修行與弘法的雙面耗損。對忙碌於都市生活的居士而言,缺乏禪修,猶如在學習佛法與實踐之間缺乏一個連結與安全閥。前者指學佛掉入與一般世俗學習的知識累積窠臼。就宗教層次而言,不出家終究無法修行「專業」。所謂安全閥,則指經教不談卻無法忽視神祕經驗,在無禪法對治下,反而凸顯神祕經驗,於是又產生許多教祖。一般學佛居士也無法在禪法修行上找到供驗證的自我工夫,容易淪入偶像崇拜,或者過度膨脹自己。整個臺灣的佛教多元化而無根基,結果是南傳、藏傳以修行次第吸引許多僧尼與信徒加入,以求喘息。

二〇〇五年聖嚴法師成立中華禪法鼓宗時,揭櫫本身與中國傳統山林式的禪宗不同,不但接觸到南傳與藏傳佛教的優點,也見聞過韓國、日本、越南的禪佛教。❺❼在此寬廣的脈絡下,聖嚴法師發展出一套針對現代人需求的禪修方法,得以在國際建立中國禪師的聲譽。在中國禪宗發展史上,聖嚴法師至少也有兩項貢獻:從文字中解放禪修、修正經教與禪修的不平衡。

---

❺❼ 聖嚴法師,《承先啟後的中華禪法鼓宗》,臺北:聖嚴教育基金會,2006年,頁12。

　　佛教禪修傳播他處，成為不同社會喘息的利基（niche），因為雙方仍有社會文化差異。臺灣佛教徒對物質的過分重視，是否也是一種心靈空虛所致？臺灣社會的競爭壓力程度上與西方資本社會相同，但是我們是否有足夠的疏解之道？聖嚴法師務實的禪修法門，以及他弘法歐美的經驗，值得我們深思與學習。

The Revival of Asian Meditation Tradition in the Global Context:
The Case-Study of Venerable Sheng Yen

Yu-chen Li

Associate Professor
The Graduate Institute of Religious Studies, National Cheng Chi University

▌ Abstract

The term of "modernization" in the international religious world means the frequency and distance of religious contact has been changed in such a rash way. Buddhism, as an important faculty of Asian culture, has been bridging the East and the West. However, the expending of Buddhism is not one-direction movement, initiating a complicated interaction which also re-constructing the Buddhist meditation tradition in Asia.

In this paper I will discuss how Venerable Sheng Yen walked out the China Town and introduced the Chinese Ch'an an practice in New York, as well as combining Ch'an with Humanistic Buddhism in Taiwan in the previous global context. Hopefully, the achievement of Venerable Sheng Yen on promoting the Ch'an practice will illuminate the mutual interaction in the global Buddhist World.

Key words：Chinese Ch'an master, Chinese Buddhism in USA, Venerable Sheng yen, buddhist globalization

Promoting Buddhist Environmentalism:
The Rhetorical Pairing of Spiritual Environmentalism and a Pure Land on Earth

Seth D. Clippard
Assistant Professor
Department of Applied English, Hung Kuang University

▐ Abstract

Spiritual environmentalism (*xinling huanbao* 心靈環保) and "building a pure land on earth" (*jianshe renjian jingtu* 建設人間淨土) form the core of Sheng Yen's teachings and Dharma Drum Mountain's vision. Scholars have analyzed these ideas as they relate to each other and in the context of Sheng Yen's thought and the larger context of contemporary Chinese Buddhism. Moreover, DDM has actively carried out various environmental campaigns for 20 years now. The question I will address is how do spiritual environmentalism and building a pure land on earth relate in the context of environmentalism (commonly understood), if they in fact do? How should we approach the relationship with respect to its environmental relevance? And does a rhetorical analysis of these terms reveal anything new about DDM's environmental vision?

I will first describe Sheng Yen's meaning of spiritual environmentalism and "a Pure Land in the human realm," and argue that they are linked through their connection with "mind." Then, employing Michael McGee's notion of 'ideograph,' I will suggest how both Pure Land and spiritual environmentalism can work rhetorically to establish an ideal of environmental practice and create multiple levels of community which can seek to develop their own methods for working towards this ideal in the context of Buddhist practice. This approach will also demonstrate the importance of rhetoric in understanding the way in which doctrinal terms are reinvented to address concerns of contemporary Buddhist audiences.

Key words：buddhist environmentalism, rhetoric, Sheng yen, building a pure land on earth, spiritual environmentalism

1. Introduction

In contemporary Chinese Buddhism, two tropes are commonly employed to forge the connection between Buddhist practice and identity and environmental concern: the "Pure Land in the human realm" or "Pure Land on Earth" (*renjian jingtu* 人間淨土) and "spiritual environmentalism" (*xinling huanbao* 心靈環保). Both of these ideas are central to the stated mission of Dharma Drum Mountain, as pronounced in 1989 "To uplift the character of humanity and build a Pure Land on Earth." This project will address the question of whether articulations of Chinese Buddhist environmentalism should adopt the discourse of a "Pure Land on Earth" as a way of making environmental concerns meaningful and pressing to contemporary communities of practitioners, or whether the discourse of "spiritual environmentalism" serves the goal of Buddhist environmentalism better. The primary difficulty I will discuss is the relationship between spiritual environmentalism and the discourse of building a Pure Land on Earth. Both terms are central in Ven. Sheng Yen's thought and work, but is there a hierarchical relationship between them viz. environmentalism, or perhaps with respect to the Buddhist environmentalist project are the two terms mutually exclusive? Following the interpretations of these terms by Ven. Sheng Yen, I will analyze his interpretation of the phrase "a Pure Land on Earth" (*renjian jingtu* 人間淨土). I will focus on the rhetorical function of this term and the potential use of the phrase in establishing a meaningful connection between Buddhist practice and environmental concern. I will examine the words themselves, not simply as receptacles of doctrines and ideas, but as active tools used to achieve goals. The form and structure of these tools is as important as the content with which they are related. Then, I will compare Ven. Sheng Yen's discourse of spiritual environmentalism in the same capacity and question the compatibility of both discourses in articulating a meaningful appeal to Buddhists of the religious importance of environmentalism, a compatibility that functions well for other social concerns. By this approach and analysis I hope to advance scholarship on Buddhism and the environment beyond philosophical debates regarding the authenticity of previous articulations of Buddhist environmentalism and illustrate that it is essential that Buddhist leaders can persuade their adherents that environmental concern is deeply connected to contemporary Chinese Buddhist practice.

2. Why environmentalism is important to Chinese Buddhists/Buddhism

The earliest engagement with environmental issues in Chinese Buddhism was driven by Ven. Zhuandao釋專道 in the late 1970s and early 1980s. Taiwanese Buddhist groups began making greater efforts towards promoting environmentalism in the early 1990s. In 1992, the annual meeting of Foguangshan's lay organization BLIA was held on environmentalism, along with instituting a clean water campaign in Kaohsuing; Ciji's recycling program began following a speech Ven. Zhengyan 釋證嚴 gave in Taichung in 1990; the Life Conservationist Association (LCA) was founded in 1993 following Ven. Zhaohui's 釋昭慧 campaign against "baitless fishing"; and Fagushan's environmental concern, based on spiritual environmentalism began around 1992.❶ Lin Yiren links this rise in environmental concern to a phase in Taiwanese environmentalism which plays out alongside increased consciousness of Taiwanese identity and seeing "Taiwan as the material and spiritual place in which people dwell." Lin observes, "Seen as a social movement, contemporary environmental movements in Taiwan emphasize spiritual concerns of identity construction and sense of 'dwelling' as material matters of survival and livelihoods. It is thus not surprising to find that Buddhist groups have [actively] engaged with environmental issues."❷ All the organizations listed here are

---

❶ Yiren Lin, "The Environmental Beliefs and Practices of Taiwanese Buddhist" (PhD diss., University College of London, 1999), 206.

❷ Ibid., 88.

associated with a strand of Chinese Buddhism known as humanistic Buddhism (*renjian fojiao* 人間佛教). Following the interpretations of *renjian fojiao and rensheng fojiao* 人生佛教 by Vens. Taixu and Yinshun, humanistic Buddhism has developed with a primary focus on human life and human society with the aim of building a just and compassionate society. After 1987, when Taiwanese people experienced greater freedom coupled with a period of economic prosperity, many looked to contribute to society.❸ For many people, the mission of humanistic Buddhist organizations offered an avenue to meet this demand.

From this perspective, Buddhist environmentalism in Taiwan is in part a response to the changes that took place in the years following the lifting of martial law in 1987. But we may also relate Buddhist environmentalism as well to Buddhist doctrines, such as the precepts against harming living beings (*busha sheng* 不殺生), protecting living beings (*husheng* 護生), and the practice of compassion (*cibei* 慈悲). These concepts all connect with one or many aspects of environmentalism: animal rights, conservation, the fight against pollution, and so on.

3. Why rhetoric is important to environmentalism

Before moving on to discuss the two metaphors for Buddhist environmentalism mentioned above, I want to clarify why this project uses rhetoric as its foundation, rather than examining the philosophical or doctrinal merits of *xinling huanbao or renjian jingtu*. Buddhist environmentalism, as with religious environmentalism in general, tends to take its cue from environmental ethics. Environmental ethics is a field that has mostly focused on developing arguments for why some ethical position (e.g., virtue ethics) or worldview (e.g., nonanthropocentrism) is or should be the basis of environmental concern.❹ And while there is great value in arguments of this type and

---

❸ Ibid., 94-96.

they are beneficial to the continued maturation of environmental ethics, they tend to assume an audience of philosophers and rely on a discourse that has little resonance with a wider audience. Environmental philosopher Bryan Norton argues that "we lack a unified, comprehensible vocabulary for discussing environmental problems as problems facing our democratic society" and "a coherent set of terms for expressing environmental values and for explaining and justifying environmental goals."❺ And Michael Bruner and Max Oelschlaeger note, "in order for discourse to promote social change, it must achieve a hearing before a large audience. By this criterion, environmental ethics has not been effective discourse."❻ This is as true for secular environmental ethics as it is for its Buddhist counterparts. While a Buddhist environmental ethics might best resemble a virtue ethics and while dependent origination might best support an anthropocentric worldview, there is much more work to be done to address the practical demands of Buddhist environmentalism. For these reasons, I argue that rhetoric must be a central focus for developing

---

❹ Andrew Light labels this "rationalist motivational internalism" and compares it to "methodological environmental pragmatism." The former assumes that "the truth of a moral requirement guarantees compliance for those who understand it." Methodological pragmatism, alternatively, would not "re-engage the meta-ethical and metaphysical debates of environmental ethics, but rather to impress upon environmental philosophers the need to take up the question of what would motivate humans to change their attitudes, behaviors, and policy preferences toward those more supportive of long-term environmental sustainability." See Andrew Light, "Environmental Ethics," in *A Companion to Applied Ethics*, eds. R.G. Frey and Christopher Heath Wellman (Oxford: Blackwell Publishing, 2005), 641-647.

❺ Bryan Norton, *Sustainability: A Philosophy of Adaptive Ecosystem Management* (Chicago: University of Chicago Press, 2005), 48. See also Bruner and Oelschlaeger, 384.

❻ Michael Bruner and Max Oelschlaeger, "Rhetoric, Environmentalism, and Environmental Ethics," *Environmental Ethics* 16 (1994), 383.

a robust Buddhist environmentalism, for it is through rhetoric that the connection between Buddhism and environmental concern is given shape and rendered practical.

Rhetoric highlights two important aspects of effective discourse: audience and strategy. By highlighting audience rhetoric assists us in attending to the audience and how a speaker can identify her message and herself with that audience. By successfully locating and understanding one's audience, a speaker can then choose how to frame the proposal so that the audience will be moved and persuaded. Framing a message and identifying with an audience (as well as inducing identification among the members of an audience) help shape and determine the strategies a speaker must employ to succeed. Both of these concerns suggest that the speaker's language should be accessible to the audience.

The project for Buddhist environmentalism is somewhat less daunting than for secular environmentalism, though, since there is already an audience present in the form of a religious community. If we take Buddhism in Taiwan as our focus, this community can be fitted along a scale beginning with a particular organization's community, to the group of Buddhist groups identifying with humanistic Buddhism, to the community of Taiwanese Buddhism as a whole. Of course, we might continue to extend this community to include all traditions of Chinese Buddhism and then all Buddhists, remaining aware of the possibility that the same strategies will not work at all levels. But there are still difficult issues of discourse that need to be addressed, nonetheless. Ian Harris points out that the natural environment in early Buddhist texts is generally viewed negatively. Malcolm Eckel joins Harris in raising the question of what nature means in Buddhism.❼ Both point out the problems that result from the fact that there is no definitive concept of nature in Buddhism. What 'nature' means depends not only on the specific form of Buddhism we are discussing, but also on the wider cultural context in which that Buddhism is located. And here is where the advantages of the rhetorical approach become clear. Although we cannot speak coherently about "nature in Buddhism," we can speak about what nature means in specific communities of Buddhists. And by so doing, we can work towards ascertaining a "coherent set of terms for expressing environmental values" in the context of those communities.

4. Defining the terms

"Spiritual Environmentalism"

When discussing Sheng Yen's position on environmentalism we are immediately confronted with perhaps the most central phrase in his body of work: *xinling huanbao* ("spiritual environmentalism"). ❽ *Xinling huanbao* is the foundation and nexus of his four-fold environmentalism (*sizhong huanbao* 四種環保), of which the other three types are *liyi huanbao* 禮儀環保, *shenghuo huanbao* 生活環保, and *ziran huanbao* 自然環保: "protection of the social environment, living environment, and natural environment." But the phrases as a whole yield their meaning only when translated as "protection of the living environment, social environment, and

❼ See Malcolm David Eckel, "Is There a Buddhist Philosophy of Nature?" in *Buddhism and Ecology: The Interconnection of Dharma and Deeds*, eds. Mary Evelyn Tucker and Ducan Ryuken Williams (Cambridge: Harvard University Press, 1997) and "Is 'Buddhist Environmentalism' a Contradiction in Terms?" in *How Much is Enough? Buddhism, Consumerism, and the Human Environment*, eds. Richard K. Payne (Boston: Wisdom Publications, 2010). For Harris's position, see Ian Harris, "Buddhism and the Discourse of Environmental Concern: Some Methodological Problems Considered," in *Buddhism and Ecology: the Intersection of Dharma and Deeds*, eds. Mary Evelyn Tucker and Duncan Ryuken Williams (Cambridge: Harvard University Press, 1997) and "Buddhist Environmental Ethics and Detraditionalization: The Case of EcoBuddhism." *Religion* 25 (1995), 199-211.

❽ There is a current debate among a few monastic and lay leaders regarding the English translation of *xinling huanbao*. Bhiksuni Guoguang Shi, email to the author, March 16, 2012.

natural environment". The protection of these environments is what is central.

The term 'environmentalism' in the phrase "spiritual environmentalism" is the Chinese '*huanbao*.' The term by itself is a truncation of *huanjing baohu* 環境保護, which translates as 'the protection of the environment,' or 'environmental protection.' The term 'environment' here is understood to be the natural environment or nature. However, the term *huanjing* can be applied quite broadly when not otherwise modified. Sheng Yen uses the term to refer to a variety of different surroundings, some natural, some material, and some immaterial.❾ Lying beneath these various uses is the important connection between mind and environment. The connection between mind and environment at times goes well-beyond or in a different direction than environment construed as the natural world. In Sheng Yen's *Song of Mind*, he comments on the text by Niutou Farong 牛頭法融 (594-657) and addresses the passage in which it is said that,

> Opening your eyes and seeing forms,/ Mind arises in accord with the environment./ Within mind there is no environment;/ Within the environment there is no mind./ Use mind to extinguish the environment/ and both will be disturbed./ With mind still and environment thus, not discarding, not grasping,/ environment is extinguished together with mind./ Mind disappears together with environment./ When neither arises,/ there is tranquility and limitless brightness.❿

---

❾ Peter Hershock also raises the point that there are multiple environments in Buddhist thought that are relevant to a consideration of environmentalism. See Peter D. Hershock, *Buddhism in the Public Sphere Reorienting Global Interdependence* (London and New York: Routledge, 2006), 15-17.

❿ Sheng Yen, *Song of Mind: Widsom from the Zen Classic Xin Ming* (Boston: Shambala Publications, 2004), 7-8.

Although the term used here for environment is *jing* 境, if we view environment as referring to natural environment, it appears that the environment is viewed negatively, as a hindrance to enlightenment. In Sheng Yen's commentary he is clear to point out that environment is that which impinges on the mind and provides distractions.❶ It is important that we pay close attention to the contextuality of environment.

However, the very connection between the mind and environment complicates this because the way in which Sheng Yen uses certain passages, for example "When the mind is purified, the land will be purified" from the *Vimalakīrti Sūtra*. This passage is crucial to Sheng Yen's exposition of spiritual environmentalism, showing how the mind should be the primary focus of one's efforts to improve the natural environment. Based on the emphasis Sheng Yen gives this passage, Yang Huinan has harshly criticized spiritual environmentalism because it "emphasizes mind while eclipsing the environment" (*zhongxin qingjing* 重心輕境).❷ This critique is not without its merit, but it fails to make the distinction between *jing* as natural environment and the use of *jing* to refer to that which is external to mind in the context of Chan meditation practice. For example, we can look at how Sheng Yen describes the mind's environment. The environment of the mind includes the situations and influences that affect the condition of the mind and its purity. A pure mind is one that is both unmoved by external influences, able to influence the external surroundings, but also one that functions in a purified environment, free from poisons (such as greed, anger, jealousy, desire, etc.) and characterized by enlightenment, compassion, selflessness, etc. In some respects, this is the mind of a Buddha or bodhisattva. But such a mind can

---

❶ Ibid., 121-128.

❷ Huinan Yang, "*Dangdai Taiwan fojiao huanbao linian de sixiang—yi 'yuyue renjian jingtu' he 'xinling huanbao' weili,*" in 1995 *nian foxue yanjiu lunwenji* (Taipei: Foguangshan wenjiao jijinhui, 1996a), 19-20.

be achieved in moments of thought. In this case, the purified mind and its purified environment are fleeting; however, their temporary nature makes them no less real. Two other ways we can understand the way that Sheng Yen uses environment with a stronger link to environmentalism (conventionally speaking) is by looking at two other types of environmentalism (spiritually speaking): protecting the natural environment and protecting the social environment.

Protecting the natural environment is the aspect of environmentalism that is most clearly related to conventional notions of environmentalism. Sheng Yen offers two interpretations of this phrase. One, in fact, runs counter to a conventional understanding of environmentalism, by relying on direct karma (正報) and circumstantial karma (依報) to explain why our surroundings are deserving of protection and preservation. The second interpretation basically follows western notions of environmentalism; that is, it refers to protection of ecosystems, taking measures to eliminate pollution, and working towards the protection of plant and animal species. The way that environment is construed in the second interpretation refers to the non-human world. There is a distinction between oneself and the natural world, and since one's actions are understood to have an impact on nature, one should strive to act in ways that have as minimal a negative impact as possible. In using the two forms of karma to explain "protecting the natural environment," Sheng Yen also posits a dichotomy between self and environment. But this distinction nevertheless retains an ethical imperative. He states, "The natural environment is the 'material world' mentioned in the Buddhadharma. The body is our primary environment of retribution and the environment is our dependent environment of retribution. We should take care and protect the entire natural environment, just like we care for and protect our own body."❸ Sheng Yen links the mind/environment distinction (*xinjing fenbie*

---

❸ Sheng Yen, *A Buddhist View*, 16.

心境分別) in Buddhist philosophy that is referred to in the Niutou Farong passage above with the self/nature distinction inherent in Western environmentalism.

In addition to the protection of the natural environment, protecting the social environment (*liyi huanbao*) carries environmentalist imperatives. *Liyi* is a compound of "*li*" meaning "etiquette" (as in *limao* 禮貌 "polite") and "*yi*" meaning "ritual" or "rite" (as in *yishi* 儀式 "ceremony"). As is implied in the dual meaning of *liyi* as etiquette and ritual, this type of environmentalism addresses two spheres: the individual and the social. Sheng Yen mentions that this form environmentalism concerns the observance of rule and etiquette. It is concerned with the relations between individuals and one's own behavior towards others, which depends upon one's maintaining a respectful attitude in speech, action, and mind. The social aspect of *liyi huanbao* refers to DDM's reformulation of social rituals, namely weddings, funerals, and "releasing life" rituals. Lin Yiren refers to *liyi huanbao* as "ritual [huanbao]." Lin observes that the reform of the ceremonial practice of these ritual events "addressed issues of over-consumption and non-environmentally-friendly Buddhist rituals and were justified in the name of [huanbao]." *Liyi huanbao* might sound parochial to a contemporary audience, and Sheng Yen's use of the phrase is meant to evoke that reaction. But the reforming of traditional Buddhist ceremonies as part of *liyi huanbao* also exhibits a modern character in line with a humanistic Buddhist vision, especially when the justification of making the rituals more environmentally-friendly is provided. It creates a dialectic between tradition and modernity, whereby the former is advocated as a means of realizing the latter and the value of the latter is strengthened by building on the former.

From the above discussion, we can see that Sheng Yen's environmentalism is multi-faceted since it attempts to hold up different interpretations of 'environment.' Sheng Yen's interest in environmentalism is partly motivated by his aim to render Chinese Buddhism accessible to a modern audience. Spiritual environmentalism is a way to link Chan practice with the idiom of a modern social movement to demonstrate that Buddhists should share the concerns of this movement. Navigating the intersecting paths of these two projects is not easy, and I do not think they are intended to be kept separate. When placed in the context of Chan practice, mind is the central focus and the environment is a hindrance. When placed in the context of secular notions of environmentalism, the goal of repairing and bettering the natural environment is achieved through the cultivating mind, body, and environment. It is a process in which cultivation of these areas is mutually carried out and reinforcing. But the notion of building a Pure Land on Earth is intimately tied to spiritual environmentalism and offers a possibility for clarifying how the environmentalist goals of DDM are articulated, moving the Buddhist environmental discourse beyond a simple preoccupation with the mind.

"Building a Pure Land on Earth"

Sheng Yen's Pure Land thought seeks to reconcile the history of Pure Land thinking in its scriptural forms, the challenges to Pure Land Buddhism in the 20th century, and his own interpretation of a Pure Land in the human realm, or a Pure Land on Earth. Sheng Yen categorizes Pure Lands in several ways, offering taxonomies which sometimes overlap and occasionally appear to be incompatible. In his 1983 article on Pure Land thought (*Jingtu sixiang zhi kaocha* 淨土思想之考察), Sheng Yen identifies the various Pure Lands by locating them in one of three "worlds": other worlds (*tafang shijie* 他方世界), this world (*xianqian shijie* 現前世界), and mind-originating worlds (*zixin shijie* 自心世界).❹ Elsewhere, Sheng Yen divides the Pure Lands into different types—(1) a mind-only Pure Land (*weixin jingtu* 唯心淨土), (2) Pure Lands of other realms (*tafang jingtu* 他方淨土), (3) heavenly Pure Lands (*tianguo*

---

❹ Sheng Yen, 2003, 31.

jingtu 天國淨土), and (4) the Pure Land on earth (*renjian jingtu* 人間淨土). In addition to these two divisions, Sheng Yen, like Yinshun before him, adopts the Tiantai doctrine of four lands (*situ* 四土) to arrange the Pure Lands according their degree of purity.**⑮** The highest is *fashen tu* 法身土 (*changji guang tu* 常寂光土) or the Pure Land of the *dharmakāya* that encompasses all lands and beings. The second is the *baoshen tu* 報身土(*shibao wuzhangai tu* 實報無障礙土) or the *sambhogakāya* Pure Land in which bodhisattvas reap the rewards of their karmic accomplishments and strive for complete enlightenment. Third is the *huashen tu* 化身土 (*fangbian youyu tu* 方便有餘土) or the *nirmanakāya* Pure Land, which in the Tiantai system is a temporary realm where beings can shed karmic remains, but for Sheng Yen this is any Buddha realm (*foguo tu*佛國土) where ordinary beings can practice and transform from an unenlightened being to an enlightened one.**⑯** Finally, there are lands in which sages and ordinary people live together (*fansheng tongju tu*凡聖同居土).**⑰** Sheng Yen states that regardless of whether we are in the western Pure Land or eastern Pure Land, we are still ordinary human beings. Although we can see bodhisattvas, arhats, and Buddhas, and we are in the very same place as they are, "the Pure Land that bodhisattvas grasp and the Pure Land that ordinary beings grasp are different."**⑱** This is similar to the Tiantai explanation of this land which posits two lands, one pure and one impure, which are apparent to enlightened

---

⑮ The basic structure of the two taxonomies is largely the same, Sheng Yen does not adopt the Tiantai doctrine of "four lands" *in toto*. His interpretation of the "land of humans and saints" and "land of the transformation body" is somewhat different, and he uses the terms for the bodies of the Buddha and not the names used in the Tiantai system.

⑯ Sheng Yen states: "Of course the lands in which one is reborn are located in Buddha lands, but when an ordinary human lives in Buddha's Pure land that land is a transformation land." Sheng Yen, 2003, 22.

⑰ Here, Sheng Yen uses the same term as in the Tiantai system.

⑱ Sheng Yen, 2003, 22-23.

and unenlightened beings, respectively.

Outlining these various taxonomies is important for Sheng Yen for two reasons. First, it allows him to clarify to how Taiwanese and Chinese Buddhists should think about Pure Land Buddhism. Taixu's criticisms of Buddhism and his program of reform derived greatly from the stagnant assumption common at the beginning of the Republican era that Buddhism was only relevant in so far as it offered a consolation for the death of a relative; in other words, as Weber put it, Buddhism is an otherworldly religion. Thus, Taixu advocated "Buddhism for human life" (*rensheng fojiao* 人生佛教). Carrying forward this project of Buddhist modernization and renewal, Yinshun promoted the phrase "Buddhism for the human realm" or "humanistic Buddhism" (*renjian fojiao*人間佛教). He argued that since Siddhartha and all previous Buddhas were enlightened in this world and taught in this world, Buddhism must begin with this "saha world." Yinshun scorned the practice of reciting the Buddha's name for the simple purpose of being reborn in Amitabha's Pure Land. Although Yinshun was not opposed to the school or tradition of Pure Land Buddhism, his intent was to criticize what he saw as a superstitious and uninformed understanding of Pure Land Buddhism. The effects of the controversy surrounding his essay "*Jingtu yu Chan*淨土與禪" (Pure Land and Chan) continues to effect the relationship between Chan (the tradition with which most Buddhist leaders who advocate humanistic Buddhism are identified) and Pure Land (an indispensable practice for the vast majority of lay Buddhists).❿ Therefore, Sheng Yen is conscious of the need to demonstrate his

---

❿ For summaries of this controversy, see Charles Brewer Jones, *Buddhism in Taiwan: Religion and the State 1600-1990* (Honolulu: University of Hawaii Press, 1999), 124-33; Stefania Travagnin, "Master Yinshun and the Pure Land Thought: A Doctrinal Gap between Indian Buddhism and Chinese Buddhism" *Acta Orientalia Academiae Scientiarum Hung.* 57:3 (2004) 281-88; and William Yau-Nang Ng, "Yin Shun's Interpretations of the Pure Land," *Journal of Chinese Philosophy* (2007), 25-26.

understanding of the history and elements of Pure Land Buddhism, show that Pure Land Buddhism does not reflect a corrupted or debased form of Buddhism, and inscribe the practice of *nianfo*念佛 in the context of the practice of spiritual environmentalism.

Second, explaining each of the Pure Lands as part of a larger system of thought, he argues that the Pure Land on Earth represents the common denominator among all types of Pure Land. Regardless of the varieties of Pure Lands that can be identified through scripture, Sheng Yen argues that the Pure Land of the human realm (*renjian jingtu*) is equivalent to all others, and to some degree, it is the most basic. He argues that a Pure Land in the human realm was the primary concern of Siddhartha and the meaning of a Pure Land on Earth establishes it as the goal and environment of Buddhist practice. But just what he means by a Pure Land on Earth is less straightforward than *xinling huanbao*, and the conceptual work a Pure Land on Earth is made to do in organizing Sheng Yen's thought is as great as *xinling huanbao*. It is crucial to keep in mind that what Sheng yen means by a Pure Land on Earth depends on the context in which he is using the term: what question or issue is he addressing? For example, when he is speaking about Buddhist Pure Land thought and belief, he typically is treating a Pure Land on Earth as one of many different types of Pure Lands or conceptions of the Pure Land ideal. The two Pure Lands of the human realm he identifies are those of Sakyamuni Buddha and Maitreya Buddha.[20] In this respect, it is important to determine how the Pure Lands in the human realm are different from Pure Lands of other worlds (*tafang jingtu*他方淨土) or the Pure Lands of Amitabha, Maitreya, and Aksobhya Buddhas. When speaking with reference to these Pure Lands, the Pure Lands in the human realm are this-worldly, mind-oriented, based on precepts, and emergent in contemporary society.

But the meaning of a Pure land on Earth in the context of the phrase "*jianshe renjian jingtu*建設人間淨土 (establishing a

---

[20] Sheng Yen, 2003, 54-58.

Pure land on Earth)" is something different. Of course, there is a common thread running through Pure Land thought: the idea that Pure lands are the product of one's merit, wisdom, or compassion. But with the reinterpretation of Pure Land thought from Taixu and Yinshun until the present generation of Buddhist leaders, the notion of a Pure Land on Earth becomes tied to social change. As Charles Jones notes,

> Building the 'Pure Land in the Human Realm,' then, becomes a process not so much of creating a geographical zone in which Buddhist morality and practice prevails as Taixu defined it but of creating a 'purity' defined according to the secular agenda created by the individual's main concern: purified of pollution and waste for the environmental activist, purified of patriarchy for the feminist, purified of political oppression for the dissident, and so on.[21]

In the context of establishing a Pure Land on Earth, Sheng Yen states that there are two ways in which a Pure Land on Earth can be established: materially (物質建設) and spiritually (精神建設).[22] The first method takes science, technology, and politics to achieve its goal. The second method relies on confidence in Buddhadharma (fofa佛法) and a commitment to Buddhist practice. Between these two (material and spiritual), Sheng Yen states that the latter is superior and draws an analogy with a person who, already having a nice house, would still desire more, suggesting that a materially-established Pure land might manifest compassion and wisdom but would not reflect the spiritual purification of individuals. He concludes this comparison by saying:

---

[21] Charles B. Jones, "Transitions in the Practice and Defense of Chinese Pure Land Buddhism," in *Buddhism in the Modern World: Adaptations of an Ancient Tradition*, eds. Steven Heine and Charles S. Prebish (Oxford: Oxford University Press, 2003), 135.

[22] Sheng Yen, 2003, 26; Sheng Yen, 2004, 176.

Establishing a Pure land on earth, in addition to being established politically and economically, must begin especially from each individual's own mind. Each person must have a mind intent on carrying out wholesome actions and not a selfish mind. One begins with caring for one's family, wishing that they can peacefully recite the Buddha's name, carry out wholesome actions, and not cultivate a selfish mind. If the influence of each person practicing in this way extends to one's family and then to the wider society and communities, a Pure land will gradually take form. If we practice according to what the Buddhist scriptures prescribe for cultivating goodness in body, word, and mind, and in body, word and mind we carry out kind actions, speak kind words, and maintain a mind of kindness, then the Pure land will appear right before our eyes.㉓

This understanding of establishing a Pure land on Earth illustrates that the notion of a Pure land for Sheng Yen in the context of contemporary society is centered on creating a healthy caring environment. This follows from his interpretation of *renjian* in both *renjian fojiao* and *renjian jingtu*. For Sheng Yen, the human realm is the basis for Buddhism.㉔ The Buddha achieved enlightenment as a human and taught humans. And the creation of a Pure land must also begin from the human realm. Therefore, concern for humans and human society is a necessary starting point for Buddhist thought and practice. Sheng Yen states as much when he asks the question: Where is the Pure Land of the human realm? It is "between people" (*jiuzai ren yu ren zhi jian*就在人與人之間).㉕ But advancing this point, it is not just between humans, but within the human mind, the mind susceptible to and tending towards the positing of a self. This tendency of the mind leads to craving and desire and such craving manifests itself in the

㉓ Sheng Yen, 2004, 177.

㉔ Sheng Yen, 2003, 133.

㉕ Ibid., 15, 184.

impurities in society. According to Sheng Yen, "If one can give rise to a vow of great compassion and experience the compassion and wisdom of the Dharma, even if for just a moment, without jealousy, hate, greed, suspicion, worry, or any such vexation, then a Pure land on earth will be present before your very eyes."❷⑥ He further adds, "establishing a Pure land on earth begins with each person's mind. Each person must have a mind intent on wholesome actions, without grasping onto selfishness."❷⑦ This emphasis on the mind as the seat of establishing a Pure land on earth is tied into Sheng Yen's fourfold taxonomy of Pure lands. One of these types is the mind-only Pure land, which Sheng Yen attributes to texts such as the *Vimalakīrti Sūtra* and the way Pure land is interpreted by the Chan patriarchs. But even Amitabha's Western Pure Land is the product of one's mind, so that each of the four kinds of Pure Land are ultimately one and the same.❷⑧

The upshot of this interpretation is that the existence of Pure Lands or the perception of a Pure Land is contingent on the degree of purity of the mind, which for Sheng Yen is defined as the absence of vexations, such as greed, desire, etc. He quotes a passage in the *Vimalakīrti Sūtra* which reads, "If the mind is Pure, then one sees this world as 'ornamented with virtues' (*gongde zhuangyan*功德莊嚴)."❷⑨ The term '*zhuangyan*' is found in the

---

❷⑥ Ibid., 184.

❷⑦ Ibid., 27-28.

❷⑧ Bhikshuni Guo Jing, "A Study of Master Sheng Yen's Thoughts about Pure Land: Belief Centered on Pure Land on Earth" in *Studies of Master Sheng Yen*, Vol.1 (*Shengyan yanjiu di ii ji* 聖嚴研究第一輯)(Taipei: Fagu wenhua, 2010), 77-78.

❷⑨ T. 475, Vol.14, 528c25. The translation of *gongde zhuangyan* follows Stephen Teiser, "Ornamenting the Departed: Notes on the Language of Chinese Buddhist Ritual Texts," *Asia Major* 22:1 (2009), 220. Burton Watson translates the passage as "If a person's mind is Pure, then he will see the wonderful blessings that adorn this land." Burton Watson, *The Vimalakīrti Sūtra* (New York: Columbia University Press, 1997), 30-31.

expression, "*zhuangyan guotu*," which along with "*chengshou zhongsheng*成熟眾生" are the two goals of the bodhisattva. These terms are generally taken to mean "the adorning of the Buddha lands" and "the bringing of sentient beings to enlightenment." Chen Jianhuang equates these two goals to the mission of DDM whereby *zhuangyan guotu* is the establishment of a Pure land on Earth and *chengshou zhongshen* is the lifting up of the character of humanity.❸ Sheng Yen elaborates on the relationship between *zhuangyan guotu* and *renjian jingtu*. He states that the goal not only refers to Pure lands, but also to the world we live in. "No matter what school I return to, in the end they all have the same goal—adorning the Buddha field. This is also adorning the Pure land that is taking the world we currently live in and carrying out its ornamentation."❸ In reference to the passage in the *Vimalakīrti Sūtra*, Sheng Yen glosses *zhuangyan* as something achieved by employing wisdom and compassion (*zhuyao shi yong zhihui han cibei lai zhuangyan*主要是用智慧和慈悲來莊嚴).❸ Then he extends this and states, "Taking wisdom to adorn one's own mind is spiritual environmentalism; using compassion to adorn the world, environment, is caring for society, protecting the social environment, living environment, and natural environment. In other words, *gongde zhuangyan* is using wisdom and compassion to treat and care for the people, things, and affairs in our environment."❸ In this interpretation *zhuangyan* is an activity of the mind.

Stephen Teiser has analyzed a variety of uses of *zhuangyan* and concludes that the most common meanings relate to acts of ornamenting or adorning, although the object that is adorned could be anything from a person (in dress) to the universe and that the term was used both as an adjective and a verb.❸ Important

---

❸ Jianhuang Chen, 206.
❸ Sheng Yen, 2010, 34.
❸ Sheng Yen, 2004, 191-192.
❸ Ibid., 192.
❸ Teiser, 218.

for the discussion here is the issue of ornamenting of lands for the purpose of teaching.㉟ If we look at the etymology of the English terms 'adorn' and 'ornament,' both are related to the word 'order.' This root suggests that adornments were objects whose function was to order. They were equipment for creating order. Following this reading, when Sheng Yen interprets *zhuangyan* in relation to the application of wisdom to one's mind, wisdom and, likewise compassion, can then be seen as equipment by which one brings about change in the world. The practice of building a Pure land on earth begins with the cultivation of the mind. One obvious implication of this interpretation is that "spiritual environmentalism" is "building a Pure land on earth." But Sheng Yen has already said this much.㊱ But going even beyond this, these two terms together form a rhetorical imperative to engage in environmentalism.

Sheng Yen's interpretation of a Pure Land on Earth as equivalent to all other Pure Lands and common to all schools of Chinese Buddhism provides the rationale for him to make the same claim for spiritual environmentalism. The fact that both are basically about the process of purification of views and mind forges a link between spiritual environmentalism (the apex of Sheng Yen's Buddhist modernism) and the Chinese Pure Land tradition (a symbol of Buddhist traditionalism) and allows Sheng Yen to advocate both simultaneously as the key to living a Buddhist life in the modern world.

5. Sheng Yen's environmentalism

So, what relevance to DDM's environmental practices do the Pure Land on Earth and spiritual environmentalism have? Do either of these concepts make an effective appeal to Buddhists for

---

㉟ Ibid., 214 and 221.
㊱ Sheng Yen, 2010, 135.

engaging in environmentalism? One way to answer these questions is by first reorienting the way in which we approach the concepts "spiritual environmentalism" and "building a Pure Land on Earth." Most discussions of these terms seek to elaborate on their doctrinal basis and attempt to place them in the context of Sheng Yen's thought or in the context of Pure Land and/or Chan tradition. This sort of work is necessary and important, but it does not really provide any clues as to how these terms function to address the problems with modern society that Sheng Yen and other leaders who use these terms deploy them to do.

With the creation of the term spiritual environmentalism and placing it at the center of his teaching, we can see that Sheng Yen was very aware of the importance of language in reestablishing the status of Chinese Buddhism in society:

> Ordinary people treat Buddhadharma as something secular or mystical; at best they treat it as an academic study. Actually, Buddhism is a religion that applies wisdom and compassion to purify the human world. Thus, I vowed to use contemporary ideas and language to introduce to others the true meaning of the Dharma that was forgotten, and revive the spirit of Shakyamuni Buddha.[37]

With reference to the term spiritual environmentalism, he states that people will at first be unfamiliar with the term spiritual environmentalism and it will take time for them to understand it.[38] Moreover, Sheng Yen states that the content of spiritual environmentalism is not new. From this we must conclude that there is something in the term itself that Sheng Yen thinks conveys Buddhism better to a modern audience. He is aware of his

---

[37] Sheng Yen, *A Journey of Learning and Insight* (New York and Taipei: Dharma Drum Publishing Corporation, 2012), xi-xii.

[38] Sheng Yen, 2004, 48.

audience. Thus, the term is, at the very least, rhetorical. The same can be said for the phrase "a Pure Land on Earth." This is a term that Taixu creates to restructure how people perceive the goals of Buddhism. Both of these terms can be labeled "ideographs."

The concept of ideographs was proposed by Michael McGee as a way to connect rhetoric and ideology. He defines them as "the basic structural elements, the building blocks of ideology," "one-term sums of an orientation," and "they come to be as a part of the real lives of the people whose motives they articulate."❸❾ What is important for ideographs is how they are used.❹⓿ Rhetorically, they are horizontal forces, interacting synchronically with other forces. McGee recognizes two ways of viewing ideology. One is grammatical, which is a vertical, diachronic, descriptive account of an idea. The other is ideology as "rhetoric," which refers to "a situationally-defined synchronic structure of ideograph clusters constantly reorganizing itself to accommodate specific circumstances while maintaining its fundamental consonance and unity."❹❶ To say that "spiritual environmentalism" and a "Pure Land on Earth" are both ideographs is to suggest that they are basic elements of a larger orientation—Sheng Yen's renewal of Chinese Buddhism. They orient Sheng Yen's project, both in terms of making it more accessible and making it more engaged in society. That these two terms are connected diachronically to "mind" illustrates that they are vertically integrated into Buddhism. This vertical integration provides a basis around which a Buddhist can identify the two terms with Buddhism. But the process of identification also carries over to the act of identification of a

---

❸❾ Michael Calvin McGee, "The 'Ideograph:' A Link between Rhetoric and Ideology," in *Contemporary Rhetorical Theory: A Reader*, eds. John Louis Lucaites, Celeste Michelle Condit, and Sally Caudill (New York and London: The Guilford Press, 1999), 428-429.

❹⓿ Ibid., 431.

❹❶ Ibid., 434.

Buddhist with these goals of spiritual environmentalism and building a Pure Land on Earth and then with other Buddhists who advocate or accept these goals. Both terms offer a way to articulate the way in which Buddhism advocates environmental engagement and forms the basis of communities in which the practice of environmentalism is carried out. In the case of spiritual environmentalism, the connection to the mind is much stronger, and so when applied to environmentalism, it is open to the critique of being unrelated to actual changes, of emphasizing mind and ignoring environment. The ideograph of building a Pure Land on Earth rectifies this potential deficiency by strengthening the connection between mind and environmental concern, but it is susceptible to critique through the association of Pure Lands with far-off places reached after death. Spiritual Environmentalism supports the interpretation of a Pure Land on Earth as a potential state of the world. Thus, to have the strongest rhetorical effect, these two must be placed together.

But there is yet more to say about the rhetorical nature of these two terms as they relate to environmentalism. For rhetoric, as it is now commonly taken to mean, highlights the strategic use of language, the use of language to effect change in a situation. Kenneth Burke suggests we understand change as affecting the attitude of an audience, recognizing that successful rhetoric does not always lead to the audience carrying out the action implied in the proposition. In the case of environmental rhetoric, change can be identified by the degree to which communities align their values and habits with environmental concern. This is not the kind of direct change that critics of Sheng Yen's form of Buddhist environmentalism advocate, but it does count as "effective discourse" in the way Bruner and Oelschlaeger define the term.

One way this change is achieved more effectively is through the use of framing. Robert Entman defines framing as selecting "some aspects of a perceived reality and make them more salient in a communicating context, in such a way as to promote a particular problem definition, causal interpretation, moral evaluation, and/ or treatment recommendation for the item described."❷ Spiritual environmentalism frames environmentalism as a religious practice. It helps overcome the economic/environmentalist dichotomy that plagues much of the public environmental debate. Building a Pure Land on Earth supports the religious frame of environmentalism, but it also emphasizes that the goal is to achieve a change in society. Both of these concepts offer Buddhists a way to think about environmentalism that relates to Buddhist values and practice in an empowering way. Sheng Yen has described the practice of building a Pure Land on Earth stating:

> How does one build a Pure Land on earth? First, each person my pay attention to and build it in the midst of their everyday life. From morning until night, when eating, sleeping, at school, at work, at the market, cooking, waiting for people, no matter what the situation, the mind must hold on to stillness and calmness, do not become impatient or nervous. If one can live life in this way, regardless of whether one's eyes are opened or closed, one can see a Pure Land, whether lifting one's arm or setting down one's foot, one is building the Pure Land. If we can offer others a feeling of serenity and security, compassion and care, then the way that others experience the world will be like a Pure Land.❸

In this description, Sheng Yen frames Pure Land discourse in terms of creating a society that we would want to live in. To strive for the Pure Land is to strive to realize these ideals in our everyday life.

---

❷ Robert M. Entman, "Framing: Toward Clarification of a Fractured Paradigm," *Journal of Communication* 43:4 (1993) 52.

❸ Sheng Yen, *Chan de shijie* (Taipei: Fagu wenhua, 1998), in *Fagu quanji* Vol. 4, no. 8. 法鼓全集光碟版HTML版本 Version 2007.01.

Mitsuya Dake makes the same argument for the use of Shinran's notion of the Pure Land in articulating environmental concern. Dake recognizes that Pure Land images such as those in the Larger and Smaller *Sukhavati-vyuha sūtras* are a far cry from what conservationists would consider a natural environment.**㊹** He argues that the value of Pure Land discourse lies in the tension between the actual and the ideal.**㊺** The tension between the ideal embodied in the Pure Land and the actual world we live in gives meaning to the concepts of harmony and interconnectedness that are so often invoked in discussions of Buddhist environmentalism. This tension is also crucial in rendering practice meaningful. The relevance of the tension between actual and ideal to practice helps clarify how Pure Land discourse is necessary to Sheng Yen's environmental goals. The focus on the mind in Pure Land on Earth and spiritual environmentalism is tied to the realization of an ideal and that ideal is actualized not only in the cultivation of the mind, but also in the degree to which the mind's cultivation is reflected in the improvement of society.

The discourse of spiritual environmentalism is something that can be used to gain a voice on the international stage and initiate dialogue with other Buddhist communities and non-Buddhist religious communities committed to environmentalism. It is a term that is new enough to be able to be applied to a variety of contexts. Sheng Yen argues that one aspect of the fivefold spiritual renaissance campaign is its "watered-down religious character," reflecting an interpretation of Buddhist teachings in context.**㊻** He claims that the teachings he offers can be applied in any religious context. Whether these teachings would

---

㊹ Mitsuya Dake, "Pure Land Buddhism and Its Perspective on the Environment," in *How Much is Enough? Buddhism, Consumerism, and the Human Environment*, ed. Richard K. Payne (Boston: Wisdom Publications, 2010), 68-70.

㊺ Ibid., 73-76.

㊻ Sheng Yen, *Xin wusi yundong* (Taipei: Fagu wenhua, 2010), 14-16.

still be recognized as Buddhist by Buddhists, or whether their identity as Buddhist teachings would make them acceptable to adherents of other traditions is a valid question. In other words, although in the Buddhist context spiritual environmentalism has a specific vertical identity linked with Chan meditation, in the discourse of environmental concern in other traditions, spiritual environmentalism can function ideographically and inform that tradition's environmental ideology in consonance with the doctrines of that tradition already related to environmentalism.

The discourse of Pure Land on Earth is common to all humanistic Buddhist traditions. It is a useful tool for addressing a wide audience and producing a community out of that audience that will be motivated by this discourse and its ethical entailments, since a feature of an ideograph is that those who identify with it also consent to the meanings that turn on it. The vertical aspect of Pure Land discourse makes it appealing to Buddhists, since it can easily be identified with. But its horizontal aspect operationalizes the impetus towards social change by establishing the dialectic of the ideal and actual.

One caveat should be given regarding the global appeal of spiritual environmentalism mentioned above. The deep connection that spiritual environmentalism has with Chan practice might limit the scope of its synchronic applicability. Although the integration between the two ideographs of building a Pure Land on Earth and spiritual environmentalism makes them efficacious for Buddhist environmentalism, without a similar emphasis on mental cultivation and socially-active environmental projects, spiritual environmentalism might fail to seem relevant to other religious environmentalisms which do not promote mental cultivation as a primary goal of that traditions adherents.

6. Conclusion

The implications of recognizing spiritual environmentalism and building a Pure Land on earth as the two basic tropes in Sheng Yen's environmental rhetoric allows us to understand how environmentalism can be communicated meaningfully to both DDM members and other non-DDM Buddhists in Taiwan and abroad. Part of what constitutes Sheng Yen's efforts to make Chinese Buddhism relevant to the lives of people today is relating Buddhist thought and practice to address contemporary social concerns and articulating that connection in an idiom which demonstrates the connection is inherent. Employing these two tropes—spiritual environmentalism and building a Pure Land on Earth—to communicate the importance of environmentalism to contemporary Buddhist practice supersedes attempts to construct a Buddhist environmental ethic through the hermeneutic of tradition alone, whereby Buddhist philosophy or doctrine is placed in a one-to-one correspondence with prevalent concepts in secular environmental ethics.❹ This latter approach, in failing to establish an audience, fails to make an effective appeal. Such a critique does not imply that traditional Buddhist concepts are not relevant or present when using the ideographs of spiritual environmentalism and Pure Land on Earth. In fact, concepts such as emptiness, compassion, and dependent origination are entailed in the very verticality of the ideographs. And being so entailed, they provide depth to the terms that do the communicative work. When concepts such as dependent origination and the like stand alone as terms that approximate concepts of ecological balance and harmony, the lack of context makes it difficult to not only see how

---

❹ See, for example, Paul O. Ingram, "The Jeweled Net of Nature," in *Buddhism and Ecology: The Interconnection of Dharma and Deeds*, eds. Mary Evelyn Tucker and Ducan Ryuken Williams (Cambridge: Harvard University Press, 1997), 71-88.

these terms can persuade, but also it is hard to know just how to resolve philosophical questions that arise.

Another approach to Buddhist environmentalism is to reframe the way in which we understand the question being asked. For example, some scholars have argued that Buddhist environmental ethics is a form of virtue ethics, and the goal of environmentalism for a Buddhist is the development of those qualities (or perfections) which aid one in the realization of wisdom and compassion.㊽ Another approach applies taxonomies, such as the four truths, to reframe the question.㊾ While there is merit in both these approaches, the issue of audience still remains. It is not necessarily the case that the four truths or a Buddhist discourse of virtue ethics offer the means by which every audience will identify with a proposition advocating environmental concern. Using terms that are integral to forms of Buddhist modernism places environmental concern in the broader context of the values and practices that animate a specific Buddhist community.

Spiritual environmentalism and building a Pure Land on Earth offer a fuller conception of Sheng Yen's environmental rhetoric. Certainly, each term on its own expresses environmental values and links those values to the cultivation of the mind, central to Sheng Yen's teaching. DDM environmental practices, such as tree planting, recycling, and clean-up days are opportunities to create a Pure Land on Earth and carry out protection of the spiritual

---

㊽ See Alan Sponberg, "Green Buddhism and the Hierarchy of Compassion," in *Buddhism and Ecology: The Interconnection of Dharma and Deeds*, eds. Mary Evelyn Tucker and Duncan Ryuken Williams (Cambridge, MA: Harvard University Press, 1997), 351-376; James Whitehill, "Buddhist Ethics in Western Context: The 'Virtues' Approach," *Journal of Buddhist Ethics* 1 (1994) (accessed 01/21/2012); and Pragati Sahni, *Environmental Ethics in Buddhism: a Virtues Approach* (London; New York: Routledge, 2008).

㊾ See Christopher Ives, "Deploying the Dharma: Reflections on the Methodology of Constructive Buddhist Ethics," *Journal of Buddhist Ethics* 15 (2008), 23-44.

environment. But the rhetoric of spiritual environmentalism and building a Pure Land on Earth creates a meaningful link between these practices as modern expressions of traditional Buddhism and strengthens the way in which Buddhism can respond to contemporary social issues like environmentalism. This link is crucial to the project of Buddhist renewal. Rhetoric provides the right lens for perceiving how these terms are effective with respect to both the practical and theoretical aspects of Buddhist environmentalism.

References

Bhikshuni Guo-Jing. "A Study of Master Sheng Yen's Thoughts about Pure Land: Belief Centered on Pure Land on Earth." In *Studies of Master Sheng Yen*, Vol. 1 (*Shengyan yanjiu di ii ji* 聖嚴研究第一輯), 69-108. Taipei: Fagu wenhua, 2010.

Bingenheimer, Marcus. "Some Remarks on the Usage of Renjian Fojiao and the Contribution of Venerable Yinshun to Chinese Buddhist Modernism." In *Development and Practice of Humanitarian Buddhism: Interdisciplinary Perspectives.* Edited by Mutsu Chu, Jinhua Chen, and Lori Meeks, 141-161. Hualien: Tzu Chi University Press, 2007.

Bruner, Michael and Max Oelschlaeger. "Rhetoric, Environmentalism, and Environmental Ethics." *Environmental Ethics* 16: 4 (1994), 337-357.

Chandler, Stuart. *Establishing a Pure Land on Earth: The Foguang Perspective on Modernization and Globalization*. Honolulu: University of Hawaii Press, 2004.

Chen, Jianhuang (Chen, Chien-huang) 陳劍鍠. "*Shengyan fashi 'jianshe renjian jingtu' yu 'yinian xinjing' zhi yaoyi*" (Comparing Master Sheng Yen's "Establishing a Pure Land on Earth" with the Essential Teaching on "A Single Moment of Purity" in Chinese Buddhism). In *Studies of Master Sheng Yen*, Vol. 2 (*Shengyan yanjiu di er ji*聖嚴研究第二輯), 201-239. Taipei: Fagu wenhua, 2011.

Chou, Jou-Han 周柔含. "*Tong wang renjian jingtu de yaoshi* 通往人間淨土的鑰匙：淺談聖嚴法師的菩薩戒 (A key leading to the Pure Land: discussion of the Bodhisattva vows in Master Sheng Yen's system)." In *Studies of Master Sheng Yen*, Vol. 2 聖嚴研究第二輯, 113-154. Taipei: Fagu wenhua, 2011.

Clippard, Seth DeVere. "Purifying Words: The Rhetorical Aspects of Spiritual Environmentalism." In *Studies of Master Sheng Yen*, Vol. 2 聖嚴研究第二輯, 75-111. Taipei: Fagu wenhua, 2011.

Cook, Francis H. "The Jeweled Net of Indra." In *Nature in Asian*

Traditions of Thought. Edited by J. Baird Callicot and Roger T. Ames, 213-29. Albany: Suny, 1989.

Corbett, Julia B. *Communicating Nature: How We Create and Understand Environmental Messages*. Washington, D.C.: Island Press, 2006.

Dake, Mitsuya. "Pure Land Buddhism and Its Perspective on the Environment." In *How Much is Enough? Buddhism, Consumerism, and the Human Environment*. Edited by Richard K. Payne, 63-81. Boston: Wisdom Publications, 2010.

Ding, Renjie (Ting, Jen-chieh) 丁仁傑. "Renjian Buddhism and Its Successors: Toward a Sociological Analysis of Buddhist Awakening in Contemporary Taiwan." In *Development and Practice of Humanitarian Buddhism: Interdisciplinary Perspectives*. Edited by Mutsu Chu, Jinhua Chen, and Lori Meeks, 229-267. Hualien: Tzu Chi University Press, 2007.

Eckel, Malcom David. "Is There a Buddhist Philosophy of Nature?" In *Buddhism and Ecology: The Interconnection of Dharma and Deeds*. Edited by Mary Evelyn Tucker and Ducan Ryuken Williams, 327-349. Cambridge: Harvard University Press, 1997.

_____. "Is 'Buddhist Environmentalism' a Contradiction in Terms?" In *How Much is Enough? Buddhism, Consumerism, and the Human Environment*. Edited by Richard K. Payne, 160-170. Boston: Wisdom Publications, 2010.

Entman, Robert M. "Framing: Toward Clarification of a Fractured Paradigm." *Journal of Communication* 43:4 (1993).

Harris, Ian. "Buddhism and the Discourse of Environmental Concern: Some Methodological Problems Considered." In *Buddhism and Ecology: the Intersection of Dharma and Deeds*. Edited by Mary Evelyn Tucker and Duncan Ryuken Williams, 377-402. Cambridge: Harvard University Press, 1997.

_____. "Buddhist Environmental Ethics and Detraditionalization: The Case of EcoBuddhism." *Religion* 25 (1995), 199-211.

_____. "Ecological Buddhism?" In *Worldviews, Religion, and the Environment: A Global Anthology*. Edited by Richard S. Foltz, 171-181. Belmont, CA: Wadsworth, 2003.

Hu, Muin. *Sharing Dharma Drum Mountain: A White Paper on Happiness*. Taipei: Dharma Drum Publishing Corp., 2005.

Hershock, Peter D. *Buddhism in the Public Sphere: Reorienting Global Interdependence*. London and New York: Routledge, 2006.

Ingram, Paul O. "The Jeweled Net of Nature." In *Buddhism and Ecology: The Interconnection of Dharma and Deeds*. Edited by Mary Evelyn Tucker and Ducan Ryuken Williams, 71-88. Cambridge: Harvard University Press, 1997.

Ives, Christopher. "Deploying the Dharma: Reflections on the Methodology of Constructive Buddhist Ethics." *Journal of Buddhist Ethics* 15 (2008), 23-44.

_____. "In Search of a Green Dharma: Philosophical Issues in Buddhist Environmental Ethics." In *Destroying Mara Forever: Buddhist Ethics Essays in Honor of Damien Keown*. Edited by John Powers and Charles S. Prebish, 165-186. Ithaca, NY: Snow Lion Press, 2009.

Jiang, Canteng 江燦騰. "Huangjing baohu zhi fanxing zhuanyi 環境保護之「範型轉移」(The Paradigm Shift in Environmental Protection)." In *Taiwan dangdai fojiao* 台灣當代佛教 (Contemporary Taiwanese Buddhism), 168-175. Taipei: Nantian shuju chuban, 2000.

Jones, Charles B. *Buddhism in Taiwan: Religion and the State, 1660-1990*. Honolulu: University of Hawaii Press, 1999.

_____. "Transitions in the Practice and Defense of Chinese Pure Land Buddhism." In *Buddhism in the Modern World: Adaptations of an Ancient Tradition*. Edited by Steven Heine and Charles S. Prebish, 125-141. Oxford: Oxford University Press, 2003.

Laliberté, André. *Politics of Buddhist Organizations in Taiwan, 1983-2003: Safeguard the Faith, Build a Pure land, Help the Poor*. New York: RoutledgeCurzon, 2004.

Light, Andrew. "Environmental Ethics." In *A Companion to Applied Ethics*. Edited by R.G. Frey and Christopher Heath Wellman, 641-647. Oxford: Blackwell Publishing, 2005.

Lin, Chaocheng 林朝成. "Fojiaotu xiang tudi lunli: 'renjian jingtu' de xingsi 佛教徒向土地倫理：「人間淨土」的省思 (A Buddhist Ethic View for the Land: A Reflection of the Concept "Pure Land in the Human Realm")." *Chengda zongjao yu wenhua xuebao* 成大宗教與文化學報 5 (2005), 59-90.

_____. "Xin jing ze guotu jing: guanyu fojiao shengtaiguan de sikao yu tiaozhan 心淨則國土淨：關於佛教生態觀的思考與挑戰 (When the mind is Pure, all lands are Pure: Concerning the thought and challenges of Buddhist ecological views)." In *Fojiao yu shehui guanhuai xueshu yantaohui wenji: shengming, shengtai, huanjing guanhuai* 佛教與社會關懷學術研討會文集. Edited by Shi, Zhuandao, 179-192. Tainan: Zhonghuafojiao baike wenxian jijinhui, 1996.

Lin, Qixian (Lin, Chi-Hsien) 林其賢. "Shengyan fashi renjian jingtu sixiang lichang de jueze 聖嚴法師人間淨土思想立場的抉擇 (Discerning a choice for humanity from Master Sheng Yen's teachings on humanistic Buddhism)." In *Studies of Master Sheng Yen*, Vol. 2 聖嚴研究第二輯, 155-200. Taipei: Fagu wenhua, 2011.

Lin, Yiren (Lin, Yih-Ren) 林益仁. "The Environmental Practices and Beliefs of Taiwanese Buddhists." PhD diss., University College of London, 1999.

_____. "Huanjing shijian de 'quanqiu' yu 'zaidi' bianzheng: yi fagushan de 'huanbao' lunshu wei li 環境實踐的「全球」與「在地」辯證：以法鼓山的「環保」論述為例 (The dialectical relationship between 'global' and 'local' environmental practices: A case study of Dharma Drum Mountain's 'huan-bao' discourse)." In *Taiwan shehui yanjiu* 55 (2004), 1-47.

McGee, Michael Calvin. "The 'Ideograph:' A Link between Rhetoric and Ideology." In *Contemporary Rhetorical Theory: A Reader*. Edited by John Louis Lucaites, Celeste Michelle Condit, and Sally Caudill, 425-440. New York and London: The Guilford Press, 1999.

Ng, William Yau-Nang. "Yin Shun's Interpretations of the Pure Land." *Journal of Chinese Philosophy* 34:1 (2007), 25-47.

Norton, Bryan G. *Sustainability: A Philosophy of Adaptive Ecosystem Management*. Chicago: University of Chicago Press, 2005.

Pacey, Scott. "A Buddhism for the Human World: Interpretations of *renjian fojiao* in Contemporary Taiwan." In *Asian Studies Review*

29:1 (2005), 455-461.

Schak, David. "Socially-engaged Buddhism in Taiwan and Its Contribution to Civil Society." In *Development and Practice of Humanitarian Buddhism: Interdisciplinary Perspectives*. Edited by Mutsu Chu, Jinhua Chen, and Lori Meeks, 197-226. Hualien: Tzu Chi University Press, 2007.

Shi, Zhuandao 釋傳道. "Pusa shehui guanhuai de er darenwu: zhuangyan guotu, chengshou zhongsheng 菩薩社會關懷的二大任務：莊嚴國土、成熟眾生 (Two major responsibilities of a Bodhisattva's social concern: respecting the land, maturing beings). " In *Fojiao yu shehui guanhuai xueshu yantaohui wenji: shengming, shengtai, huanjing guanhuai* (Papers from the conference on Buddhism and social concern). Edited by Shi, Zhuandao, 3-13. Tainan: Zhonghuafojiao baike wenxian jijinhui, 1996.

_____. "Zhongshi huanbao shi jianli renjianfojiao de genben 重視環保是建立人間佛教的根本 (Emphasizing environmentalism as the basis for humanistic Buddhism). " In *Pumen* 131. Kaohsiung: Foguangshan, 1990.

Sponberg, Alan. "Green Buddhism and the Hierarchy of Compassion." In *Buddhism and Ecology: The Interconnection of Dharma and Deeds*. Edited by Mary Evelyn Tucker and Duncan Ryuken Williams, 351-376. Cambridge, MA: Harvard University Press, 1997.

Sheng Yen 聖嚴. *The Dharma Drum Lineage of Chan Buddhism: Inheriting the Past and Inspiring the Future*. Taipei: Sheng Yen Education Foundation, 2010.

_____. "Environmental Protection." *Chan Magazine* 20:4 (2000), 31-33. Accessed April 15, 2010. http://chan1.org/ddp/chanmag/fal2000. html#environment.

_____. *Establishing Global Ethics*. Spiritual Growth Series. Ven. Chang Ji and Kristina Mayo, eds. Elmhurst, NY: Dharma Drum Mountain Buddhist Association, 2008.

_____. *Footprints in the Snow: The Autobiography of a Chinese Buddhist Monk*. New York: Double Day, 2008.

_____. *Hoofprint of the Ox: Principles of the Chan Buddhist Path as*

Taught by a Modern Chinese Master. New York: Oxford University Press, 2001.

_____. *Jingtu zai renjian* 淨土在人間 (The Pure Land is in the human realm). Taipei: Fagu wenhua, 2003.

_____. *A Journey of Learning and Insight*. Translated by Venerable Chang Luo. New York and Taipei: Dharma Drum Publishing Corporation, 2012. Published in Chinese as *Shengyan fashi xuesi licheng* 聖嚴法師學思歷程. Taipei: Zhengzhong shuju, 1993.

_____. *Living in the 21ˢᵗ Century: A Buddhist View*. Taipei: Sheng Yen Education Foundation, 2011.

_____. *Shattering the Great Doubt: The Chan Practice of Huatou*. Boston: Shambala Publications, 2009.

_____. *Song of Mind: Wisdom from the Zen Classic Xi Ming*. Boston: Shambala Publications, 2004.

_____. *Shengyan fashi Xinling huanbao* 聖嚴法師心靈環保 (Spiritual Environmentalism). Taipei: Fagu wenhua, 2004.

_____. *Sizhong huanbao* 四種環保 (Fourfold Environmentalism). Taipei: Fagu wenhua, 2009.

_____. *Xinling huanbao* 心靈環保 (Spiritual Environmentalism). Taipei: Fagu wenhua, 2009.

_____. *Xin wusi yundong* 心五四運動 (Fivefold Spiritual Renaissance Campaign). Taipei: Fagu wenhua, 2010.

_____. *Xiuxin zai hongchen: weimojing liu jiang* 修行在紅塵: 維摩經六講 (Practicing in the human realm: Six lectures on the *Vimalakīrti Sūtra*). Taipei: Fagu wenhua, 1997.

_____. "Yi yanjiu 'shengyan' lai tuidong jinghua shijie 以研究「聖嚴」來推動淨化世界." In *Studies of Master Sheng Yen*, Vol. 1 (*Shengyan yanjiu di ii ji* 聖嚴研究第一輯), 27-36. Taipei: Fagu wenhua, 2010.

_____. et al. *Buyiyangde huanbao shijian* 不一樣的環保實踐 (Different Voices on the Practice of Environmental Protection). Taipei: Fagu wenhua, 2007.

_____. *Chan de shijie*, Taipei: Fagu wenhua, 1998. Found in *Fagu quanji* Vol. 4, no. 8. 法鼓全集光碟版 HTML 版本 Version 2007. 01.

Teiser, Stephen F. "Ornamenting the Departed: Notes on the Language of Chinese Buddhist Ritual Texts," *Asia Major* 22:1 (2009), 201-237.

Travagnin, Stefania. "Master Yinshun and the Pure Land Thought: A Doctrinal Gap between Indian Buddhism and Chinese Buddhism," In *Acta Orientalia Academiae Scientiarum Hung* 57:3 (2004) 281-88.

Williams, David and Chang'yi Chang. *Taiwan's Environmental Struggle: Toward a Green Silicon Island*. New York: Routledge, 2008.

Yang, Huinan 楊惠南. "Dangdai Taiwan fojiao huanbao linian de sixiang —yi 'yuyue renjian jingtu' he 'xinling huanbao' weili 當代台灣佛教環保理念的思想——以「預約人間淨土」和「心靈環保」為例 (Contemporary Taiwanese Buddhist environmental thought: Using "A reservation for the Pure Land" and "spiritual environmentalism" as examples). " In *1995 nian foxue yanjiu lunwenji*, 1-44. Taipei: Foguangshan wenjiao jijinhui, 1996.

_____. "Cong 'jingjietuo' dao 'xinjietuo': jianli xinjing pingdeng de fojiao shengtaixue 從「境解脫」到「心解脫」建立心境平等的佛教生態學 (From 'place nirvana' to 'mind nirvana': establishing a balance between mind and place for Buddhist ecology). " In *Fojiao yu shehui guanhuai xueshu yantaohui wenji: shengming, shengtai, huanjing guanhuai*. Edited by Shi, Zhuandao, 193-206. Tainan: Zhonghuafojiao baike wenxian jijinhui, 1996.

Yinshun 印順. "*Jingtu xin lun* 淨土新論 (A new treatise on Pure Land)." In *Jingtu yu Chan* 淨土與禪, *Miaoyunji*, Vol. 4, 1-75, 1981.

弘揚漢傳佛教環保主義
——聖嚴法師環保理念之修辭學分析

谷永誠
弘光科技大學應用英語系助理教授

▌摘要

　　心靈環保與建設人間淨土做為聖嚴法師和法鼓山的思維中心，學者已就這兩者的相互關係在聖嚴法師思想以及更大的中國佛教脈絡中進行了分析與研究。而法鼓山這二十年來亦積極推行環保運動，本文即針對心靈環保與建設人間淨土的生態學或環境實踐的關係——如何看待這兩種理念和環境主義的意涵？如何就環保立場來看這個關係？若應用修辭方法來分析這些語詞，是否更能展現法鼓山在環保視野上的新意？

　　首先，筆者將對心靈環保和建設人間淨土進行簡釋，並且主張此二者之連結係透過「與心的銜接」所致。再者，依靠 Michael McGee「觀念象徵」（ideograph）之概念，筆者認為此二者能夠有其修辭學上的運作，以便建構環保實踐與社區多元化之理念，並且得以在佛教修行脈絡中，嘗試找出能夠完成此一理念的特有途徑。最後，希望本文的分析方法成為一個研究貢獻——強調佛教教義不僅有哲學意味，而修辭方面一樣重要。

關鍵詞：佛教環保主義、修辭學、聖嚴法師、建設人間淨
土、心靈環保

聖嚴法師對「淨念相繼」與「入流亡所」的詮釋及其體證

陳劍鍠

國立屏東教育大學中國語文學系教授

▎摘要

　　聖嚴法師主修觀音法門，並認為在《首楞嚴經》二十五種圓通當中，以觀世音菩薩的耳根圓通最為殊勝。此外，法師亦特為注重「大勢至菩薩念佛圓通」，常舉「淨念相繼」做為闡述一心念佛的經據，所謂「一念相應一念佛，念念相應念念佛」地達致人間淨土。

　　本文擬從聖嚴法師對「淨念相繼」、「入流亡所」的詮釋觀點，考辨其思想源流，辨章其學術動向，以具體了解其學術思想。聖嚴法師「建設人間淨土」的思想淵源極為泓窈，他提倡的「人間淨土」思想跟「淨念相繼」、「入流亡所」的實踐手段有直接關係。析釐此間關係，能從不同面向考察法師「建設人間淨土」的思想動向。

關鍵詞：聖嚴法師、淨念相繼、入流亡所、念佛圓通、耳根圓通

一、前言：問題提出

　　《大佛頂如來密因修證了義諸菩薩萬行首楞嚴經》卷五至卷六，教示二十五種圓通法門，其中「淨念相繼」出自第二十四圓通法門，是為「念佛圓通」，乃大勢至菩薩之法門；「入流亡所」出自第二十五圓通法門，是為「耳根圓通」，乃觀世音菩薩之法門。晚清以來〈大勢至菩薩念佛圓通章〉（以下簡稱〈念佛圓通章〉）受到修持淨土法門的行者重視，並廣為宣講，註疏、講義、句解、要義等著作陸續面世，尤其〈念佛圓通章〉經印光法師（1861～1940）極力倡導，並列為淨土教門的主要經典後，❶遂使此經成為修

---

❶ 印光法師說：「〈大勢至菩薩章〉乃淨宗最上開示，祇此一章，便可與淨土四經參而為五。」（釋印光著、釋廣定編：《印光大師全集》，臺北：佛教書局，1991年4月，第一冊，〈復永嘉某居士書四〉，頁107；再者，〈淨土五經重刊序〉及〈靈巖山篤修淨土道場啟建大殿記〉皆曾云：「《楞嚴經》〈大勢至念佛圓通章〉，實為念佛最妙開示。」第二冊，頁1144、1282）。印光法師所云的「淨土四經」是指淨土法門的主要三部經典《無量壽經》、《觀無量壽經》、《阿彌陀經》，加上清咸豐年間魏源（1794～1857）將《華嚴經・普賢行願品》附在三經之後所成（參閱魏源：〈淨土四經總敘〉，《魏源集》，臺北：鼎文書局，1978年，頁246-48；魏源：〈普賢行願品敘〉，同上書，頁252-53）。後來印光法師將〈大勢至菩薩念佛圓通章〉加入，形成民國以來流通於世的淨土五經。印光法師對淨土五經流通本的編排次序是，三經之後為〈大勢至菩薩念佛圓通章〉，而以〈普賢行願品〉殿後（參閱《印光大師全集》，第二冊，〈淨土五經重刊序〉，頁1144）。印光法師非常推崇〈念佛圓通章〉，對該經開示的修持法有獨特見解（參閱陳劍鍠：《圓通證道——印光的淨土啟化》，臺北：東大圖書公司，2002年5月，頁185-199），由於他被推尊為蓮宗第十三位祖師（參閱陳劍鍠：〈近代確立蓮宗十三位祖師的經過及其釋疑〉，網址：http://www.

習淨土法門者爭相研習的重要經典之一。❷再者，〈觀世音
菩薩耳根圓通章〉（以下簡稱〈耳根圓通章〉）在歷來註解
《楞嚴經》的古德著作中便給予極大關注，❸其內容要義亦為

---

confucius2000.com/scholar/chenjh2.htm，上網日期：2011年07月10日，晚
清以來此章經文被廣為宣說）。

❷ 會性法師（1928～2010）說：「〈念佛圓通章〉……明朝以前，較少流
通，明末講說《楞嚴》者多，註解也多，漸漸廣為人知。崇禎年間，天
台宗正相法師單就此章做解釋，謂《念佛圓通章科解》，現存於《卍續
藏》。清朝初年，賢首宗一位偉大的續法法師，著有《圓通章疏》，最
為詳細。可見明末清初，已有弘傳，往後直到民初，印光大師倡導，淨
宗道場才廣為弘宣。」（釋會性：〈大勢至菩薩念佛圓通章講錄〉，網
址：http://book.bfnn.org/books2/1967.htm，上網日期：2011年07月10日，
頁5）。然而，對於〈念佛圓通章〉的相關學術研究，據筆者所見者不
多，如宇野順治：〈淨土教における大勢至菩薩の位置〉，載《印度
学仏教学研究》第三十五卷第二號（1987年3月），頁95-98；河波昌：
〈勢至菩薩について〉，收入氏著《浄土仏教思想論》（東京：北樹出
版社，2011年2月），頁220-236；黃公元：〈淨宗祖師與《大勢至菩薩
念佛圓通章》——以評析十祖行策彰《楞嚴》密意的《〈勢至圓通章〉
解》為重點〉（黃公元教授賜寄給筆者，目前尚未正式發表）；陳劍
鍠：〈《大勢至菩薩念佛圓通章》成為淨土宗經典的詮釋問題——以印
光之詮釋為主〉，收入氏著：《行腳走過淨土法門——曇鸞、道綽與善
導開展彌陀淨土教門之軌轍》（臺北：商周出版，2009年9月），頁179-
208；陳劍鍠：〈續法《楞嚴經勢至念佛圓通章疏鈔》之念佛要義與教
判思想〉，《明清史集刊》（香港大學）第十卷（2012年12月），頁91-
122；陳劍鍠：〈續法《楞嚴經勢至念佛圓通章疏鈔》對華嚴思想之運
衡〉，《成大中文學報》第四十三期（2013年12月），接受刊登。潘怡
礽：《《大勢至菩薩念佛圓通章》之研究》（中壢：中央大學中國文學
研究所碩士論文，2002年）等。

❸ 茲如宋代長水子璿（965～1038）的《首楞嚴義疏註經》（《大正藏》
第三十九冊）；元代天如惟則（1286～1354）《會解》、明代幽溪傳燈
（1554～1628）的《楞嚴經圓通疏》（《卍續藏經》第十九冊）；明代
幽溪傳燈的《楞嚴經玄義》（《卍續藏經》第十三冊）；明代曾鳳儀

近來研究《楞嚴經》的專著所引介、推考，❹其中以胡健財

（曾舜徵，生卒年不詳）的《楞嚴經宗通》（《卍續藏經》第二十五
冊）；明代蓮池袾宏（1532～1612）的《楞嚴經摸象記》（《卍續
藏經》第十九冊）；明代憨山德清（1546～1623）的《楞嚴經懸鏡》
（《卍續藏經》第十九冊）；明代交光真鑑（生卒年不詳）的《楞嚴經
正脈疏懸示》（《卍續藏經》第十八冊）及《楞嚴經正脈疏》（《卍續
藏經》第十八冊）；明代蕅益智旭（1599～1655）的《楞嚴經文句》
（《卍續藏經》第二十冊）、明代錢謙益（1582～1664）的《楞嚴經疏
解蒙鈔》（《卍續藏經》第二十一冊）；明代函昰（1608～1685）的
《楞嚴經直指》（《卍續藏經》第二十二冊）；清代的溥畹（生卒年不
詳）的《楞嚴經寶鏡疏》（《卍續藏經》第九十冊）等等（有關歷來
對《楞嚴經》註疏書之考閱，參閱岩城英規：〈《首楞嚴經》註釋書
考〉，《印度学仏教学研究》第五十二卷二號，2004年3月，頁638-642；
大松博典：〈首楞嚴經註釋書考〉，《宗學研究》第三十號，1988年3
月，頁185-188）近代則有圓瑛（1878～1953）的《大佛頂首楞嚴經講
義》（臺南：法舟文教基金會，1999年）；太虛（1889～1947）的《楞
嚴經研究》（臺北：文殊出版社，1987年）；守培（1884～1955）的
《大佛頂首楞嚴經妙心疏》（臺北：佛陀教育出版社，1993年）；海仁
（1886～1978）的《大佛頂首楞嚴經講記》（臺南：和裕出版社，1989
年）等等，這些著作對〈耳根圓通章〉的闡述，篇幅不小。

❹ 以學位論文而觀，則有李治華的《楞嚴經哲學之研究》（臺北：輔仁大
學哲學研究所碩士論文，1994年）；張成鈞的《楞嚴經中身心關係之探
究》（臺北：政治大學哲學研究所碩士論文，1995年）；胡健財的《大
佛頂首楞嚴經「耳根圓修」之研究》（臺北：政治大學中國文學研究所
博士論文，1996年）；陳由斌的《《楞嚴經》疑偽之研究》（臺北：華
梵大學東方人文思想研究所碩士論文，1998年）；王毅文的《楞嚴真心
思想研究》（臺北：輔仁大學哲學研究所碩士論文，1998年）；崔昌
植的《敦煌本《楞嚴經》の研究》（東京：大正大學博士論文，2003
年）；李英德（釋慧心）的《《楞嚴經》解脫道之研究》（嘉義：南華
大學宗教學研究所碩士論文，2005年）；段新龍的《《楞嚴經》如來
藏思想研究》（西安：陝西師範大學宗教學專業博士論文，2011年）等
等；一般論著則有李志夫的《楞嚴校釋》（臺北：大乘精舍印經會，
1984年）。

《大佛頂首楞嚴經「耳根圓修」之研究》的闡述最為詳備。然而，對觀世音菩薩的「耳根圓修」要義，當今要以聖嚴法師（1931～2009）的詮釋最廣泛、詳盡，法師除了著有《觀音妙智──觀音菩薩耳根圓通法門講要》❺、《聖嚴法師教觀音法門》❻之外，《聖嚴法師教淨土法門》❼、《念佛生淨土》❽等等著作，對論列「耳根圓通」及「念佛圓通」之處甚多，左右疏記，悉力標駁，毫釐同異，要於融而聯之，頗值觀察，尤其納入念佛法門為禪修行法，雙舉「耳根圓通」及「念佛圓通」而詮釋淨心法要，達致他所提倡的「提昇人的品質，建設人間淨土」之宗旨。

　　本文有關《首楞嚴經》的疑偽問題不加以論述，❾擬直

❺ 釋聖嚴：《觀音妙智──觀音菩薩耳根圓通法門講要》，臺北：法鼓文化事業有限公司，2010年5月。

❻ 釋聖嚴：《聖嚴法師教觀音法門》，《法鼓全集》，第四輯，第十三冊。

❼ 釋聖嚴：《聖嚴法師教淨土法門》，臺北：法鼓文化事業有限公司，2011年4月初版四刷。

❽ 釋聖嚴：《念佛生淨土》，《法鼓全集》第五輯，第八冊。

❾ 對《首楞嚴經》的真偽問題，學術界有正反不同的兩派看法，一方認為此經是偽作，一方則駁斥前者之說。參閱胡健財：《〈大佛頂首楞嚴經〉「耳根圓修」之研究》，臺北：政治大學中國文學研究所博士論文，1996年，頁14-23；楊維中：〈論《楞嚴經》的真偽之爭及其佛學思想〉，載《宗教學研究》第一期（2001年），頁59-66；馬忠庚：〈從科學史角度證偽《楞嚴經》〉，載《學術論壇》第二期（2005年），頁182-185；龍延：〈《楞嚴經》真偽考辨〉，載《古籍整理研究學刊》第三期（2003年），頁4-46；李富華：〈關於《楞嚴經》的幾個問題〉，載《世界宗教研究》1996年第三期，頁74-82；羅香林：〈唐相國房融在光孝寺筆受首楞嚴經翻譯問題〉，收入張曼濤主編《大乘起信論與楞嚴經考辨》，《現代佛教學術叢刊35》，臺北：大乘文化出版社，1978年1月，頁321-342；楊白衣：〈關於楞嚴的真偽辯〉，收入張曼濤主編《大乘起

接從聖嚴法師對「淨念相繼」、「入流亡所」的詮釋觀點，考辨其思想源流，辨章其學術動向。聖嚴法師「建設人間淨土」的思想淵源極為泓窈，他提倡的「人間淨土」思想跟「淨念相繼」、「入流亡所」的實踐手段有直接關係。析釐此間關係，能有不同面向來考察法師「建設人間淨土」的思

信論與楞嚴經考辨》，《現代佛教學術叢刊35》，頁343-349；陳由斌：《《楞嚴經》疑偽之研究》，臺北：華梵大學東方人文思想研究所碩士論文，1998年。至於如果真是偽經，是否便沒有其價值？印順法師說：「一、印度傳來的不一定都是好的。中國佛教界，一向有推崇印度的心理，以為凡是佛典，只要是從印度翻譯來的就對；小乘論都是羅漢作，大乘論都是了不起的菩薩作。其實，印度譯來的教典，有極精深的，也有浮淺的，也有雜亂而無章的。所以，不要以是否從印度翻譯過來，做為佛典是非的標準。而且，印度也不少託名聖賢的作品；即使翻譯過來，並不能保證它的正確。二、中國人作的不一定就錯。佛法傳到中國來，中國的古德、時賢，經詳密的思考，深刻的體驗，寫出來的作品，也可以是很好的。」（釋印順：《大乘起信論講記》，《妙雲集・上編之七》，臺北：正聞出版社，1992年修訂1版，頁7-8）。近代新儒家牟宗三先生在論述偽經的價值時亦有同樣看法：「雖在考據上，今已公認其（指《大乘起信論》）為中國所偽造，但印度人不造，中國人可以造，豈只准印度和尚造論耶？只要義理有據即可。實亦無所謂偽。」（牟宗三：〈佛家體用義之衡定〉，《心體與性體（一）》，臺北：正中書局，1989年臺初版第八次印行，頁577）。另外，有關《首楞嚴經》的價值釐定，參閱胡健財：前引書，頁23-33；李富華：〈關於《楞嚴經》的幾個問題〉，載《世界宗教研究》1996年第三期，頁74-82；有關中國偽經、疑經，亦可參閱道端良秀著，慧嶽譯：《佛教與儒家倫理》，收入藍吉富主編《世界佛學名著譯叢48》，臺北：華宇出版社，1986年12月，頁218-219；牧田諦亮著，楊白衣譯：〈疑經研究——中國佛教中之真經與疑經〉，載《華岡佛學學報》第四期（1980年10月），頁284-306；佐藤健：〈安樂集と偽經〉，載《佛教大學研究紀要》通卷第六〇號（1976年3月），頁79-134，尤其頁86-93。上述各篇皆述及《首楞嚴經》的偽經問題。

想動向。這對研究法師的思想，當別有啟發。

二、對「都攝六根、淨念相繼」的詮釋

（一）「都攝六根、淨念相繼」為禪修要法

〈念佛圓通章〉云：「若眾生心，憶佛念佛，現前當來，必定見佛，去佛不遠。不假方便，自得心開。……我本因地，以念佛心，入無生忍。今於此界，攝念佛人，歸於淨土。佛問圓通，我無選擇，都攝六根，淨念相繼，得三摩地，斯為第一。」❿聖嚴法師曾對此段經文的修持方法提出說明：

> 修此方法的要領，是在守護六根，勿使奔放攀緣，而能「淨念」念念「相繼」之時，心自開而淨土自現。⓫

聖嚴法師指出修持〈念佛圓通章〉須守護六根，然而六根應如何守護？法師在說明「默照禪」時，即有這樣一節話：

> 經典中有「如龜藏六」的比喻，那是「都攝六根」的意思，並不是無所用心。因為經云：「四大和合為自身相，六塵緣影為自心相。」內六根緣外六塵，生六識的妄

---

❿ 唐·般剌蜜諦譯：《大佛頂如來密因修證了義諸菩薩萬行首楞嚴經》，《大正藏》第十九冊，卷五，頁128上～中。
⓫ 釋聖嚴：《學術論考》，《法鼓全集》第三輯，第一冊，頁132。

想心，如果把六根從六塵收攝回來，妄心也就無緣可攀
了。此正是禪修用的好方法。但也並不等於廢除六根的作
用，譬如說，眼看美色，不起貪心，見惡色不起瞋心，諸
根對境而不起妄念。不因為六根和六塵相接觸而起執著、
分別、煩惱。這便是默照工夫用於日常生活中的情況。
「默」是不受影響，『照』是清楚了知。絕對不是不用六
根、無所用心。⓬

　　「龜藏六」是以警示行者應攝心去妄，不被業障、敵
害、惡魔所纏。⓭尤其六根緣六塵，產生六識的妄想心，故
須收攝六根，遠離塵緣，使不向外攀緣。諸根對境而不起妄
念便是「制心」，接續便須「守一」，法師說明「制心」和
「守一」的層次不同，「制心」乃將亂心集中在一個念頭
上，「守一」是將已統一的心牢牢地保持住。「守一」是守
住「一心不亂」而一直保持下去，因此，須先要用「制心」

⓬ 釋聖嚴：《禪的體驗·禪的開示》，《法鼓全集》第四輯，第三冊，頁
328。

⓭ 例如《雜阿含經》云：「過去世時，有河中草，有龜於中住止。時有野
干，飢行覓食，遙見龜蟲，疾來捉取，龜蟲見來，即便藏六，野干守
伺，冀出頭足，欲取食之。久守，龜蟲永不出頭，亦不出足，野干飢
乏，瞋恚而去。諸比丘！汝等今日亦復如是知，魔波旬常伺汝便，冀汝
眼著於色，耳聞聲，鼻嗅香，舌嘗味，身覺觸，意念法，欲令出生，染
著六境。是故，比丘！汝等今日常當執持眼律儀住，執持眼根律儀住，
惡魔波旬不得其便，隨出隨緣；耳、鼻、舌、身、意，亦復如是，於其
六根，若出若緣，不得其便，猶如龜蟲，野干不得其便。」（劉宋·
求那跋陀羅譯：《雜阿含經》，《大正藏》第二冊，卷四十三，頁311
下）。這裡的「野干」指野狐。

方法，鍛鍊再鍛鍊，以達成一心不亂；然後，守住一心不亂，繼續不斷。❹而就〈念佛圓通章〉所云的「淨念相繼」，「『淨』字就是心不移動、不歪曲、不紊亂、不散漫。」❺實則，「都攝六根」類同守一，「淨念相繼」直似一心不亂。

　　「守一」是禪宗四祖道信（580～651）提出的方法，道信依據《文殊師利所說摩訶般若波羅蜜經》而著有《入道安心要方便法門》，其開首便標明根據《楞伽經》「諸佛心第一」和《文殊師利所說摩訶般若波羅蜜經》「一行三昧」兩種教法，提出「念心是佛」的法門。❻道信認為上上根器的行者能夠當下見到淨心，而見淨心即見性，因而念佛即念心。❼足

---

❹ 參閱釋聖嚴：《拈花微笑》，《法鼓全集》第四輯，第五冊，頁138。

❺ 參閱同上註，頁138。

❻ 值得說明的是，《文殊師利所說摩訶般若波羅蜜經》所云：「欲入一行三昧，應處空閑，捨諸亂意，不取相貌，繫心一佛，專稱名字。隨佛方所，端身正向，能於一佛念念相續，即是念中能見過去、未來、現在諸佛。」（梁・曼陀羅仙譯：《文殊師利所說摩訶般若波羅蜜經》，《大正藏》第八冊，卷二，頁731中），被連結到彌陀淨土教門。道信從般若的無相觀點來操持「念佛」，當憶佛念佛之心已遷謝，便不須一而再，再而三地徵逐於憶念心外之佛，此時只須「看此等心」，看心即是如來法性身，亦名正法、佛性等。足見，道信的念佛見解是希望行者不用憶念，乃至徵逐、攀緣於佛的形相，只要「念心」、「求心」、「看心」，便是「念佛」。這種念己心是佛的見解，結合「一行三昧」的行法，成為「念佛，心是佛」的法門。（參閱陳劍鍠：〈道信《入道安心要方便法門》之念佛與念心——以「念佛淨心」與「一行三昧」為核心之考察〉，收入黃夏年主編：《黃梅禪研究》，鄭州：中州古籍出版社，2012年4月，頁304-317）。

❼ 不過，「念心」可否即時「淨心」？道信舉出五種「念心」要法，換言之，須透過這五種方法才能達致淨心。此五種修法為：（一）知心之體性為清淨；（二）知心之作用為寂靜；（三）常保持覺心而不停息；

見，〈念佛圓通章〉的「都攝六根」亦正是禪修的好方法，法師說：

> 禪者念佛，早在四祖道信的〈入道安心要方便門〉，即舉《文殊說般若經》所說的念佛法門，勸導大家照著修行：「心繫一佛，專稱名字」，說明禪門也用持名念佛。……一心念，心即與佛相應，散心念，則不能與佛相應；所以永明延壽的《宗鏡錄》內，數處提到「一念相應一念佛，念念相應念念佛」的主張，那也正是《楞嚴經·大勢至菩薩念佛圓通章》所說：「都攝六根，淨念相繼，得三摩地」的道理。要是六根不收攝，淨念不相繼，而想「以念佛心，入無生忍」、「攝念佛人，歸於淨土」，是不容易的事。⓲

法師這段話，除了表明以淨修禪的要旨外，亦強調念佛行者可透過禪修以達致一心不亂。法師指出禪者亦念佛，因而禪門多用持名念佛，且達到一心不亂時，心即與佛相應，一如永明延壽（904～975）所主張的「一念相應一念佛，念

（四）常觀身空寂；（五）守一不移。（參閱唐·釋淨覺：《楞伽師資記》，《大正藏》第八十五冊，頁1288上），前二種為理解式的說明，後三種為實踐，即為下手處。

⓲ 釋聖嚴：《書序》，《法鼓全集》第三輯，第五冊，頁178-179。

⓳ 有關永明延壽所主張的「一念相應一念佛，念念相應念念佛」，參閱陳劍鍠：〈聖嚴法師「建設人間淨土」與「一念心淨」之要義〉，《聖嚴研究》第二輯，2011年7月，頁201-239，尤其頁216-224。

念相應念念佛」，❶亦與〈念佛圓通章〉所說：「都攝六根，
淨念相繼」的境地相當。❷這是指經由持名念佛達到禪定境
界，不過，亦可反過來檢視，念佛行者如果不得力，亦可先
經由修學禪觀而達到一心不亂，法師說「我本人亦常勸念佛
不得力的人，先學攝心的禪觀方法，心安之後，專心持名，
庶幾容易達成一心念佛的效果。」❸

　　然而，操持「都攝六根」，「並不等於廢除六根的作
用」、「絕對不是不用六根、無所用心」，二十五種圓通
中，大勢至菩薩的圓通法門是整合的六根圓通，❹法師說：

> 　　念佛應該是用心念，六根要怎麼念呢？其實就是把六根
> 收攝在阿彌陀佛的佛號上，使眼、耳、鼻、舌、身、意六
> 根不要到處攀緣。六根是「能念」，而佛號是「所念」；
> 被念的是佛號，能念的我、你、他，是用六根。口出聲
> 念，是用舌根；耳朵聽自己在念，是用耳根；眼前所見
> 的，都是佛國淨土的依正莊嚴，是用眼根；身上的每一個
> 細胞都在念佛，全身融入佛號中，是用身根；鼻子聞到的
> 任何味道，都是佛的法身香，則是用鼻根。❺

---

❷ 聖嚴法師說：「修西方淨土的念佛法門，講求淨念相繼。禪宗則要你從
斷念開始，其實沒有不同。我要各位數息的念頭不斷，要連續地數下
去，不要有其他的念頭插進去，不要斷掉，也就是要你淨念相續。」
（釋聖嚴：《拈花微笑》，《法鼓全集》第四輯，第五冊，頁102）。
❸ 釋聖嚴：《書序》，《法鼓全集》第三輯，第五冊，頁179。
❹ 釋聖嚴：《聖嚴法師教淨土法門》，頁239。
❺ 同上註，頁239。

　　用心念佛即是繫心念佛，將六根收攝在佛號上，使「阿彌陀佛」成為所緣境，而不讓六根到處攀緣。法師對每一根念佛做出說明，令淨土行者了解「都攝六根」而念的方法，印光法師亦有類似說法，❷不知聖嚴法師是否受其啟發。不過，這裡只提到眼、耳、鼻、舌、身等五根，意根尚未提到。如何用「意根」念佛？法師說：

　　　　意根是什麼？我的前一念與後一念，以前一念做為後一
　　　　念的根，這叫作意根。譬如前一念念的是阿彌陀佛，下一
　　　　念又是阿彌陀佛，就是把前一念做為意根。如果前一念念
　　　　的是阿彌陀佛，後一念念的卻是鈔票，那就不算意根；因
　　　　為前後不相應，所以不是意根。一定是這一念與前一念是
　　　　相應的、連貫起來的，才叫作意根。很多人解釋意根的意
　　　　思不同，這是我根據論典、經典特別講述出來的。如此眼
　　　　睛看的、耳朵聽的、口裡念的、身體接觸的、鼻子聞的、
　　　　念念想的，全部都是阿彌陀佛，這就是「都攝六根」。如
　　　　果一切的一切都是阿彌陀佛，其他的雜念就沒有了，你的
　　　　念頭就是清淨的。如果繼續不斷地持續下去，就是「淨念

---

❷ 例如印光法師說：「都攝六根者，即是念佛之心專注於佛名號，即攝意根；口須念得清清楚楚，即攝舌根；耳須聽得清清楚楚，即攝耳根。此三根攝於佛號，則眼決不會亂視。念佛時眼宜垂簾，即放下眼皮，不可睜大。眼既攝矣，鼻也不會亂嗅，則鼻亦攝矣。身須恭敬，則身亦攝矣。」（釋印光著、釋廣定編：《印光大師全集》第二冊，〈復幻修大師書〉，頁873）。相關闡述，參閱陳劍鍠：《圓通證道——印光的淨土啟化》，頁187-191。

相繼」，就能得三摩地。㉕

　　做為「意根」則須不雜餘念，且能念念相續，此狀態即前念是後念的「根」，這稱為「意根」，如同「前一念念的是阿彌陀佛，下一念又是阿彌陀佛」；假若「前一念念的是阿彌陀佛，後一念念的卻是鈔票」，則未能念念相續，因而不得為「意根」。聖嚴法師表示他這個說法是根據論典、經典而有，跟一般解釋意根的意思不同，他說：「第六意根是什麼？有許多說法，小乘有部，以前念之意識，為後念繼起之『根』，名為『意根』；大乘唯識學派，以第七末那識，為第六意識之根，稱為意根。可見大小乘佛法，都不以意根是物質體的神經組織了。」㉖足見他主要根據說一切有部的見解，並強調「意根」和「法塵」㉗兩者屬於精神與物質體的交

㉕ 釋聖嚴：《聖嚴法師教淨土法門》，頁239。
㉖ 釋聖嚴：《神會禪師的悟境》，《法鼓全集》第四輯，第十六冊，頁137。
㉗ 這裡所謂「法塵」，聖嚴法師解釋云：「意識的前一念連下來連至後一念，便是將前一念的『念頭』當作後一念的『念頭』的根，叫作『意根』。前一念從哪裡來？前一念因身體五官與環境接觸而產生五識。環境是什麼？即色、聲、香、味、觸、法等『六塵』。色、聲、香、味、觸不難理解，但『法』是什麼？法，即『意根』所對的境，即符號、觀念。比如『紅』，紅顏色是『色』；但是，如果語言上說『紅』，視覺上並沒有紅色，我們的腦海卻能清晰了知是紅顏色，這即是符號、觀念──也即是『法』。」（釋聖嚴：《聖嚴法師教觀音法門》，《法鼓全集》第四輯，第十三冊，頁84）。又云：「『法塵』是符號，林林總總的形象符號、語言符號、觀念符號等，使得意根產生記憶作用，使意識產生分別作用。離開了法塵，意根沒有作用，離開了意識，意根及法塵也沒有功能。」（釋聖嚴：《心經新釋》，《法鼓全集》第七輯，第

接點，也是由物質進入心理的層面。❷

　　此外，法師強調「一心不亂的統一心是統一念頭而已，但心並不是不動，而是前一念和後一念猶如兩個完全相同的雙胞胎，或是兩股一樣均勻的波浪，但仍然念念不斷。」❷這前念和後念的統一即念念相續，亦為「淨念相繼」的內涵。❸

　　一冊，頁39），足見六根對六塵之境而產生六識，法塵屬物質層面，意根屬精神層面。

❷ 參閱釋聖嚴：《聖嚴法師教觀音法門》，《法鼓全集》第四輯，第十三冊，頁85。另外，有關法塵屬物質層面，意根屬精神層面的說明，今據印順法師所云：「我們所以有種種認識，是因為內有能取的六根為所依，外有所取的六塵為對象。眼等前五根，不是可見的眼、耳、鼻、舌、身，這不過扶護五根的，名為扶根塵。眼、耳等根，是一種極其微細的物質，類如生理學家所說的視神經等，佛法名此為淨色根，有質礙而不可見。意根，也有說為微細物質的，這如生理學家所說的腦神經，是一切神經系的總樞。據實說，此意根，和我們的肉體——前五根有密切的關係，他接受五根的取得，也能使五根起用；他與物質的根身不相離，但他不僅是物質的，他是精神活動的根源，不同一般唯物論者，說精神是物質派生的。」（釋印順：《般若經講記》，《妙雲集·上編之一》，臺北：正聞出版社，1992年3月，頁189-190）。又云：「意為身心交感的中樞：有情的身心自體，為六根的總和，除前五色根外，還有意根。意根與五根的關係，如《中含·大拘絺羅經》說：『意為彼（五根）依』。五根是由四大所造成的清淨色，是物質的，屬於生理的。意根為精神的，屬於心理的。意為五根所依止，即是說：物質的生理機構，必依心理而存在，而起作用；如心理一旦停止活動，生理的五根也即時變壞。所以五根與意根，為相依而共存的，實為有情自體的兩面觀。」（釋印順：《佛法概論》，《妙雲集·中編之一》，臺北：正聞出版社，1992年1月修訂二版，頁105-106）。

❷ 釋聖嚴：《拈花微笑》，《法鼓全集》第四輯，第五冊，頁139。

❸ 聖嚴法師說：「如果念佛念到心口一致，沒有雜亂妄想，只有佛號的相續，念念之間，只有佛號，不念而自念，這便與《楞嚴經》所說，『淨念相繼』的工夫吻合。」（釋聖嚴：《學佛群疑》，《法鼓全集》第五輯，第三冊，頁99）。

不過，須強調的是，依據淨土教學的見解，「都攝六根」是指持名念佛時的實際操作方法，而所念的佛名為阿彌陀佛；「淨念相繼」是指透過都攝六根來念佛，而獲得的淨念能達到持續不斷的境地。然而聖嚴法師認為：「〈大勢至菩薩念佛圓通章〉的性質其實與淨土三經不同，淨土三經主要是講阿彌陀佛的法門，而〈大勢至菩薩念佛圓通章〉主要是講修禪定。我們常說的『都攝六根，淨念相繼』就是出自這部經。」[31]這樣見解符合〈念佛圓通章〉的實相念佛要義，[32]亦即法師在論證〈念佛圓通章〉的念佛三昧時指出：

> 「理一心」不亂，看到世界就是佛國淨土的景象，當下就已在西方極樂世界中。……我們不需要離開人間，就能見到西方極樂世界。……我們一生一生都要在人間修念佛法門，廣度無量眾生，弘揚念佛法門。[33]

當行者達到「理一心」的念佛三昧，此時「念念不離彌陀、念念不離佛號、念念不離佛功德。」[34]而且「已由伏心菩提進入明心菩提，……從此以後不會再受外境干擾，……不

---

[31] 釋聖嚴：《聖嚴法師教淨土法門》，頁221。

[32] 參閱陳劍鍠：〈《大勢至菩薩念佛圓通章》成為淨土宗經典的詮釋問題——以印光之詮釋為主〉，收入氏著：《行腳走過淨土法門——曇鸞、道綽與善導開展彌陀淨土教門之軌轍》，頁179-208，尤其頁193-197、202-206。

[33] 釋聖嚴：《聖嚴法師教淨土法門》，頁228。

[34] 同上註，頁228。

會被利、衰、毀、譽、稱、譏、苦、樂等八風所吹動。」❸所謂的伏心菩提，就是降伏煩惱魔，知道自心生起煩惱，而用佛法觀念、方法予以調伏。❸所謂明心菩提指見性或見佛性，已斷煩惱一分，得無生法忍，所以到明心菩提階段，是初地以上菩薩。❸不過，聖嚴法師在別處對「理一心」的闡釋則有不同：

> 深的念佛三昧就是「理一心」，是念到無佛可念，親見佛的法身，即見空性，也就是見佛性。……這時是開佛知見、頓開佛慧，佛的智慧在你心中現前，這是深的念佛三昧。從禪的立場來講，這是明心見性，雖然已經知道什麼是沒有煩惱，什麼是空性、佛性，什麼是「理一心」，但未必已得無生忍，也不一定等於解脫。❸

從這段引文內容看來，法師強調獲證「理一心」雖為甚深的念佛三昧，但只是開佛知見，悟得空性、佛性，尚未實證無生法忍，證入初地菩薩，因而不一定達到真正解脫生

---

❸ 同上註，頁234。
❸ 參閱同上註，頁25。另外，聖嚴法師在別處指出：「伏心菩提：十住、十行、十迴向的三十個賢位層次的菩薩，於諸煩惱中，修諸波羅蜜，調伏其心。」（釋聖嚴：《神會禪師的悟境》，《法鼓全集》第四輯，第十六冊，頁67）。
❸ 參閱同上註，頁26。另外，聖嚴法師在別處指出：「明心菩提：初地以上的菩薩，於三世諸法，觀其實相，令心明了。」（釋聖嚴：《神會禪師的悟境》，《法鼓全集》第四輯，第十六冊，頁68）。
❸ 同上註，頁208。

死。換言之，悟、證並非同時，「從禪的立場來講」只是明心見性，❸聖嚴法師似乎把禪修的境界判釋得極高；如果從淨土教門的立場來看，達到明心菩提階段或「理一心」的境界，至少已證入初地菩薩，❹只餘若干煩惱沒斷。不過，真正解脫生死必須是第八地菩薩，就變易生死而觀，到第八地菩薩才真正了脫生死，真正念佛三昧的完成。❹因此，從禪宗的立場跟從淨土宗的立場而判，則有高低之別，這便是值得注意的地方，法師認為往生西方極樂淨土，「上品上生也

---

❸ 聖嚴法師曾云：「實相念佛，則相等於禪宗的明心見性。」（釋聖嚴：《念佛生淨土》，《法鼓全集》第五輯，第八冊，頁109）。又云：「念佛法門，其實就是禪觀法門的一支，如實相念佛法門。」（釋聖嚴：《學術論考》，《法鼓全集》第三輯，第一冊，頁92），換言之，在稱名念佛、觀像念佛、觀想念佛及實相念佛等四種念佛法中，僅以實相念佛配對於禪觀的明心見性。再者，聖嚴法師在解釋雲棲袾宏的事一心、理一心時，強調他以稱名念佛而直貫實相念佛。（參閱釋聖嚴：《明末佛教研究》，《法鼓全集》第一輯，第一冊，頁173）。不過，聖嚴法師本身沒有對此做出過多說明，或是給予肯定稱名念佛得以貫攝淨土教門的實相念佛，他僅是在介紹印光法師專弘稱名念佛，形成民國以來的念佛風氣外，表示「我也鼓勵大家，虔誠修行持名的念佛法門，這是既能使我們於臨命終時，決定往生佛國，現世之中也能提昇人品、消業除障、自利利人。若能念佛懇切，工夫綿密，也有豁然心開的境界出現。」（釋聖嚴：《念佛生淨土》，《法鼓全集》第五輯，第八冊，頁74）。這裡的「豁然心開」尚不是實相念佛的境界，因而聖嚴法師的觀點，值得我們三致意焉。這跟他判釋上品上生仍是凡夫的見解一樣（詳下文），值得進一步探研。

❹ 例如聖嚴法師說：「能夠事一心不亂，就決定往生西方極樂世界，何況是得理一心不亂？理一心不亂是生方便有餘土或實報莊嚴土，事一心不亂則是上品上生，生凡聖同居土。因為事一心不亂還是凡夫，沒有斷煩惱。」（釋聖嚴：《聖嚴法師教淨土法門》，頁342）。

❹ 參閱釋聖嚴：《聖嚴法師教淨土法門》，頁208-209。

還是凡夫，並沒有進入初地，還要修行，才能花開見佛，得
無生忍。而上品上生還是有相，不是無相，這一點一定要知
道。」❷往生上品上生仍被界定「有相」，是因為僅達到「事
一心」不亂，但這跟弘傳淨土教門的祖師大德的說法極為不
同，❸這可能是聖嚴法師為了攝淨歸禪，而對淨土教門做出
較低的判釋。換言之，法師有意收攝念佛法門至禪門行法，
雖然我們都知道「念佛」的原始要義是禪觀的一種，但法師
強調的重點在於證得自心淨土，以開立他所倡導的「人間淨
土」（詳見下文）。在法師的觀點，唯有實相念佛（或云無
相念佛）可堪比擬禪證境界，如同前文引述「要是六根不收
攝，淨念不相繼，而想『以念佛心，入無生忍』、『攝念佛
人，歸於淨土』，是不容易的事。」一段話後面接續說：

---

❷ 同上註，頁210。

❸ 例如蓮宗第十三祖印光法師認為證得念佛三昧的行者，現生已是了脫
生死的聖者（參閱釋印光著、釋廣定編：《印光大師全集》第三冊
（上），〈復陳士牧居士（三）〉，頁57），具有刀兵水火皆不相礙的
神通力（同上，第一冊，〈復永嘉某居士書三〉，頁102），命終時必
往生上品（同上，第二冊，〈彌陀聖典序〉，頁1159）。因此，印光法
師尊念佛三昧為三昧之王，他說：「念佛三昧乃三昧中王，且勿視為易
易。」（同上，第三冊（上），〈復張聖慧書（三）〉，頁208）。淨土
法門認為念佛三昧乃最高最上之三昧，故稱為寶王三昧。蕅益法師在其
〈重刻寶王三昧念佛直指序〉云：「念佛三昧所以名為寶王者，如摩尼
珠普雨一切諸三昧寶，如轉輪王普統一切諸三昧王，蓋是至圓至頓之法
門也。」（明・釋妙叶：《寶王三昧念佛直指》，《大正藏》第四十七
冊，頁354中；又見明・釋蕅益選定、民・釋印光編訂：《淨土十要》，
高雄：淨宗學會，1995年，頁294），因此印光法師特為強調親證念佛
三昧者「自知西方宗風」（同上，第三冊（上），〈禪與淨土〉，頁
58），於「百千法門，無量妙義，咸皆具足。」（同上，第一冊，〈復
高邵麟居士書二〉，頁59）。

「故請淨土行者，不可盲目地非議正確的禪門修持。」❹❹法師攝淨歸禪的思想事實，❹❺不言而喻，已極其顯明。尤有甚者，法師說：「念佛本是六念之一，也是禪觀的一種，念佛禪七的目的不在求感應，不求見瑞相，不求見佛國淨土依正莊嚴，而在達成《楞嚴經‧大勢至菩薩圓通章》所說的：『都攝六根，淨念相繼。』」❹❻法師將禪、淨的修持給予結合，並以「都攝六根」來進行念佛禪觀，以達致「淨念相繼」的境地，使「都攝六根，淨念相繼」成為禪修要法。

（二）「淨念相繼」與人間淨土的內涵體現

　　〈念佛圓通章〉有所謂的「二人相憶」（或云「母子相憶」）的譬喻，經云「二人相憶，二憶念深，如是乃至從生至生，同於形影，不相乖異」，❹❼聖嚴法師針對「從生至生」的意涵指出，如果達到「理一心」不亂，則「當下就已在西方極樂世界……，我們不需要離開人間，就能見到西方極樂世界」，而「一生一生都要在人間修念佛法門」，❹❽這個見

---

❹❹ 釋聖嚴：《禪門修證指要》，《法鼓全集》第四輯，第一冊，頁9。

❹❺ 聖嚴法師說：「過去只有禪七和佛七，也用禪修的方法在輔助念佛的功能，還沒有正式把念佛算作是禪七。這回是把念佛的淨土法門，回歸於禪修的一項活動。……今後的法鼓山，除了依舊還有彌陀法門的念佛佛七，也會舉辦禪修性質的念佛禪七。」（釋聖嚴：《抱疾遊高峰》，《法鼓全集》第六輯，第十二冊，頁249）。

❹❻ 同上註，頁249。

❹❼ 唐‧般剌蜜諦譯：《大佛頂如來密因修證了義諸菩薩萬行首楞嚴經》，《大正藏》第十九冊，卷五，頁128上。

❹❽ 釋聖嚴：《聖嚴法師教淨土法門》，頁228。

解是法師結合念佛禪觀與人間淨土的主要理念。下面一節話
闡述地更為清楚，他說：

> 無相（或稱實相）念佛有兩個層次，第一，有佛號，
> 但不執著、不期求、不等待，就是念念念佛；此時不生妄
> 想心，即一念不生。第二，不一定還有佛號，不需要出
> 聲念，心中也不需有什麼六字洪名或四字佛號，可是心與
> 佛的心是相應的，念念跟佛相應。佛的心是智慧心、慈悲
> 心；無緣大慈、同體大悲，還有無我的智慧，能念念與這
> 三種相應，就是無相念佛。這也正是我們提倡的人間淨
> 土。我們的人間淨土就是「一念相應，一念是佛，一念見
> 淨土；念念相應，念念是佛，念念見淨土。一人相應，一
> 人是佛，一人見淨土；人人相應，人人見佛，人人見淨
> 土。」念念都與佛號相應，念念都與佛的慈悲、智慧相
> 應，你就是佛。與佛相應，佛就在你面前出現，即見到佛
> 的法身。這就是無相念佛。❹

　　無相念佛是法師所提倡的念佛禪，其兩個層次是心中由
有佛號至無佛號，前者即為「事一心」，後者則為「理一
心」。❺「理一心」已達與佛相應，法師說：「深的念佛三

---

❹ 同上註，頁206-207。
❺ 聖嚴法師說：「蓮池大師將一心念佛，也就是念佛三昧，依程度的深
　淺分成兩個階段或兩個層次，一種是『事一心』，另一種是『理一
　心』。」（同上註，頁207）。

昧就是『理一心』……，因為還有眾生需要度，慈悲心、願
心出現，就與阿彌陀佛的願力、慈悲相應。」❺這種相應就是
無相念佛。然而，法師最主要的論證依歸在於人間淨土的體
現，他說：

> 《楞嚴經・大勢至菩薩圓通章》所說的：『都攝六根，
> 淨念相繼。』……把「淨念」二字分成專念、一念、無念
> 三個層次，目的是能夠在修行念佛法門的當下，見到自心
> 淨土及自性彌陀，就能心淨國土淨而體現人間淨土。❺❷

這也是法師強調「建設人間淨土」的主要方針之一，一
如法師所云：「人間淨土的意思，是指我們現實的生活環
境，就是淨土。凡夫所處的大環境，佛經中稱為苦難重重的
娑婆世界，……不過，若因修行而體驗身心的清淨，淨土就
在你的眼前展現。」❺❸又云：「一念念佛時，一念見淨土，念
念念佛之時，念念得見淨土。見的是什麼淨土？當然是阿彌
陀佛的淨土，那是自心中的淨土，也未離開西方的淨土，這
就是與四種淨土相接相連，不一不異的人間淨土。」❺❹法師做
出結論：「若能念念修行，念念想佛，便能念念住於淨土，
只要一念妄想起，那一念便回到了穢土。」❺❺

---

❺ 同上註，頁208。
❺❷ 釋聖嚴：《抱疾遊高峰》，《法鼓全集》第六輯，第十二冊，頁249。
❺❸ 釋聖嚴：《念佛生淨土》，《法鼓全集》第五輯，第八冊，頁25。
❺❹ 同上註，頁80。
❺❺ 釋聖嚴：《學術論考》，《法鼓全集》第三輯，第一冊，頁132。

　　當實踐人間淨土的行者能夠念念與佛相應，則能導入永明延壽所倡導的「一念成佛論」，法師多次以永明延壽「一念相應一念佛，念念相應念念佛」來論證人心的淨化，這跟他提倡「建設人間淨土，提昇人的品質」有密切關係。「一念成佛」表示初發心菩薩能夠念念與佛的智慧及慈悲相應，法師說：

　　　　念念都與佛的智慧及慈悲相應，佛就念念與我們在一起。如果念念之中自心有佛，我們的自心也就是佛，所以佛是由人完成的。當下的一念心中有佛，當下的一念即與佛同，念念心中如果都有佛，念念之間也都是佛。❺❻

　　法師指出佛由人完成，強調佛法的人間化，❺❼娑婆世間的眾生當下一念心如能與佛相應，則心中時時有佛，念念之間都是佛。肯要地說，「在日常生活中體驗佛法，哪怕一個念頭與佛法的慈悲與解決煩惱的智慧相應，當下見到的，就是人間淨土。」❺❽這是法師展開「人間淨土」理論的問題意識所在，他的論述要點在於「一念成佛」：

---

❺❻ 釋聖嚴：《聖嚴法師教禪坐》，《法鼓全集》第四輯，第九冊，頁48。
❺❼ 聖嚴法師說：「修行佛法應在人間，修成之後還在人間，強調佛法的人間化，不離世間而得心的自在。」（釋聖嚴：《悼念‧遊化》，《法鼓全集》第三輯，第七冊，頁331）。
❺❽ 釋聖嚴：〈淨土在人間〉，《法鼓山的方向》，《法鼓全集》第八輯，第六冊，頁492。

　　《宗鏡錄》主張「一念成佛」之說：一念與佛的慈悲和智慧相應，此一念即已成佛；一念與佛相應，一念住於淨土，多念與佛相應，多念住於淨土，一人與佛相應一人住於淨土，多人與佛相應多人住於淨土，人人與佛相應，人人住於淨土。❺❾

　　《宗鏡錄》對於一念成佛論，著墨甚多，……此對於凡夫學佛成佛的信念，是極大的鼓勵，也為在此娑婆世間提倡人間佛教及人間淨土的理念，提供了最好的理論基礎。❻⓪

　　提倡人間佛教及人間淨土的理念，是以「一念成佛論」做為理論基礎。而且，「一念成佛論」的「一念相應一念佛，念念相應念念佛」的內涵跟「淨念相繼」的道理一致。❻❶此處值得進一步闡述的是，法師說：「永明延壽禪師說：『一念相應一念佛，念念相應念念佛。』這個一念相應一念佛，念念相應念念佛，是什麼念？是出離心，學佛要有出離心。」❻❷如此而觀，參與建設人間淨土的佛教徒，在營建人間成為淨土的同時，亦須保有出離娑婆的心願。如果出離心不夠堅定，菩提心願亦難發得徹底；由出離心而生大悲心，由

❺❾ 同上註，頁138-139。
❻⓪ 釋聖嚴：〈人間佛教的人間淨土〉，《學術論考》，《法鼓全集》第三輯，第一冊，頁463。
❻❶ 聖嚴法師說：「永明延壽的《宗鏡錄》內，數處提到『一念相應一念佛，念念相應念念佛』的主張，那也正是《楞嚴經・大勢至菩薩念佛圓通章》所說：『都攝六根，淨念相繼，得三摩地』的道理。」（釋聖嚴：《禪門修證指要》，《法鼓全集》第四輯，第一冊，頁9）。
❻❷ 釋聖嚴：《佛教入門》，《法鼓全集》第五輯，第一冊，頁169。

大悲心而生菩提心,乃修學佛法之要義,否則難以與佛的慈悲和智慧相應,既而證入「理一心」之實相念佛,達致「一念成佛」。這中間環環相扣,序列先後之微旨大義,於一出一入之間相鉤連,實須念茲在茲,志心踐履。

三、對「入流亡所、反聞聞自性」的詮釋

(一)觀音道場的境教理念及耳根圓通法門

聖嚴法師所創建的法鼓山可說是一座「觀音道場」,三門外有「來迎觀音」,而溪流環繞法鼓山兩側,人行步道上豎立「聽溪禪」的岩石,讓參拜者聽溪流聲以做為禪觀的所緣境,進入「祈願觀音殿」後,眼簾映入「入流亡所」之區額,登臨「大雄寶殿」後則運用「反聞聞自性」悟見本性。從整個道場的設計,可看出是依據《楞嚴經》的耳根圓通法門的修證理念而修造。❻❸因而,我們說法鼓山是座「觀音道場」,並非無的放矢。接引信眾的道場循此設計,除了滿足實用功能外,步移景異的空間層次,讓僧俗四眾有與自然對話跟環境體驗的內涵。❻❹這是一座淨化修練的道場,透過境教理念的施設,期望信眾得到智慧和慈悲,法師說:「我相信任何人上山來,一進入法鼓山的境內,就能產生境教的功

---

❻❸ 參閱釋果鏡:〈試論《楞嚴經》耳根圓通法門——以聖嚴法師的講要為主〉,《聖嚴研究》第二輯,2011年7月,頁361-401,尤其頁396-397。

❻❹ 參閱陳俊宏:〈傳統與創新——法鼓山建設的理念與實踐〉,《「印順長老與人間佛教」海峽兩岸學術研討會》,2004年4月24日～25日,頁W1-W6,尤其頁W4。

能。所謂境教是指進入這個環境，就會體驗到所謂人間淨土是什麼，就能夠體會到清靜的心靈是什麼，就會體會到智慧和慈悲是什麼。」**⑥**

　　法師如此思考法鼓山的全山概念圖，已令人發想他對觀音信仰的貞定，以及對耳根圓通法門的熟稔。觀音信仰的貞定來自於小時候所被型塑的結果，法師在「一生念念觀世音」的標題下有這樣一節話：

　　　　我當小和尚的時候，……師父要我拜觀音菩薩求智慧，拜了之後，我變得比較聰明些。因為有這樣的靈感，雖然還是不想背《法華經》，我就背其中的〈普門品〉。儘管背得半生不熟，但是對觀音菩薩的法門，印象特別深刻。從此，我這一生再也沒有離開過觀世音菩薩。**⑥**

　　法師於一九四三年出家於江蘇狼山廣教寺法聚庵，時年十四歲，**⑥**他出家不久即被要求背誦《法華經》以及禮拜觀世音菩薩，以求開顯智慧。他說，自此「一生再也沒有離開過觀世音菩薩」，這種貞定的精神與情懷，使得他跟觀世音菩薩結下不解之緣。法師曾因禮拜觀世音菩薩而發生感應，他如此回憶：

---

⑥ 釋聖嚴：《法鼓山的方向II》，《法鼓全集》第八輯，第十三冊，頁27。
⑥ 釋聖嚴：《評介・勵行》，《法鼓全集》第三輯，第六冊，頁221-222。
⑥ 參閱林其賢：《聖嚴法師七十年譜》（臺北：法鼓文化事業股份有限公司，2000年3月），頁23、52-55。

　　我的師父、師公請了專人教我讀書，其中一位老師教我
讀儒家的四書五經，另一位老師教我唱念課誦，如此持續
了一年半。最初我很笨，因此師父教我拜觀音菩薩，每天
至少拜五百拜，在大家尚未起床時去拜，拜完之後正好做
早課。不到三個月，我就有感應。這個感應相當奇特，好
似觀世音菩薩用了什麼東西往我頭上一灌，全身很清涼。
這時，我開了智慧，從此以後讀書、讀經、課誦，都很容
易記得，也很容易學會。❻❽

　　法師跟觀世音菩薩的因緣甚為殊勝，依據林其賢先生
《聖嚴法師七十年譜》轉譯自 "Autobiography, Getting the
Buddha Mind" ，也有相同記載，法師的師父蓮塘上人曾對
法師說：「你業障很重，應發大願心去懺悔。去拜觀音菩薩
去！」法師因而每天晚上禮拜觀音五百拜，第二天趁大家起
床前，再拜五百拜。約三個月，忽感通體清涼，頭腦變得明
澈清楚，記憶力增強，學習能力增進，背誦再不是難題，
「從此深信觀音菩薩的慈悲加被」。❻❾尤有甚者，法師說：
「出家之後，師父講給我聽的第一個故事，便是向觀世音菩
薩求智慧得智慧的事例：宋朝的永明延壽禪師，因修法華懺
法二十一天，夢見觀世音菩薩以甘露灌其口，便得無礙辯
才。……所以我的師父教我每天早晚，至少要拜二百拜的觀
音菩薩，我拜了半年多，邊拜邊做觀想：觀音大士手執楊

---

❻❽ 釋聖嚴：《法鼓山的方向》，《法鼓全集》第八輯，第六冊，頁57-58。
❻❾ 參閱林其賢：《聖嚴法師七十年譜》，頁56-57。

枝，以甘露清涼淨水，灑在我的頭上，因此，我對厚厚的一本《禪門日誦》，在數月之間就背熟了，當時連我自己也有點意外地吃驚。」❼❶經由師父耳提面命，第一個故事情節烙印在其幼小的心靈裡，使得法師在修持道路上知所方向，禮拜時觀想觀音大士的甘露水淨灑在頭上，深受觀音菩薩的慈悲加被的感應，而能熟背《禪門日誦》。不但如此，法師提及靜安寺創辦佛學院時，法師要求上人讓他去求學，但得到的回應是「程度太差，縱然送我去了，第一是考試不會錄取，第二是即使錄取了，我也聽不懂課。」❼❷信心受到挫傷，在失望之餘，法師「每天夜裡起來禮拜觀世音菩薩，過了半年，我終於達成求學的目的，做了靜安寺佛學院的插班生。」❼❸觀世音菩薩成就其福業，開發其慧心，給予無比堅定的仰信力量。足見觀世音菩薩對法師的影響無遠弗屆，促使他實修觀音法門，並致力弘傳，他說：「我自己，是修觀音法門的；方式很簡單，僅只是念觀音、拜觀音，心中恆常有觀音。也依此，勸大家一起念觀音、拜觀音，常於心中見觀音。」❼❸除了自肯自得，還將有得於心的體會，傳示信眾，勸勉修持觀音法門，給予無比信心：

　　我如此一個普通的凡夫，只能以自己修行的法門，勸導

---

❼❶ 釋聖嚴：《佛教入門》，《法鼓全集》第五輯，第一冊，頁216。
❼❷ 同上註，頁216。
❼❸ 同上註，頁216。
❼❸ 釋聖嚴：《聖嚴法師教觀音法門》，《法鼓全集》第四輯，第十三冊，頁46。

大眾共同發心修持觀世音菩薩的法門，自利利他。經由自己，觀世音菩薩悲智的力量——他的梵音、海潮音也從此傳播、弘揚出去；那麼，就某一方面說，自己也代表了觀世音菩薩；肯以此發心修持，實踐觀世音菩薩精神的每一個人，也都是觀世音菩薩的化身了。❼

觀世音菩薩從初發心開始，即追隨「觀音古佛」修行。觀音古佛所傳授的，即是耳根圓通法門，因為是一門「觀察聲音」的法門，因此，圓成了，也名為「觀音菩薩」。觀音菩薩的傳承如此，因此，你、我，以及每一位有情，倘若也依持耳根法門修行，成就了，將來，也是一尊觀音菩薩。人人都可能成為觀世音菩薩。❼

勸勉信眾，學習、實踐觀世音菩薩的精神，將悲智力量傳播、弘揚開來，❼使自己成為觀世音菩薩的化身。觀世音菩薩從初發心開始，追隨「觀音古佛」修行，並傳授耳根圓通法門，既而修證圓通，名為「觀音菩薩」。《楞嚴經》云：

爾時，觀世音菩薩，即從座起，頂禮佛足，而白佛言：「世尊，憶念我昔，無數恆河沙劫，於時有佛，出現於世，名觀世音，我於彼佛，發菩提心，彼佛教我，從聞思

❼ 同上註，頁46。
❼ 同上註，頁46。
❼ 聖嚴法師曾指出：「為什麼在無數悲智雙融的菩薩中，觀世音菩薩獨獨具有如許獨特獨樹、不可磨滅的地位？」接著據經典所出，予以闡述（參閱同上註，頁7）。

修，入三摩地。……佛問圓通，我從耳門，圓照三昧，緣心自在，因入流相，得三摩提，成就菩提，斯為第一！世尊，彼佛如來，歎我善得圓通法門，於大會中，授記我為觀世音號，由我觀聽十方圓明，故觀音名遍十方界。」**⓻**

這節經文即是聖嚴法師所介紹的內容，法師指出觀世音菩薩傳承於觀世音古佛，而我們如能傳承於觀世音菩薩，薪火相傳，依持耳根法門修行，人人都可成為觀世音菩薩，利導眾生。

這節經文教示觀世音菩薩「耳根圓通法門」的修持要義。首先，須指出的是，在《楞嚴經》裡未出現「耳根圓通」，僅是「耳根」、「圓通」分列而說，五代永明延壽（904～975）的《宗鏡錄》**⓼**、宋代長水子璿（965～1038）的《首楞嚴義疏註經》**⓽**，及至元代天如惟則（1286～1354）的《首楞嚴經會解》**⓾**、憨山德清（1546～1628）的《大方廣佛華嚴經綱要》**㊆**等等，皆有出現，依現存文獻而觀，最早

⓻ 唐・般刺蜜諦譯：《大佛頂如來密因修證了義諸菩薩萬行首楞嚴經》，《大正藏》第十九冊，卷六，頁128中～129下。

⓼ 五代・釋延壽：《宗鏡錄》，《大正藏》第四十八冊，卷四十四，頁674上。

⓽ 宋・釋子璿：《首楞嚴義疏註經》，《大正藏》第三十九冊，卷六，頁907中。

⓾ 元・釋惟則：《大佛頂如來密因脩證了義諸菩薩萬行首楞嚴經會解》，《永樂北藏》第一八五冊，卷一，頁178中；卷八，頁365上；卷十一，頁443上；卷十二，頁464中。

㊆ 唐・釋澄觀疏義、明・釋德清提挈：《大方廣佛華嚴經綱要》，《卍續藏經》第九冊，卷六十八，頁195下。

提出「耳根圓通」的可能是永明延壽。所謂「耳根」乃耳識
所依，如「依緣起法相說，依耳根發耳識而成聽聞。」❷換言
之，「耳根聽到聲音，引起的了別作用，能了解這聲音的，
就是耳識。」❸然而，尤須注意的是，「但僅依耳根，實不能
成聞，必須有意識以及其他因緣同時俱起，才能發生聽聞了
解的功用。」❹這是因為涉及到「根」、「塵」與「識」配列
的妙契問題，聖嚴法師說：

> 色法有十一種，即是五根及六塵，根與塵相接觸，即
> 生識的功用，前五識與五根的關係是一個配一個的，即是
> 眼識配眼根，耳識配耳根，鼻識配鼻根，舌識配舌根，身
> 識配身根。但是五根有外表的粗相，名為浮塵根，有內隱
> 的細相，名為淨色根。浮塵根是指五官及身相，也是指神
> 經系統，都屬於物質體的色法；根塵相觸，映攝外境的功
> 能，便是前五識依五種淨色根而產生。❺

聖嚴法師詮釋玄奘大師（602？～664）的《八識規矩
頌》，特為指出「浮塵根」與「淨色根」不同，前者是外表

---

❷ 釋印順：《勝鬘經講記》，《妙雲集·上編之三》（臺北：正聞出版
社，1991年9月修訂重版），頁21。

❸ 釋印順：《華雨集（一）》（臺北：正聞出版社，1993年4月），頁
226。

❹ 釋印順：《藥師經講記》，《妙雲集·上編之四》（臺北：正聞出版
社，1992年2月修訂一版），頁26。

❺ 釋聖嚴：《探索識界——八識規矩頌講記》，《法鼓全集》第七輯，第
九冊，頁55-56。

粗相，後者是內隱細相，❻當根、塵相觸應時，映攝外境的功能即產生，遂有所謂的五識。法師又說：

> 「淨色根」是一種清淨物質體的根，而不是塵，……用解剖或者顯微鏡儀器都無法看到。《楞嚴經》講的「五根」是淨色根，而不是浮塵根。……淨色根是物質體，它不是不散，不是能夠抓得到的，也不是可以分析、可以看得到的。……淨色根相當難懂，一般人只知道浮塵根而不知道有淨色根，只有得到智慧的菩薩才知道有淨色根。然而，真正能發揮作用的，是淨色根而不是浮塵根。❼

如從《楞嚴經》的「七處徵心」而觀，「徵心」即是「觀心」、「看心」，平常的心識作用是生死根本，虛妄不實的攀緣心。換言之，「浮塵根不能見聞覺知，見聞覺知

---

❻ 印順法師曾說：「眼、耳等根，是一種極其微細的物質，類如生理學家所說的視神經等，佛法名此為淨色根，有質礙而不可見。意根，也有說為微細物質的，這如生理學家所說的腦神經，是一切神經系的總樞。據實說，此意根，和我們的肉體——前五根有密切的關係，他接受五根的取得，也能使五根起用；他與物質的根身不相離，但他不僅是物質的，他是精神活動的根源。」（釋印順：《般若經講記》，頁189-190；亦可參閱註28）。此說與聖嚴法師稍有不同，法師說：「唯識所認知的淨色根，並非如常人說的五官外形，甚至也非指的神經叢，乃是在根塵相接產生識用時而有，當識離時，塵境雖在，淨色根已消亡，如果尚餘有根，乃屬於浮塵根。」（釋聖嚴：《探索識界——八識規矩頌講記》，《法鼓全集》第七輯，第九冊，頁62）。可見，聖嚴法師不認為淨色根是神經系統。二者說法，值得進一步辨析。

❼ 釋聖嚴：《觀音妙智——觀音菩薩耳根圓通法門講要》，頁181。

的是自己的真性（心）。見聞覺知者——『見性』，是常住的，不生滅不增減的，就是如來藏性。」❽可見，屬於「淨色根」的耳根，其根性功能在於「見聞覺知」，亦即見性。唯有見性得智慧之菩薩才能體證到淨色根。

再者，所謂「圓通」，聖嚴法師指出：

> 《楞嚴經》的二十五種圓通，修行時是方便，一旦修成，「空所空滅」與「寂滅現前」，就是親證圓通，也是頓悟自性。所謂圓通，這即是「圓滿」、「共通」。因為修耳根圓通的觀世音菩薩所悟的本體自性，跟其餘二十四位菩薩並無不同；都是完全相同的真如，並沒有第二個。❽
>
> 眾生用耳朵聽到的聲音，其中傳達了一些名詞、名相。其實聲音的本身並不代表什麼，……如果從聲音、語言、文字本身觀察，聽聲音就是聽聲音、聽名詞就是聽名詞，與自己的利害得失毫無關係，能夠如此想的話，就不會產生喜怒哀樂的種種煩惱，這就叫作「圓通」，也就是心不執著，那就是開悟。❾

上引兩段法師對於「圓通」的解釋，表明親證圓通即是

---

❽ 釋印順：《中國禪宗史》，頁148。
❽ 釋聖嚴：《聖嚴法師教觀音法門》，《法鼓全集》第四輯，第十三冊，頁45。
❾ 釋聖嚴：《觀音妙智——觀音菩薩耳根圓通法門講要》，頁20。

頓悟自性，一旦體證圓通，則各種法門皆有共通之相，達致法法平等，完全相同的真如。❾再者，耳根圓通的修法，亦為去執以達到開悟之要法，法師說：「《楞嚴經》……觀世音菩薩的修行法門是耳根圓通，也就是因聽聲音而入三昧，因聽聲音而解脫自在。這個『觀』，可以用耳朵、眼睛、鼻子，也可以用身體。不過從修行的方法來講，用耳朵來『觀』，最容易讓我們去煩惱證菩提。」❾而且對娑婆世界眾生最為當機，法師說：「世尊特別讚許觀世音菩薩的『耳根圓通法門』，以為至為『當機』，最適合大眾修習，唯因耳根最為善巧聰利，無論遠近、方所，有沒有阻隔，對不對境都可以聞聽，……因此，特別期勉行者善用耳根，掌握觀世音菩薩的智慧。」❾在楞嚴會上證得圓通的二十五位聖者，以觀世音菩薩之耳根圓通為最上，故稱觀世音菩薩為圓通尊、圓通大士，聖嚴法師主修觀音法門，並認為在這二十五種圓通當中，以「觀世音菩薩的耳根圓通最為殊勝。」❾他教示耳

---

❾ 例如聖嚴法師亦云：「所謂圓通，就是修行時可以從不同法門進入，無論用什麼法門，只要修行成功，體證到的內容完全相同，所以說門門相通。」（釋聖嚴：《聖嚴法師教淨土法門》，頁221）又云：「觀世音菩薩完成了圓滿通達的功德以後，在任何一個時空的點上，都等於是全面的時空；進任何一種法門，等於是進入一切無量的法門。雖然進的門不同，然而進門以後，是門門相同，門門相通，此為『圓通』。」（釋聖嚴：《觀音妙智——觀音菩薩耳根圓通法門講要》，頁131）。

❾ 釋聖嚴：《心經新釋》，《法鼓全集》第七輯，第一冊，頁77。

❾ 釋聖嚴：《聖嚴法師教觀音法門》，《法鼓全集》第四輯，第十三冊，頁45。

❾ 釋聖嚴：《觀世音菩薩普門品講記》，《法鼓全集》第七輯，第五冊，頁6。

根圓通的修持方式，**⑨⑤**以及耳根圓通法門的兩個層次，**⑨⑥**甚值
專意此法門者注心參研。

（二）「入流亡所」與「聞所聞盡」的體證

「入流亡所」與「聞所聞盡」的經典出處如下：

> 初於聞中，入流亡所，所入既寂，動靜二相，瞭然不
> 生，如是漸增，聞所聞盡，盡聞不住，覺所覺空，空覺極
> 圓，空所空滅，生滅既滅，寂滅現前。忽然超越，世出世
> 間，十方圓明，獲二殊勝：一者上合十方諸佛本妙覺心，
> 與佛如來，同一慈力；二者下合十方一切六道眾生，與諸
> 眾生，同一悲仰。**⑨⑦**

首先，聖嚴法師說「這是修定發慧的方法，出於《楞嚴
經》卷六，……此一法門的修法與層級段落，已經非常清

---

⑨⑤ 例如聖嚴法師的《觀音妙智──觀音菩薩耳根圓通法門講要》，即為代
表作。值得注意的是，〈編者序〉云：「本書不但是聖嚴法師的第一本
《楞嚴》解經專書，也是有心深入觀音法門者，一份彌足珍貴的參考資
料。」又云：「聖嚴法師從一九八四年十二月於美國紐約的東初禪寺開
始講解《楞嚴經》，其中的耳根圓通部分，從一九九五年十一月開始，
至二〇〇五年六月為止，前後歷時將近十年之久。」可見，法師對此用
心之深、用功之勤。

⑨⑥ 參閱釋聖嚴：《聖嚴法師教觀音法門》，《法鼓全集》第四輯，第十三
冊，頁40-42。

⑨⑦ 唐・般剌蜜諦譯：《大佛頂如來密因修證了義諸菩薩萬行首楞嚴經》，
《大正藏》第十九冊，卷六，頁128中。

楚。」❾❽在《聖嚴法師教觀音法門》裡，對此做出兩個層次來闡述；在《觀音妙智——觀音菩薩耳根圓通法門講要》則分成五句，逐句解釋。比對兩書，《聖嚴法師教觀音法門》所云的兩個層次，其第一個層次「觀無聲之聲」，應由「初於聞中」至「暸然不生」；第二個層次「聞所聞盡，盡聞不住」，應由「如是漸增，聞所聞盡」至「寂滅現前」。有關第一個層次，聖嚴法師說：

> 經文的「初於聞中，入流亡所」，是由能聞的我耳，聞所聞的聲音，深入之後，便不再感覺有所聞之境，也無能聞之我，超越一切，便合於諸佛的本妙覺心，也合於一切六道的眾生，便進入了第二個層次。❾❾

這是第一層的「觀無聲之聲」所產生的境界，能、所俱泯，超越一切，證入本妙覺心，既而進入第二個層次。分論而言：

第一句、「初於聞中」的內涵為「一直在聽、聽、聽，自己已經融入了聽的那樁事，心裡面究竟是在聽呢？還是有東西可以被自己聽，已經無法區分，深然打成一片。」❿❿「入流亡所」的境界則為「進入了被聽的聲音之流，此聲為無聲之聲；進入了無聲之聲的音流，而忘掉自己是在音流之中，

---

❾❽ 釋聖嚴：《佛教入門》，《法鼓全集》第五輯，第一冊，頁239。

❾❾ 釋聖嚴：《聖嚴法師教觀音法門》，《法鼓全集》第四輯，第十三冊，頁40。

❿❿ 釋聖嚴：《觀音妙智——觀音菩薩耳根圓通法門講要》，頁27。

也把音流忘掉了。」(101)

第二句、「所入既寂，動靜二相，瞭然不生」的境界乃「能進入無聲之聲的音流的我，以及這無聲之聲的音流，音流及我，二者都變成寂靜的狀況，心裡所體驗到動與靜的這兩種現象，都不存在。……此時比『入流亡所』更進一步。因為所體驗的就是在生活之中，動也好，靜也好，已經完全不受影響。……心則是非動非靜的。」(102)

尤須強調的是，「入流」是入空性的流，進入自性本空的流；「亡所」是指所有主觀的自我和客觀的環境都不見了。(103)「聞所聞盡」是沒有能聞及所聞；「動靜二相，瞭然不生」是內在看自性，外在聽聲音，都沒有自性。(104)

有關第二個層次「聞所聞盡，盡聞不住」，聖嚴法師則以「反聞聞自性」的義說來詮釋，他說：

> 進入了第二個層次，那便是「反聞聞自性」。一般人用耳朵、耳根傾聽，因此，總是往外的，聽著外面的聲音。「反聞自性」，卻是完全放下耳根，向內聽聞「自性的聲音」。由於「自性」無形無體，所以也無聲可聞。……「反聞」，即是徹底放下耳根，放下一切一切有形、無形，可以讓我們依靠、參與、捉摸、把持，定名為「我」的東西。……當進入了「聞自性」的層次，行者在時間與

---

(101) 同上註，頁27。
(102) 同上註，頁28-29。
(103) 參閱釋聖嚴：《禪的世界》，《法鼓全集》第四輯，第八冊，頁140。
(104) 參閱同上註，頁140。

空間中，卻又超越了時間與空間的執著，也超越了另一種
「將時間與空間當成自我」的微細執取。……行者經此
「入流亡所」、「反聞聞自性」的修證過程，徹底破除了
深細我執，認證了本體佛性。所以經文要說：「覺所覺
空；空覺極圓，空所空滅；生滅既滅，寂滅現前。忽然超
越，世出世間，十方圓明。」❿

第二個層次「聞所聞盡，盡聞不住」的境界，是透由
「反聞自性」而證得。換言之，一般人用耳朵、耳根是向外
聽聞聲音，然而，此處是要向內聽聞「自性的聲音」，以破
除深細我執，體證佛性。分論而言：

第三句、「聞所聞盡」的境界則為「要聽到的、被聽
的東西都沒有了，能聽的功能也沒有了，也就是到達一種
被聽的環境與能聽的功能都沒有的狀況，這叫作『關閉六
根』。……六根關閉只是暫時的現象，自己在，六根也在，
但是環境不在，不再受到外邊環境的干擾。……六根關閉，
和外邊的情況隔絕。（然而）重要的是這個『盡』字，指的
是從此以後六根不再受六塵環境影響。……一旦做到了，
就是『六根清淨位』了。……僅僅六根關閉，這是在淺定
中，只是暫時不與外邊交通，而《楞嚴經》講的則是大乘的
定。」❿

---

❿ 釋聖嚴：《聖嚴法師教觀音法門》，《法鼓全集》第四輯，第十三冊，
頁41-42。
❿ 釋聖嚴：《觀音妙智──觀音菩薩耳根圓通法門講要》，頁29-30。

　　第四句、「盡聞不住，覺所覺空」的境界則為「不住於『聞所聞盡』的層次，再進一步，便是『覺所覺空』。……即是六根清淨；以大乘初地菩薩至八地菩薩而言，則是已經到了『盡聞不住』的層次，也就是《金剛經》所說的『應無所住而生其心』了。『覺所覺空』……是覺自己身心世界的環境時，已不受六根及六塵的困擾，這就是五蘊皆空，實際上，此時即為大乘佛法的證法空；而『聞所聞盡』則是證我空。」❿

　　第五句、「空覺極圓，空所空滅，生滅既滅，寂滅現前」的境界可分為兩個階段，「前兩句是八地以上的菩薩，後兩句則是到了成佛的層次。空覺，就是覺所覺，覺也空，所覺也空。空覺已經圓滿，實際上，是進入了成佛的涅槃境，所以說『空所空滅』，沒有空，也沒有所空。……空與所空的觀念全部擺下，連怎麼空的、最高的空、圓滿的空都要擺下，此時即為『生滅既滅，寂滅現前』。……一切的語言全都不要，煩惱不要，智慧不要，即使到成佛的智慧已經圓滿，連這個圓滿的智慧也不要，這就是寂滅現前，才是真正的圓滿。」❽

　　法師強調「聲音的產生是因緣和合而成的，沒有產生以前和產生以後都是沒有聲音的。在產生的時候也是配合了其他的因緣才產生出來的。當發現這樣的事實後，他便『聞所聞盡』，沒有能聞及所聞，『動靜二相，瞭然不生。』」❾

---

❿ 同上註，頁30-31。
❽ 同上註，頁33-34。
❾ 參閱釋聖嚴：《禪的世界》，《法鼓全集》第四輯，第八冊，頁140。

總而言之，《楞嚴經》「觀音法門」的特性即是收攝心意，「反聞」聲音的自性，以及一切萬法的自性。❿萬法的自性即是「空性」，一切萬法、萬緣皆是因緣生、因緣滅。因而在自性本空的前提下，「反聞聞自性」亦即「反聞聞空性」，聞見空性，了悟空性，實證空性，即與諸佛的智慧圓滿相應，而能證入諸法實相。⓫再者，「自性」如為眾生本具的空性、佛性，因此「反聞聞自性，性成無上道」，便是親聞自性，成就無上佛道。⓬

四、結語：「念佛圓通」與「耳根圓通」之揀選與綰合

在《楞嚴經》的十卷當中，前四卷開示見道問題，卷五、六開示修行要法，卷八、九漸次證果，最後並說陰魔妄想。⓭〈念佛圓通章〉與〈耳根圓通章〉開示的修行要法雖有不同，然而應眾生根機，隨修契理契機之法，皆可悟入，門門相通，如《楞嚴經》所云：「歸元性無二，方便有多門。」⓮不過，依《楞嚴經》的教示，文殊菩薩云：「此方真教體，清淨在音聞。欲取三摩提，實以聞中入。離苦得解脫，良哉觀

---

❿ 參閱釋聖嚴：《聖嚴法師教觀音法門》，《法鼓全集》第四輯，第十三冊，頁23。

⓫ 同上註，頁23。

⓬ 同上註，頁41。

⓭ 參閱岑學呂編：《虛雲和尚法彙‧增訂本》，頁597。

⓮ 唐‧般剌蜜諦譯：《大佛頂如來密因修證了義諸菩薩萬行首楞嚴經》，《大正藏》第十九冊，卷六，頁130上。

世音。」❶又云：「成就涅槃心，觀世音為最。」❶「但以此
（耳）根修，圓通超餘者。」❶因而，歷來古德認為觀世音菩
薩的耳根圓通，做為二十五圓通殿後的特殊意涵，原因在於
耳根圓通適合此娑婆國土眾生之機宜，且有三真實，❶故一門
超出，聖凡共被。《楞嚴經》以憍陳那之聲塵圓通居首，又
以觀世音菩薩殿後，指出此方教體以音聲為要，真教之體，
聞性是依。不過，就二十五圓通的順序列位而觀，❶蕅益智旭
便看出其中機竅，他說：

> 七大次第，先根後識。今識大後方明根大者，以此念佛

---

❶ 同上註，頁130下。

❶ 同上註，頁131中。

❶ 同上註，頁131中。

❶ 所謂「三真實」指圓真實、通真實、常真實。分別出處，參閱同上註，
頁130下、131上、131上。

❶ 《楞嚴經》卷五～六所提出的二十五種圓通法門簡列如下：
　(1) 由聲塵悟入：即憍陳那等五比丘之聲塵圓通；
　(2) 由色塵悟入：即優波尼沙陀比丘之色塵圓通；
　(3) 由香塵悟入：即香嚴童子之香塵圓通；
　(4) 由味塵悟入：即藥王、藥上二法王子之味塵圓通；
　(5) 由觸塵悟入：即跋陀婆羅等之觸塵圓通；
　(6) 由法塵悟入：即摩訶迦葉及紫金光比丘尼等之法塵圓通；
　（以上六塵圓通）
　(7) 由眼根悟入：即阿那律陀之眼根圓通；
　(8) 由鼻根悟入：即周利槃特迦之鼻根圓通；
　(9) 由舌根悟入：即憍梵鉢提之舌根圓通；
　(10) 由身根悟入：即畢陵伽婆蹉之身根圓通；
　(11) 由意根悟入：即須菩提之意根圓通；
　（以上五根圓通，六根缺一者，留耳根為殿後，所以當此方之機也）

三昧，亦逗此方機宜，末世眾生，須依念佛得度。又四種
三昧，同名念佛三昧。念佛三昧，名為三昧中王，能攝一
切三昧故也。⑫

　　蕅益智旭看出七大之根大、識大順序調換，指出其深意
即在「念佛三昧，亦逗此方機宜，末世眾生，須依念佛得
度。」強調大勢至菩薩的念佛圓通法門跟末法時代的此方娑
婆世界眾生，因緣特殊。

　　不過，一般皆會以文殊菩薩敕選「此方真教體，清淨在
音聞」的說法，來做為簡擇依據。例如在簡擇念佛圓通時，
達天通理（1701～1782）的《楞嚴經指掌疏》則云：「問：

---

(12) 由眼識悟入：即舍利弗之眼識圓通；
(13) 由耳識悟入：即普賢菩薩之耳識圓通；
(14) 由鼻識悟入：即孫陀羅難陀之鼻識圓通；
(15) 由舌識悟入：即富樓那之舌識圓通；
(16) 由身識悟入：即優波離之身識圓通；
(17) 由意識悟入：即大目犍連之意識圓通；
（以上六識圓通）
(18) 由火大悟入：即烏芻瑟摩之火大圓通；
(19) 由地大悟入：即持地菩薩之地大圓通；
(20) 由水大悟入：即月光童子之水大圓通；
(21) 由風大悟入：即琉璃光法王子之風大圓通；
(22) 由空大悟入：即虛空藏菩薩之空大圓通；
(23) 由識大悟入：即彌勒菩薩之識大圓通；
(24) 由見大悟入：即大勢至菩薩之根大圓通；
（以上七大圓通）
(25) 由耳根悟入：即觀世音菩薩之耳根圓通。
⑫ 明‧釋智旭：《大佛頂如來密因修證了義諸菩薩萬行首楞嚴經文句》，
　《卍續藏經》第十三冊，卷五，頁309中。

勢至都攝六根，淨念相繼，則耳根亦在其中，何乃並揀？
答：勢至雖都攝六根，卻不以根性為入門，及取念佛求生，
已落行陰，故在所揀。」⓬落入行陰，⓬則屬有為法，因而
被簡擇在外，可見，被簡擇於外的原因是相對於觀世音菩薩
耳根圓通在此方世界的當機之宜，長水子璿說得清楚：「大
勢至菩薩由念佛三昧，都攝六根，淨念相繼，入無生忍。今
謂凡是有為，皆屬行陰遷變，念性生滅，正是無常，如何以
無常因，獲常住果，故非圓通。然念佛法門，此方最要，雖
云生滅，要因念想，專注在懷，兼佛願力，直生淨土，生彼
國已，進行彌速，即證有期。今顯圓根，觀音為上，抑揚之
道，故須揀也。」⓬指出念佛圓通法門對此方眾生之機，是為
最要。不過，「耳根圓通」能彰顯「圓根」之性，因而「念
佛圓通」未能被文殊菩薩擇選，其因在於「行陰遷變，念性
生滅」，是屬於無常的生滅法。行策截流（1628～1682）對
此有所說明：

　　　至於勢至法門，仍順長行，置識大後，為二十四門之

⓬ 清・釋通理：《楞嚴經指掌疏》，《卍續藏經》第十六冊，卷六，頁200
下。

⓬ 「行陰」指五陰之一，玄覺云：「五陰，謂歷歷分別，明識相應，即是
識陰。領納在心，即是受陰。心緣此理，即是想陰。行用此理，即是行
陰。污穢真性，即是色陰。此五陰者，舉體即是一念，此一念者，舉體
全是五陰。歷歷見此一念之中，無有主宰，即人空慧，見如幻化，即法
空慧。」（唐・釋玄覺：《禪宗永嘉集》，《大正藏》第四十八冊，頁
390下）。

⓬ 宋・釋子璿：《首楞嚴義疏註經》，《大正藏》第三十九冊，卷六之
二，頁910上。

殿，未始不違也。且既令專選一門，何得不揀勢至？觀其揀辭，仍與諸聖不同，但曰：「因果今殊感，云何獲圓通？」意謂彼雖「都攝六根，淨念相繼」，而此相繼之念，既屬行蘊遷流，亦生滅法。以此為因，欲往生見佛，誰曰不可。今欲現證不生滅圓通，則因果不符，何能克獲？此揀現獲圓通為難，非揀往生後益也。其餘諸聖，單念自佛，唯屬現修現證，故揀則全揀，以不逗此土機宜，不合此方教體故也。有志修證者，亦可以深長思矣！❷

文殊菩薩的簡擇之辭云：「因果今殊感，云何得圓通？」使得大勢至菩薩的念佛圓通落選，而且若從「因果殊感」的理趣而觀，「此相繼之念，既屬行蘊遷流，亦生滅法」，因而不能如耳根圓通可以現證不生滅圓通，故屬「因果不符」。不過，行策截流強調「以此為因，欲往生見佛，誰曰不可」，表示「往生後益」，即往生後獲證圓通。如此而觀，大勢至菩薩的念佛圓通法門亦有其殊勝之處，對此土末法眾生而言，亦逗其機宜。因而，行策截流說：「觀音雖獨登科，勢至豈全下第？但於觀音則明選，於勢至則暗選耳。良以圓根別入，故明選；諸根總攝，故暗選。此方教體，故明選；此土有緣，故暗選。通益當機時會現未眾生，故明選；別益惡世法末時不見佛眾生，故暗選。」❷「明選」與「暗選」之別，在於「明選」觀音圓通法門是基於「圓根

---

❷ 清・釋行策：《淨宗十祖行策大師淨土集》（蘇州：弘化社，2003年），頁30-31。
❷ 同上註，頁29-30。

別入」、「此方教體」、「通益當機時會現未眾生」;「暗選」勢至圓通法門是基於「諸根總攝」、「此土有緣」、「別益惡世法末時不見佛眾生」,換言之,就時機因機而言,念佛法門是特為利益娑婆世界的末法眾生。雲棲袾宏對此亦有一則問答,如下:

> 問曰:《楞嚴》圓通,獨取耳根,念佛法門,曾未入選。奈何後世,不遵聖語,而普天之下,多從念佛也?
>
> 答曰:《彌陀疏鈔》已有明辨,而此疑此問,關係不小,不厭其煩瀆也,更為子詳言之。子誠娑婆人也,知有娑婆而已,獨不思娑婆而外,有無量無邊,不可說不可說世界乎?耳根者,透娑婆世界眾生之機;念佛者,透不可說不可說世界眾生之機也。耳根圓通,一方世界之圓通;念佛圓通,十方世界之圓通也。佛出娑婆,姑就娑婆之所宜者示教,故曰:「此方真教體,清淨在音聞。」不曰:「十方真教體也。」……子居娑婆,自修耳根,誰得而阻之!但不必是此而非彼。⓭

念佛法門自宋以來廣為弘傳,直至明末更加興盛,因而提問者有此提問。雲棲袾宏的詮釋跟上舉蕅益智旭、行策截流相類外,還特別指出一方世界與十方世界眾生的機宜問題。言下之意,能涵蓋十方世界機宜的念佛圓通,似有優於一方世界機宜的耳根圓通。這也是明末以降,為何念佛法門

⓭ 明·釋袾宏:《雲棲法彙·楞嚴圓通》,《嘉興藏》第三十三冊,卷十四,頁71中~下。

如此興行的原因之一。

印光法師對兩種圓通法門做出綰合，他說：「以觀音『反聞聞自性』之工夫，修勢至『都攝六根，淨念相繼』之淨業。即淨而禪，孰妙于是。」[127]如果以印光法師所教示「攝耳諦聽」方法，[128]將都攝六根的下手處放在「聽」，那麼，當都攝六根而念時，即無形中運用了反聞的工夫。所以印光法師說要以觀音的反聞聞自性之工夫，來修持勢至都攝六根，淨念相繼之淨業。此外，大勢至菩薩「念佛圓通」得與觀世音「耳根圓通」相互綰合，兩種工夫一時並用，是為「即淨而禪」。此意涵跟印光法師曾說的「文殊選圓通偈，謂『反聞聞自性，性成無上道。』今例之曰『反念念自性，性成無上道。』」[129]意思是一樣的。印光法師宣稱攝心念佛法，為「決定不易之道」，而且表示「攝心之法，唯反聞最為第一」，[130]兩重工夫合而為一，他說：「都攝六根，淨念相繼而念，即是以勢至反念念自性，觀音反聞聞自性，兩重工夫，

---

[127] 釋印光著、釋廣定編：《印光大師全集》第一冊，〈與海鹽顧母徐夫人書〉，頁141。

[128] 印光法師云：「持名念佛，加以攝耳諦聽，最為穩當。任憑上中下根，皆有利益，皆無弊病。」（同上註，第三冊（上），〈復唐瑞巖居士書（二）〉，頁251）所謂「攝耳諦聽」即攝住耳根意，因此印光法師說：「念佛時能攝耳諦聽，即都攝六根之法。」（同上，第三冊（上），〈致徐志一居士書〉，頁320）；又云：「當念佛時，『攝耳諦聽』，即是攝六根之下手處。」（同上，第二冊，〈與張靜江居士書〉，頁1014）；又云：「《楞嚴經》〈大勢至圓通章〉云：『都攝六根，淨念相繼。得三摩地，斯為第一。』即是『攝耳諦聽』之法。」（同上，第三冊（上），〈復聖照居士書〉，頁212）。

[129] 同上註，第一冊，〈復永嘉某居士書五〉，頁109。

[130] 同上註，第三冊（上），〈復劉瞻明居士書〉，頁384。

融於一心，念如來萬德洪名。」⑱「都攝六根」的攝耳諦聽工夫，其實是運用了「耳根圓通」的「反聞」工夫。印光法師將反念和反聞兩重工夫融於一心，此兩重工夫一時並用，元無次序；而且雖說是兩個節目，但工夫僅是一個。這樣的看法，在聖嚴法師的觀念亦是有跡可循，法師嘗云：

> 若以「深心」念佛，當下就離煩惱的痛苦；若以「專心」念佛，便會發現煩惱本不住在心內；若以「一心」念佛，念念都是阿彌陀佛，便是《楞嚴經》中所說的「淨念相繼」；若以「無心」念佛，立即會失去能念的自己和所念的佛號，便是《楞嚴經》所說的「入流亡所」。念佛而得一心，蓮池大師說，有事一心與理一心，心無妄想是事一心，心中無我即是親證實相般若的理一心。……不必管他事一心或理一心，也不必管他是凡是聖，只要把握當下的一念心，就是十方三世一切諸佛的全體大用。以此來看念佛功德，不論散心念佛或一心念佛，都有無量功德，都能如印光大師所說的「現生預入聖流」，此亦即是天台宗的圓教所攝。⑱

　　法師指出「深心」念佛與「專心」念佛兩種修持情況，其獲得效益略同。深心念佛當下離煩惱痛苦，而專心念佛能發現煩惱本不住心，二者似有深淺之別。前者深，後者淺。

---

⑱ 同上註，第二冊，〈大佛頂首楞嚴經楷書以供眾讀誦序〉，頁1154。
⑱ 釋聖嚴：《念佛生淨土》，《法鼓全集》第五輯，第八冊，頁78。

法師說「打心底起，念念繫心念佛，在習慣上時時自然念佛，便是深心念佛。」❸又曾指出「深心即是綿密的細心、即是踏實的定心、即是明徹的慧心。若能以深心念佛，已是一心念佛，不僅通達事一心，也能相應理一心。不僅必定往生西方淨土，也可親自體驗到自性淨土及自心淨土。」❹然而，無論「深心」或「專心」皆指工夫的使力處；而法師接著所言的「一心」、「無心」則指涉境界層次，如「一心」念佛便能達致《楞嚴經》所說的「淨念相繼」，如「無心」念佛便如《楞嚴經》所說的「入流亡所」。前者達致的境地是「事一心」，後者是「理一心」，雖然二者有高低之判，但只要把握當下的一念心，❺此念佛皆有無量功德，得以「現生預入聖流」。

足見聖嚴法師雖說耳根圓通最為當機，但亦未曾非議念佛圓通，他比對二者，雖有高低之判，然而深究其因，他的用意可能在於攝淨歸禪，如同前文第二節所述，這跟他主張以禪法來施化的目的相吻合。不過，有關他的禪淨兼修或以禪攝淨的禪淨思想，仍須另闢專文析論。惟有見者，法師的種種施設，不外乎要信眾自淨其意，以「提昇人的品質」，既而完成「建設人間淨土」的弘願。

---

❸ 同上註，頁20。

❹ 同上註，頁20-21。

❺ 有關天台宗主張的「現前一念心」，蕅益智旭對此配合永明延壽所強調的「一念成佛論」來論述，聖嚴法師曾考察其說，強調把握住現前當下的一念心，只要一念心淨，則在此一念間，便在淨土。參閱陳劍鍠：〈聖嚴法師「建設人間淨土」與「一念心淨」之要義〉，《聖嚴研究》第二輯，頁201-239，尤其頁224-231。

引用文獻

一、佛經、古籍（依年代順序排列）

1. 劉宋・求那跋陀羅譯：《雜阿含經》，《大正藏》第二冊。
2. 梁・曼陀羅仙譯：《文殊師利所說摩訶般若波羅蜜經》，《大正藏》第八冊。
3. 唐・般剌蜜諦譯：《大佛頂如來密因修證了義諸菩薩萬行首楞嚴經》，《大正藏》第十九冊。
4. 唐・釋玄覺：《禪宗永嘉集》，《大正藏》第四十八冊。
5. 唐・釋淨覺：《楞伽師資記》，《大正藏》第八十五冊。
6. 唐・釋澄觀疏義、明・釋德清提挈：《大方廣佛華嚴經綱要》，《卍續藏經》第九冊。
7. 五代・釋延壽：《宗鏡錄》，《大正藏》第四十八冊。
8. 宋・釋子璿：《首楞嚴義疏註經》，《大正藏》第三十九冊。
9. 元・釋惟則：《大佛頂如來密因修證了義諸菩薩萬行首楞嚴經會解》，《永樂北藏》第一八五冊。
10. 元・釋惟則會解、明・釋傳燈疏：《楞嚴經圓通疏》，《卍續藏經》第十九冊。
11. 明・曾鳳儀：《楞嚴經宗通》，《卍續藏經》第二十五冊。
12. 明・錢謙益：《楞嚴經疏解蒙鈔》，《卍續藏經》第二十一冊。
13. 明・釋妙叶：《寶王三昧念佛直指》，《大正藏》第四十七冊。
14. 明・釋真鑑：《楞嚴經正脈疏》，《卍續藏經》第十八冊。
15. 明・釋真鑑：《楞嚴經正脈疏懸示》，《卍續藏經》第十八冊。
16. 明・釋祩宏：《雲棲法彙・楞嚴圓通》，《嘉興藏》第三十三冊。
17. 明・釋祩宏：《楞嚴經摸象記》，《卍續藏經》第十九冊。

18. 明・釋智旭：《大佛頂如來密因修證了義諸菩薩萬行首楞嚴經文句》，《卍續藏經》第十三冊。

19. 明・釋智旭：《楞嚴經文句》，《卍續藏經》第二十冊。

20. 明・釋傳燈：《楞嚴經玄義》，《卍續藏經》第十三冊。

21. 明・釋德清：《楞嚴經懸鏡》，《卍續藏經》第十九冊。

22. 明・釋蕅益選定、民・釋印光編訂：《淨土十要》，高雄：淨宗學會，1995年。

23. 明・釋函昰：《楞嚴經直指》，《卍續藏經》第二十二冊。

24. 清・釋溥畹：《楞嚴經寶鏡疏》，《卍續藏經》第九十冊。

25. 清・釋行策：《淨宗十祖行策大師淨土集》，蘇州：弘化社，2003年。

26. 清・釋通理：《楞嚴經指掌疏》，《卍續藏經》第十六冊。

二、聖嚴法師著作

1. 釋聖嚴：《心經新釋》，《法鼓全集》第七輯，第一冊。

2. 釋聖嚴：《佛教入門》，《法鼓全集》第五輯，第一冊。

3. 釋聖嚴：《念佛生淨土》，《法鼓全集》第五輯，第八冊。

4. 釋聖嚴：《拈花微笑》，《法鼓全集》第四輯，第五冊。

5. 釋聖嚴：《抱疾遊高峰》，《法鼓全集》第六輯，第十二冊。

6. 釋聖嚴：《明末佛教研究》，《法鼓全集》第一輯，第一冊。

7. 釋聖嚴：《法鼓山的方向》，《法鼓全集》第八輯，第六冊。

8. 釋聖嚴：《法鼓山的方向II》，《法鼓全集》第八輯，第十三冊。

9. 釋聖嚴：《書序》，《法鼓全集》第三輯，第五冊。

10. 釋聖嚴：《神會禪師的悟境》，《法鼓全集》第四輯，第十六冊。

11. 釋聖嚴：《悼念・遊化》，《法鼓全集》第三輯，第七冊。

12. 釋聖嚴：《探索識界——八識規矩頌講記》，《法鼓全集》第七輯，第九冊。

13. 釋聖嚴：《評介·勵行》，《法鼓全集》第三輯，第六冊。

14. 釋聖嚴：《聖嚴法師教淨土法門》，臺北：法鼓文化事業有限公司，2011年4月初版四刷。

15. 釋聖嚴：《聖嚴法師教禪坐》，《法鼓全集》第四輯，第九冊。

16. 釋聖嚴：《聖嚴法師教觀音法門》，《法鼓全集》，第四輯，第十三冊。

17. 釋聖嚴：《學佛群疑》，《法鼓全集》第五輯，第三冊。

18. 釋聖嚴：《學術論考》，《法鼓全集》第三輯，第一冊。

19. 釋聖嚴：《禪的世界》，《法鼓全集》第四輯，第八冊。

20. 釋聖嚴：《禪的體驗·禪的開示》，《法鼓全集》第四輯，第三冊。

21. 釋聖嚴：《禪門修證指要》，《法鼓全集》第四輯，第一冊。

22. 釋聖嚴：《觀世音菩薩普門品講記》，《法鼓全集》，第七輯，第五冊。

23. 釋聖嚴：《觀音妙智——觀音菩薩耳根圓通法門講要》，臺北：法鼓文化事業有限公司，2010年5月。

三、近人中、日文著作（依姓氏筆畫排列）

1. 大松博典：〈首楞嚴經註釋書考〉，《宗學研究》第三〇號，1988年3月，頁185-188。

2. 王毅文：《楞嚴真心思想研究》，臺北：輔仁大學哲學研究所碩士論文，1998年。

3. 宇野順治：〈淨土教における大勢至菩薩の位置〉，載《印度学仏教学研究》第三十五卷第二號，1987年3月，頁95-98。

4. 牟宗三：《心體與性體（一）》，臺北：正中書局，1989年臺初版第八次印行。

5. 佐藤健：〈安樂集と偽經〉，載《佛教大學研究紀要》通卷第六〇號，1976年3月，頁79-134。

6. 岑學呂編：《虛雲和尚法彙・增訂本》，臺北：佛陀教育基金會，1990年。

7. 李志夫：《楞嚴校釋》，臺北：大乘精舍印經會，1984年。

8. 李治華：《楞嚴經哲學之研究》，臺北：輔仁大學哲學研究所碩士論文，1994年。

9. 李英德（釋慧心）：《《楞嚴經》解脫道之研究》，嘉義：南華大學宗教學研究所碩士論文，2005年。

10. 李富華：〈關於《楞嚴經》的幾個問題〉，載《世界宗教研究》第三期，1996年，頁74-82。

11. 岩城英規：〈《首楞嚴經》註釋書考〉，《印度学仏教学研究》第五十二卷二號，2004年3月，頁638-642。

12. 林其賢：《聖嚴法師七十年譜》，臺北：法鼓文化事業股份有限公司，2000年3月。

13. 河波昌：〈勢至菩薩について〉，收入氏著《浄土仏教思想論》，東京：北樹出版社，2011年2月，頁220-236。

14. 牧田諦亮著，楊白衣譯：〈疑經研究——中國佛教中之真經與疑經〉，載《華岡佛學學報》第四期，1980年10月，頁284-306。

15. 段新龍：《《楞嚴經》如來藏思想研究》，西安：陝西師範大學宗教學專業博士論文，2011年。

16. 胡健財：《大佛頂首楞嚴經「耳根圓修」之研究》，臺北：政治大學中國文學研究所博士論文，1996年。

17. 馬忠庚：〈從科學史角度證偽《楞嚴經》〉，載《學術論壇》第二期，2005年，頁182-185。

18. 崔昌植：《敦煌本《楞嚴經》の研究》，東京：大正大學博士論文，2003年。

19. 張成鈞：《楞嚴經中身心關係之探究》，臺北：政治大學哲學研究所碩士論文，1995年。

20. 陳由斌：《《楞嚴經》疑偽之研究》，臺北：華梵大學東方人文

思想研究所碩士論文，1998年。

21. 陳俊宏：〈傳統與創新——法鼓山建設的理念與實踐〉，《「印順長老與人間佛教」海峽兩岸學術研討會》，2004年4月24日～25日，頁W1-W6，尤其頁W4。

22. 陳劍鍠：〈《大勢至菩薩念佛圓通章》成為淨土宗經典的詮釋問題——以印光之詮釋為主〉，收入氏著：《行腳走過淨土法門——曇鸞、道綽與善導開展彌陀淨土教門之軌轍》，臺北：商周出版，2009年9月，頁179-208。

23. 陳劍鍠：〈近代確立蓮宗十三位祖師的經過及其釋疑〉，網址：http://www.confucius2000.com/scholar/chenjh2.htm，上網日期：2011年07月10日。

24. 陳劍鍠：〈聖嚴法師「建設人間淨土」與「一念心淨」之要義〉，《聖嚴研究》第二輯，2011年7月，頁201-239。

25. 陳劍鍠：〈道信《入道安心要方便法門》之念佛與念心——以「念佛淨心」與「一行三昧」為核心之考察〉，收入黃夏年主編：《黃梅禪研究》，鄭州：中州古籍出版社，2012年4月，頁304-317。

26. 陳劍鍠：〈續法《楞嚴經勢至念佛圓通章疏鈔》之念佛要義與教判思想〉，《明清史集刊》（香港大學）第十卷，2012年12月，頁91-122；陳劍鍠：〈續法《楞嚴經勢至念佛圓通章疏鈔》對華嚴思想之運衡〉，《成大中文學報》第四十三期，2013年12月，接受刊登。

27. 陳劍鍠：《圓通證道——印光的淨土啟化》，臺北：東大圖書公司，2002年5月。

28. 黃公元：〈淨宗祖師與《大勢至菩薩念佛圓通章》——以評析十祖行策彰《楞嚴》密意的《〈勢至圓通章〉解》為重點〉（黃公元教授賜寄筆者，目前尚未正式發表）。

29. 楊白衣：〈關於楞嚴的真偽辯〉，收入張曼濤主編《大乘起信論

與楞嚴經考辨》，《現代佛教學術叢刊35》，頁343-349。

30. 楊維中：〈論《楞嚴經》的真偽之爭及其佛學思想〉，載《宗教學研究》第一期，2001年，頁59-66。

31. 道端良秀著，釋慧嶽譯：《佛教與儒家倫理》，收入藍吉富主編《世界佛學名著譯叢48》，臺北：華宇出版社，1986年12月。

32. 潘怡礽：《大勢至菩薩念佛圓通章之研究》，中壢：中央大學中國文學研究所碩士論文，2002年。

33. 龍延：〈《楞嚴經》真偽考辨〉，載《古籍整理研究學刊》第三期，2003年，頁4-46。

34. 魏源：《魏源集》，臺北：鼎文書局，1978年。

35. 羅香林：〈唐相國房融在光孝寺筆受《首楞嚴經》翻譯問題〉，收入張曼濤主編《大乘起信論與楞嚴經考辨》，《現代佛教學術叢刊35》，臺北：大乘文化出版社，1978年1月，頁321-342。

36. 釋太虛：《楞嚴經研究》，臺北：文殊出版社，1987年。

37. 釋印光著、釋廣定編：《印光大師全集》，臺北：佛教書局，1991年4月。

38. 釋印順：《大乘起信論講記》，《妙雲集‧上編之七》，臺北：正聞出版社，1992年修訂1版。

39. 釋印順：《中國禪宗史》，臺北，正聞出版社，1994年7月8版。

40. 釋印順：《佛法概論》，《妙雲集‧中編之一》，臺北：正聞出版社，1992年1月修訂二版。

41. 釋印順：《般若經講記》，《妙雲集‧上編之一》，臺北：正聞出版社，1992年3月。

42. 釋印順：《勝鬘經講記》，《妙雲集‧上編之三》，臺北：正聞出版社，1991年9月修訂重版。

43. 釋印順：《華雨集（一）》，臺北：正聞出版社，1993年4月。

44. 釋印順：《藥師經講記》，《妙雲集‧上編之四》，臺北：正聞出版社，1992年2月修訂一版。

45. 釋守培：《大佛頂首楞嚴經妙心疏》，臺北：佛陀教育出版社，
　　1993年。

46. 釋果鏡：〈試論《楞嚴經》耳根圓通法門──以聖嚴法師的講要
　　為主〉，《聖嚴研究》第二輯，2011年7月，頁361-401。

47. 釋海仁：《大佛頂首楞嚴經講記》，臺南：和裕出版社，1989
　　年。

48. 釋圓瑛：《大佛頂首楞嚴經講義》，臺南：法舟文教基金會，
　　1999年。

49. 釋會性：〈大勢至菩薩念佛圓通章講錄〉，網址：http://book.
　　bfnn.org/books2/1967.htm，上網日期：2011年07月10日。

Master Sheng Yen's Explanation and Apprehension of "Continuous Pure Mindfulness to Obtain Samadhi" and "Entered the Flow through Hearing and Forgot Objective States"

Chien-huang Chen

Professor
Department of Chinese Language and Literature, National Pingtung University of Education

▌Abstract

Master Sheng Yen was the in mastry of Avalokitecvara's teaching (Guanyin's teaching觀音法門). He thought that the perfect penetration of the ear by directing the hearing inward to listen to his own nature in Avalokitecvara was the most special among the 25 kinds of perfect penetration in *The Śūraṃgama-sūtra* (*Shou lengyan jing* 首楞嚴經). Other than that, Master ShengYen also paid special regard to the perfect penetration through mindfulness of the Buddha by Great Strength Attained Bodhisattva. He used continuous pure mindfulness to obtain samadhi as the example to illustrate the wholehearted Buddhist Recitation as the foundation, which is saying that if our Mind accords with the Mind of Buddha Amitabha for one moment, we are born in the Pure Land for one moment; if we reach accord moment after moment, we are born in the Pure Land moment after moment (一念相應一念佛，念念相應念念佛); so that we can reach the Pure Land on Earth.

This paper aims to review the concepts of "continuous pure mindfulness to obtain samadhi" (淨念相繼) and "entered the flow through hearing and forgot objective states" (入流亡所) to examine his scholastic development and the orientation of thoughts. Master Sheng Yen's teaching on "Building a Pure Land on Earth" is both subtle and profound in terms of Buddhist doctrine. His proposal about building the Pure Land on Earth has close relationship with the two concepts mentioned above. With the analysis, we can investigate Master Sheng Yen's thoughts from various perspectives.

Key words：Master Sheng yen, continuous pure mindfulness to obtain samadhi, entered the flow through hearing and forgot objective states, the perfect penetration through mindfulness of the Buddha, the perfect penetration of the ear by directing the hearing inward to listen to his own nature

「人間淨土」的反思*

越建東

國立中山大學通識教育中心暨哲學研究所副教授

▌摘要

「人間淨土」除了具有社會關懷的貢獻之外,是否有所謂的終極意義?本文希望從佛教義理和現實關懷的角度,去反思「人間淨土」的真正本質為何?我們如何知道其實現的可能性?其中提出許多值得探討的問題,如:

1.「人間淨土」是要徹底地改變此土的性質,使之轉變成類似真正淨土的環境?

2. 這種淨土,與他方淨土或佛國淨土有何異同之處?

3. 人間本來就是「穢土」,本性充滿著五濁,穢土如何可能變成淨土?

4. 人間淨土的理想實際上與北俱盧洲有什麼根本上的差別?

5.「唯心淨土」或「自心淨土」是一般人可以達到的境界嗎?個人內心清淨而體驗到淨土的想法,如何造成外在的環境與社會也自動轉變成淨土?

6. 現行「人間淨土」的建設所能達成的目標與限制為何?能達成什麼樣標準的淨土?

關鍵詞:人間淨土、聖嚴、唯心淨土、穢土

---

* 本文係屬「二〇一一年聖嚴思想小型研究計畫案」。

一、前言

聖嚴法師在一九八〇年代末提出「人間淨土」的理念並將之定為法鼓山的精神主軸之後，至今已經超過二十年。此理念在聖嚴法師大力的鼓吹和法鼓山僧俗二眾不斷努力實踐的歷程中，看到許多的成果，特別是想要與現代社會配合的願力與決心，經過提倡「心靈環保」、「四種環保」、「心五四」、三大教育、禪修等的運動，乃至「心六倫」的推行，皆為建設「人間淨土」的具體行動。令人鼓舞的是，「人間淨土」對於解決人類眼前急迫的苦難和預防當今社會貪婪主義無限擴張的橫行，提供許多具體可行的藍圖和改善計畫，其成效和影響，顯示這些努力和方向都是正確的。

本文所思考的方向，一方面肯定這些貢獻，一方面也在積極探討「人間淨土」除了為當今社會的未來發展提供契機的目標之外，是否有所謂的終極意義和關懷？這些關懷除了展現在短、中程適應現今時空背景的理念，是否也有可能提出在時間軸上屬於無限長期或永續目標發展的可能性？意即，「人間淨土」的真正本質為何？我們如何知道其實現的可能性？

這個問題，似乎很少被嚴肅和完整地探討過，這點其實有些令人驚訝。在過去的十幾年當中，從聖嚴法師視角以外來研究「人間淨土」的論文陸陸續續發表，「人間淨土」成為一項學術界重要的研究主題。然而，絕大多數都是持非常肯定的態度，認為「人間淨土」的理論根據以及其實踐，似乎是未曾出現過什麼問題的。這些觀點與看法，以讚揚的角

度居多，以批判反省的角度出現者鮮少；如此的研究趨勢，雖然有助於推動更多人對此想法的認識與研究興趣。然而，對「人間淨土」深度的開展，會保持在某種老調重彈的格局。這對於一個偉大而有開創時代先鋒意義的想法或運動而言，似乎是小看了。或者因為沒有經過嚴謹的評論，我們無法得知其是否深邃到禁得起各種理論的考驗，以致無法確立其源遠流長的地位。換言之，「人間淨土」是否是一時的方便，過一陣子便隨著其他潮流而被替代？抑或是，其有正法久住的潛能，必須長期經營，以便永續發展？

　　基於此，本文嘗試以審慎評論和詮釋的態度，從佛學義理的角度，去反思「人間淨土」可能會出現的理論問題。透過不斷應用「問題導向」的方式，來刺激並發掘此理念可能蘊藏的內涵，以便在思辨和更開放的討論中，產生有用的學術成果。本文的主要研究方法，首先簡要整理「人間淨土」的思想，歸納出幾則有代表性的想法，接著便將這些想法中可能可以被檢視的部分一一列出，並提出值得探討的議題；最後，再回過頭來回答並重新詮釋「人間淨土」所可能具有的本質為何。

二、現有「人間淨土」研究成果評析

　　從基礎資料整理的角度，林其賢老師所編之《聖嚴法師年譜》❶在協助我們弄清楚「人間淨土」理念提倡的歷史前後發展脈絡的幫助最大。釋果樸法師的〈聖嚴法師「建設人

---

❶ 林其賢編，《聖嚴法師七十年譜》，臺北：法鼓文化，2000年3月。

間淨土」理念根源——法師大陸出家學習與近代中國佛教興革〉❷同樣地也用歷史的角度,將「人間淨土」理念的沿革,用各種事件襯托出來。此外,林其賢〈聖嚴法師人間淨土思想立場的抉擇〉❸從更大的歷史脈絡,去比較太虛「人生佛教」、印順「人間佛教」二大師的思想立場,以及聖嚴法師對「人間淨土」的抉擇。

從進一步分析相關資料的角度,林其賢〈聖嚴法師人間淨土思想的實踐與弘揚〉❹提供時間軸橫的面向,嘗試釐清「人間淨土」思想的建立與實踐過程。釋果鏡法師的〈聖嚴法師淨土思想之研究——以人間淨土為中心〉❺則在思想縱軸的面向,把「人間淨土」思想架構用四種角度、三種觀念來分析,縱貫式地描述其經論依據,對「人間淨土」觀念的基本解讀,甚為有用。

從「人間淨土」之實踐與應用的角度,林其賢《聖嚴法師的倫理思想與實踐——以建立人間淨土為核心》❻和前揭〈聖嚴法師人間淨土思想的實踐與弘揚〉一文皆對人間淨土的倫理學意義有詳盡和豐富的論述。

從理論的探討,釋惠敏法師的〈「心淨則佛土淨」之考

❷ 收於林煌洲等合著,《聖嚴法師思想行誼》,臺北:法鼓文化,2004 年8月。
❸ 收於聖嚴教育基金會學術研究部編,《聖嚴研究》第二輯,臺北:法鼓文化,2011年5月。
❹ 收於聖嚴教育基金會學術研究部編,《聖嚴研究》第一輯,臺北:法鼓文化,2010年3月。
❺ 收於《聖嚴研究》第一輯。
❻ 中正大學中國文學研究所博士論文,2009 年6月。

察〉❼碰觸到「人間淨土」的核心理論之一，所謂「心淨土淨」的論述。該文主張「心淨則眾生淨」和「眾生淨則佛土淨」是完成「心淨則佛土淨」的理路非常有啟發性。只是，對於這種理路是不是適用於穢土則未有詳盡的說明。林崇安老師的〈人間淨土的達成〉❽強調從戒定慧三學的推行，來達成人間淨土，不過未進一步闡述淨土如何「自然就會呈現出來」的問題。

從與其他領域對話的角度，林朝成老師的〈佛教走向土地倫理：「人間淨土」的省思〉❾強調與當代生態學的對話，對建立「內心」與「外境」並重的「人間淨土」思維模式有深切的反省，這點提醒我們過度強調「唯心淨土」可能帶來的偏差。

從佛教思想的角度，施凱華的〈從天台淨土思想觀聖嚴法師之人間淨土要義〉❿和陳劍鍠的〈聖嚴法師「建設人間淨土」與「一念心淨」之要義〉⓫分別從宗派和中國祖師的立場來研究人間淨土的要義；黃國清〈聖嚴法師對《法華經》的當代詮釋〉⓬有一節談及「人間淨土」在《法華經》兩品中的義理發揮；周柔含〈通往人間淨土的鑰匙——淺談聖嚴法師

---

❼ 收於釋惠敏主編：《人間淨土與現代社會》，臺北：法鼓文化，1998 年 12 月。

❽ 收於釋惠敏主編：《人間淨土與現代社會》。

❾ 收於《成大宗教與文化學報》第五期，2005 年 12 月。

❿ 發表於第三屆聖嚴思想國際學術研討會。

⓫ 收於《聖嚴研究》第二輯。

⓬ 收於《聖嚴研究》第一輯。

的菩薩戒〉❸則從人間淨土與菩薩戒的密切關係，論述以倫理道德來建設人間。

三、聖嚴法師對「人間淨土」的主要論述

從發表年代，我們大致上可整理出代表聖嚴法師「人間淨土」主要論述的著作如下：

1957〈人從何處來？又往那裡去？〉，《人生》9：7。

1958〈理想社會與美化人生〉，《人生》9：8（後改題為〈理想社會〉，收於《神通與人通》，參《法鼓全集》（03-02）。

1982〈淨土思想之考察〉，收於《神通與人通》，參《法鼓全集》（03-02）。

1985〈以出世精神做入世事業〉，收於《明日的佛教》，參《法鼓全集》（05-06）。

1989〈闢人間淨土，辦佛學教育〉，收於《聖嚴法師心靈環保》，參《法鼓全集》（08-01）。

1989〈法鼓傳法音〉、〈法鼓山的心願——法鼓山的緣起及未來〉，收於《法鼓山的方向》，參《法鼓全集》（08-06）。

1990〈人間淨土〉，收於《禪的世界》，參《法鼓全集》（04-08）。

1990〈四眾佛子共勉語〉，收於《法鼓》雜誌7。

1991〈從東亞思想談現代人的心靈環保〉，收於《學術論考II》，參《法鼓全集》（03-09）。

---

❸ 收於《聖嚴研究》第二輯。

1992〈以佛法建設人間淨土〉，收於《法鼓山的方向》，參《法鼓全集》（08-06）。

1993〈四種淨土任君遊〉、〈西方淨土與人間淨土〉，收於《念佛生淨土》，參《法鼓全集》（05-08）。

1994〈心靈環保——淨心與淨土〉，收於《平安的人間》，參《法鼓全集》（08-05-2）。

1995〈《維摩經》與人間淨土〉，收於《維摩經六講》，參《法鼓全集》（07-03）。

1996〈戒律與人間淨土的建立〉，收於《學術論考》，參《法鼓全集》（03-01）。

1996〈《法華經》與人間淨土〉、〈《法華經》與佛國淨土〉，影音檔。

1997《人間淨土》，小叢書。

1997〈人間淨土與現代社會〉，收於《第三屆中華國際佛學會議》。

1998〈人間佛教的人間淨土〉，收於《學術論考》，參《法鼓全集》（03-01）。

1999〈心佛相應當下即淨土〉，收於《人生》雜誌第一九五期。

1999〈方便品〉、〈如來壽量品〉，收於《絕妙說法——法華經講要》，參《法鼓全集》（07-11）。

2000《自家寶藏——如來藏經語體譯釋》，參《法鼓全集》（07-10）。

2007〈「心六倫」運動的目的與期許〉，《人生》雜誌第二九五期。

　　從以上眾多著述中，我們可以歸納出幾個基本的重要論述面向：

　　1. 從最早期的時代開始（1957），我們已經可以見到法師期望使人間成為淨土、佛國的決心。往後法師根據經典的內涵，提出世尊之出現人間，其實也帶著淨化此土的使命，甚至菩薩隨所化眾生而取佛土，也是這種精神的實踐。因此，努力將此土轉變成淨土，便成為菩薩道可以實踐的目標和出發點。在出發後（發菩提心），所要完成的目標則建立在「莊嚴國土、成熟眾生」的目的上。以法師的話，則等於「建設人間淨土，提昇人的品質」。

　　2. 在理論上，人間如何變成淨土呢？就影響的層面而言，先從個人本身做起，再來影響他人，當他人繼續影響到他人時，整個環境或社會便有可能產生轉變。就貫徹修行歷程而言，以「心佛相應即淨土」或「心淨則佛土淨」，做為最重要的指導方針。這個理論有很多經典依據，若要勉強歸納的話，主要來自「自心淨土」的思想，不論是《維摩經》的「心淨土淨」或《法華經》的「靈山淨土」，乃至《華嚴經》的「華嚴世界」皆是。其次，法師也根據中國祖師的創發，發揮了「唯心淨土」的理論，以及把永明延壽大師「一念成佛」，擴大為「念念、日日、人人念佛」，則「念念、日日、人人成佛」的實踐目標。如此一來，就可以有具體的著力點，讓眾生的心念轉為佛念，進而環境就可變為淨土。當然，這其中尚須有「境隨心轉」、「心淨則行為淨」等理論的支持，來達成心淨（內在）→境淨（外在）的目標，以及說明為何這兩者的空際是可能被連結起來的。

　　3. 人間淨土理想的實踐，最終必須落實在現今的社會或世界中。法師說明，這涉及了教育、文化、學術、社會等層面，因此逐漸提出「心靈環保」、「四種環保」、「心五四」、三大教育、禪修等的運動，乃至「心六倫」的推行，凡此種種皆為建設「人間淨土」的具體行動，在在與現實世界相關。值得注意的是，本文所關注的焦點，正是這些運動和其所具備的條件，對於實現人間淨土，可以達到什麼樣的極致？在心態和動機上，所秉持的原則為「無私的智慧」和「平等的慈悲」。這種動力，能夠發揮出什麼神奇的力量，來改造當今的社會？

　　4. 另外一個輔助性的論述，為「人間淨土」與其他類型淨土的異同之處為何。此中，以他方國土、天國、此土人間、唯心淨土為比較對象。[14]這個論述的重要性，呈顯法師的用意，不在於把其他國土搬到地球來。然而，把穢土變成淨土的說法，似乎又是首次提倡，因此有必要說清楚，此土所形成之淨，與其他淨土有何不同，以便凸顯此土變淨的意義與特色。

　　法師許多著述中，有些是屬於完整的論述，全部討論集中在「人間淨土」的議題上；有些則是片斷的描述，往往是附屬在其他主題的開示而順帶提及。就重要性而言，通常前者比較重要，針對性強、理念明確，然而後者也並非不重要，因為有些補充說明可以加強我們對某些理念的了解。

---

[14] 《念佛生淨土》，頁25-34。法師對四種淨土和人間淨土的總結說明，參《法鼓山的方向II》，頁76-83。

在法師發揮其精通漢傳佛教思想的闡述中，般若、念佛、華嚴、法華等的思想被大量引用。其中，「禪淨雙修」的精神應該扮演著重要的角色。「禪」指的是「心」的修練或「提昇人的品質」部分，具體應用在「心靈環保」中；「淨」指的是「土」的形塑或「建設人間淨土」，側重外在世界的淨化。然而，似乎大部分論述只注重「禪淨雙修」的從「禪」而達成「淨」（如：心淨土淨、念佛成佛），以心淨為先因，以境淨為後果，比較少所謂「雙修」或「雙運」的仔細說明。本文以為，若從「境淨」出發，積極耕耘世界的運作，包括物質建設與社會制度的改革，也許反過來有助於促成「心淨」。當然，心六倫的運作基本上也是在朝此方向前進。只是，有時候社會制度的改革須經過激烈的奮鬥，如：對不公不義的政治制度或貪婪主義下的經濟制度之改善，不見得與心六倫所注重的「心淨」精神時時刻刻皆保持一致。單憑「心淨」是否就能把此穢土轉成淨是本文的懷疑點之一，因此，若加上努力的完成「境淨」工程，穢土才有被轉變的可能性。換言之，個人身心的淨化，是基本功，而外境的改造卻不可忽視。❶⑤致力於世界的莊嚴，與「嚴土熟生」的意義才有可能相當。「禪淨並重」的意義，也許能協助解開「心淨」之所以能夠順利轉成「境淨」、以此做為重

---

❶⑤ 生態學與環保主義的議題是其中一個最明顯的例子。關於重「心」輕「境」的問題，林朝成〈佛教走向土地倫理：「人間淨土」的省思〉與楊惠南〈當代臺灣佛教環保理念的省思——以「預約人間淨土」和「心靈環保」為例〉（收於《當代雜誌》第一〇四期，1994年，頁32-55），二文已經做過仔細地論述。

要機制之謎。

法師所述，思想清晰，但是因為內容豐富，涉及的論述層面相當廣泛，因此不太容易用某種單一的大要把全部綱領統合起來。各種論述中，每一種論述的立基點和嚴密度是否足夠、論述與論述之間是否相互呼應與支持，是本文所關注者。以下，為達成此目的而採用剖析問題意識的探討，來進一步分析與評論。

四、「人間淨土」在本質和理論層面可能呈現的問題

本節將提出本文所關心的主要問題，並加以探討和研究。首先，本文關心的主題，為「人間淨土」的根本本質為何？同等重要者，為這樣的淨土是否能夠實現、如何得以實現？從這個角度出發，我們可以提出好幾個值得探討的問題如下：

1.「人間淨土」的目標，是要徹底地改變此土的性質，使此土形成類似或等同真正淨土的環境？

2.這種淨土，與他方淨土或佛國淨土❻有何本質和型態上異同之處？這兩個問題似乎未見法師有所說明。

3.我們的人間本來就是「穢土」，它的本性本來就充

---

❻ 法師本身也說明過他方淨土的特色：「由諸大乘經論所講的淨土，必定是十方諸佛所居國土，有的是為成熟有情而以願力所成的淨土，例如阿彌陀佛的極樂國土；多半是由於成熟無量眾生的功德，而嚴淨諸佛的國土。」參《學術論考》，頁452。

滿著五濁惡世❶的特性,因此,穢土如何可能變成淨土?此土的眾生壽命短、業障重,加上環境差、天災人禍特別多,更根本的是,此土本來就是「業感緣起」的場所,因此要將其「天性」改變,如何是可能的任務?譬如,耕耘「人間淨土」如耕耘花園,要讓花園花朵綻放則必須不斷地努力,此土的本性似乎無法讓此芬芳花香之景自動久住(他方佛國或有此功能)。因為無常性和業報使然,花朵會枯萎,只要耕耘停止或消失,雜草便逐漸叢生,乃至荒蕪,讓先前的努力歸零。❶應該如何克服這種先天上的缺陷?

4. 法師曾經提到,人間淨土的理想可由《正法華經》所述:「平等快樂,威曜巍巍,諸行清淨,所立安穩,米穀豐賤,人民繁熾,男女眾多,具足周備」做為典範。❶然而,這與《大樓炭經・鬱單曰品》❷中所描述的北俱盧洲有浴池、遊園、香樹、音樂樹等;又有潔淨粳米,不耕自生;或無盜賊惡人,不需教導皆自行十善等等有什麼根本上的差別?❷

5. 若此淨土為「唯心淨土」或「自心淨土」的話,那是

---

❶ 五濁為:劫濁、見濁、煩惱濁、眾生濁、命濁,其基本意思參聖嚴法師《地藏菩薩的大願法門》,頁22-25。

❶ 聖嚴法師在《聖嚴法師教淨土法門》(頁80-81)中也提到,五濁惡世的地球環境,「如果乏人照顧整理,很快就會枯萎,變成荒煙蔓草,荊棘叢生」;而西方淨土則無這些問題。

❶ 《禪與悟》,頁123:「人間淨土的建設及理想現象可由《正法華經》卷三的〈應時品〉看出……。」《正法華經》的出處參:《大正藏》第九冊,頁74中。

❷ 《大正藏》第一冊,頁279下~281上。

❷ 《長阿含・世記經》(《大正藏》第一冊,頁117下~118)也有相同的記載:「鬱單曰天下,多有諸山。其彼山側,有諸園觀浴池,生眾雜花。樹木清涼,花果豐茂。……其土常有自然粳米,不種自生,無有糠穢……。」

一般人可以達到的境界嗎？若是，則它與《維摩詰經》所述的程度可能相離甚遠；若否，則當有人真正體證到「心淨土淨」的境界、或《法華經》所謂的「靈山淨土」時，則他很可能已經體悟到某種程度的法性平等，這樣的程度，也許恰恰是他離開穢土、甚至往生其他佛國淨土的機緣。㉒如此一來，要如何建設此土呢？

6. 承上，要完成「唯心淨土」或「自心淨土」的話，則必須根據《維摩詰經》「心淨則佛土淨」，加上透過《宗鏡錄》「一念成佛論」的理論基礎，㉓「只要你的一念心淨，此一念間，你便在淨土。」㉔然而，這種個人內心清淨而體驗淨土的想法，如何造成外在的環境與社會也自動轉變成淨土？是否有可能個體或區域是淨土，其他人或其他環境仍然是穢土？換言之，建設自心的淨土與建設他人的淨土是否可以相提並論？此外，「一人與佛相應，一人住於淨土，多人與佛相應，多人住於淨土，人人與佛相應，人人住於淨土」的想法，㉕會產生一個極大的困難：必須使所有人或大部分的人都

㉒ 這個議題，首先要確定「自心淨土」的程度與「唯心淨土」和下文所述「一念成佛論」之「一念圓成」相當，即類似蓮池大師所謂的「理一心」，則行者已經現證法性，而現證法性者，一定會隨著十方淨土，隨願往生。參印順法師《淨土與禪》，頁35、115。

㉓ 陳劍鍠之專文〈聖嚴法師「建設人間淨土」與「一念心淨」之要義〉對法師應用「一念成佛論」於人間淨土中有深入探討，該文認為法師的解釋對「一念圓成」所證得的階位（即佛乘圓教）有所降低，然而這是為了將之轉換成淨化人心和社會的方便和苦心。參《聖嚴研究》第二輯，頁222。

㉔ 《法鼓山的方向》，頁500。

㉕ 同上，頁138-139。

念佛、見佛，此土才有可能變成淨土？

7. 由此引申，若凡夫不可能達到嚴格意義的「自心淨土」境地，則一般人需要的是重視心外淨土的建設。當然，這必須是在內心已經過某種淨化的前提下來進行。法師本身也提到：「從佛法的立場看，物質建設及政治制度的有無，固然是重要的事，然精神建設更為重要。」❷⑥不過，如何透過精神建設來影響前兩者，其實存在著許多實際的困難，而某些根本性的困難（如：此世界的罪垢業報無法全然止息、多元並存的世界觀等。）會直接挑戰並質問心淨與土淨之間是否存在著無法直接跨越的鴻溝？因為，修行的過程須把重點放在許多外在條件的轉變，如：物質文明的提昇、社會和政治制度的發達；然而，一旦牽涉到這兩項，則不免會與現代的文明產生許多衝突，如：資本主義或消費主義、其他宗教的價值觀、非宗教團體對建設美麗家園的看法等等，是否很可能與心淨土淨的想法形成不易相容的局面？

8. 為什麼要在各種現成的淨土之外另立「人間淨土」？❷⑦傳統的解脫道和菩薩道是否無法滿足這種關懷呢？換一種角

---

❷⑥ 《聖嚴法師心靈環保》，頁176。

❷⑦ 法師在《法鼓山的方向》（頁500）中，很清楚地表明：「建設人間淨土的理念，不是要把信仰中的十方佛國淨土，搬到地球世界上來；也不是要把《阿彌陀經》、《藥師經》、《阿閦佛國經》、《彌勒下生經》等所說的淨土、景象，以及《起世因本經》所說的北洲建設，展現在今天的地球世界，而是用佛法的觀念來淨化人心，用佛教徒的生活芳範淨化社會，通過思想的淨化、生活的淨化、心靈的淨化，以聚沙成塔、水滴石穿的逐步努力，來完成社會環境的淨化和自然環境的淨化。」

度，「人間淨土」有比其他的淨土更優質、或者更契理契機嗎？舉例而言，西方淨土有許多優勢，其中之一為往生該土的眾生，會進修到不退轉的程度。之後，再以迴入娑婆度眾生的方式來完成其圓滿菩薩行的目標。一方面十分穩當，一方面也兼顧對此土眾生的救度關懷，「人間淨土」對比於此，會占有什麼絕對的優勢呢？再者，三界中的天國固然不值得去追求，但是兜率天內院是眾生可以接受彌勒菩薩教化的淨土，這有比「人間淨土」來得差嗎？

針對上述所提出的問題，我們可以做某種論析與反思如下：

第一至第三個問題：若要徹底地改變此土的話，則必須考慮穢土是否有被改變的可能性。若可改變，其證據為何？其中之一，為未來彌勒下生成佛時，人間有所淨化。❷❽然而，根據《阿毘達磨大毘婆沙論》所述，此土還是具備穢土的某些性質。❷❾況且，在佛陀入般涅槃之後和下一尊佛出世以前的很長一段時期內，世間仍然是維持著穢土的特色。證據之二，為《法華經‧壽量品》所說「靈山常在」❸⓿或《維摩詰

---

❷❽ 參《佛說彌勒下生經》，《大正藏》第十四冊，頁421上～422上。

❷❾ 「於未來世人壽八萬歲時，此瞻部洲，其地寬廣，人民熾盛，安隱豐樂。村邑城廓，雞鳴相接。女人年五百歲，爾乃行嫁。彼時諸人，身雖勝妙，然有三患：一者，大小便利；二者，寒熱飢渴；三者，貪婬老病。」參《阿毘達磨大毘婆沙論》，《大正藏》第二十七冊，頁893下。

❸⓿ 參《大正藏》第九冊，頁63中。〈壽量品〉所要表達的是世尊常在靈鷲山說法，該處的淨土是不會毀壞的。

經・佛國品》所述此土本來就具備常淨的本質。❸即便如此，淨穢隨眾生心而或顯或隱，其穢的性質還是無法被排除。一旦有眾生達到此境界，其所見為淨，但是其他人卻不會因此就自動也見到淨境，仍然以「罪垢」而見穢境。若此，則這個問題就與第五和第六個問題相關，我們留待下文分析。總而言之，這兩個證據似乎無法完全證成此穢土能夠完全變成淨土；如此一來，即便暫時性地顯現為「類淨土」，也與真正的佛國淨土不同，因此很自然地回答第二個問題，即：「人間淨土」是不同於其他所謂「大乘不共」之圓滿淨土，❸因為後者是不會再蛻變成穢土的。

　　第四個問題：法師所擷取的經文屬於《正法華經》描述蓮華光如來所屬佛世界（稱為「離諸垢」）的前半段，這一段的確有許多特徵與北俱盧洲相似，如：有七寶樹八重交道、行樹枝葉華實常茂、人民豐衣足食等等。然而，根據經文接下來的描述，我們不難發現離諸垢世界具有「大乘淨土」的許多特質，如：「諸菩薩眾有無央數」、「菩薩大士在其佛土」、「親近如來常應佛慧，具大神通志存法要」等，顯然與北俱盧洲大異其趣。只是，我們不知道法師只取前半段經文的用意為何，並且未說明是否應該異於北俱盧洲。❸

---

❸ 參《大正藏》第十四冊，頁538下。鳩摩羅什解釋這是「同處異質」之義，參《註維摩詰經》：「淨國即在此世界。……此淨穢同處，而不相雜。猶如下一器中，有二種食，應二種眾生。」參《大正藏》第三十八冊，頁337下。

❸ 參印順法師《淨土與禪》，頁7-8。

　　第五個問題：根據《維摩詰經・佛國品》所述，只有深心清淨的菩薩才有可能達到「心淨土淨」的境界，而見到此佛土清淨。❸同樣地，〈佛國品〉也指出，深心是菩薩往生淨土之行。❸「深心」，在《觀無量壽經》中屬於標準的上品上生的三心之一，❸在《華嚴經》的體系中，也是屬於登地菩薩的境界。❸其實，若依照〈佛國品〉的標準，真正的心淨土

---

❸ 周柔含認為北俱盧洲絕不是人間淨土的典範（參《聖嚴研究》第二輯，頁147）。但是，從法師數處說到北俱盧洲能行十善業道、而十善業道能致人間淨土的強調（《學術論考》，頁128），以及其環境之殊勝（《禪的世界》，頁330），間接暗示也許可以做為某種參考。法師不建議往生該處，因為該處屬於無佛法的八難之一；但是卻不礙在此處建立類似的環境，如《禪與悟》（頁123）所云：「人間淨土：可從幾個地方看到，一是在彌勒佛到人間成佛時會出現。二可到須彌山北方的北俱盧洲看到。目前那兒是人間淨土，可惜還沒有交通工具可以讓人去參觀，因此，我們最好努力在這個世界建設人間淨土。」值得注意的是，在《法鼓山的方向》（頁500）中，法師明言「建設人間淨土的理念，不是要把……《起世因本經》所說的北洲建設，展現在今天的地球世界……。」只是，這個說明仍然無助於我們區分《正法華經》所述的典範與北洲的差異何在。

❸ 「菩薩於一切眾生，悉皆平等，深心清淨，依佛智慧，則能見此佛土清淨。」參《大正藏》第十四冊，頁538下。

❸ 「直心是菩薩淨土，菩薩成佛時，不諂眾生來生其國；深心是菩薩淨土，菩薩成佛時，具足功德眾生來生其國……。」參《大正藏》第十四冊，頁538下。

❸ 「上品上生者，若有眾生願生彼國者，發三種心，即便往生。何等為三？一者、至誠心。二者、深心。三者、迴向發願心。具三心者必生彼國。」參《大正藏》第十二冊，頁344下。

❸ 《大方廣佛華嚴經》：「佛子！諸菩薩摩訶薩淨第二地已，欲得第三地，當以十種深心。」參《大正藏》第九冊，頁551上。另一則經文：「佛子！菩薩摩訶薩已修初地，欲入第二地，當起十種深心。何等為十？所謂：正直心、柔軟心、堪能心、調伏心、寂靜心、純善心、不雜

淨是需要完成一系列高標準的條件，此即出於經常被引用的
經文：「菩薩隨其直心，則能發行；隨其發行，則得深心；
隨其深心，則意調伏；隨意調伏，則如說行；隨如說行，則
能迴向；隨其迴向，則有方便；隨其方便，則成就眾生；隨
成就眾生，則佛土淨；隨佛土淨，則說法淨；隨說法淨，則
智慧淨；隨智慧淨，則其心淨；隨其心淨，則一切功德淨。
是故寶積！若菩薩欲得淨土，當淨其心；隨其心淨，則佛土
淨。」其中，包括「直心」、「發行」、「深心」、「意調
伏」等，乃至「隨智慧淨」，皆為「心淨」不可或缺的必要
條件，看起來並不是一般眾生可輕易達成者。❸因此，要見土
淨則須心淨，要心淨則須有深心等基礎，而具備心淨的條件
後，個體在某種情況下與穢土有所脫離（特別是命終後，或
者在深深的禪修境界），而影響此土的建設，這個難題，看
來不易解決。

　　第六個問題：困難在於理論上只要人人心淨，則人人所
居住的環境即可轉淨，然而實際上這個過程卻是困難重重而
近乎「不可能的任務」。首先，我們在現實中看到，即便有
高僧長期駐錫的道場，其周遭環境與人民不見得也會必然受
到重大感染而改變。❸其次，若要達成人人心淨則人人在淨

心、無顧戀心、廣心、大心。菩薩以此十心，得入第二離垢地。」參
《大正藏》第九冊，頁185上。此文中也提及「正直心」、「調伏心」
等，與〈佛國品〉所述頗能相呼應。
❸ 法師在《學術論考》（頁453）所云：「釋迦如來的淨土，的確就在人
間，只要信願行具足，便見自身即在佛國淨土。」一般人的信願行也許
並無法達到此標準。
❸ 如農禪寺與法鼓山附近，我們也未見大規模淨化的場景發生。

土中的理想，則個人的心淨必須先完成。而個人心淨的完成標準，法師經常以心靈環保來做代表，其重點為將煩惱心淨化為慈悲心和智慧心，❹而個人身心的淨化，法師提倡要用觀想的方式。❹因此，最實際者，為達成個人的「心淨」，則應該大力鼓舞所有人積極努力地去禪修，等到大家的心皆已淨化之後，則「土淨」便不成為問題。❹可惜的是，要求大家全心禪修是一項目前不太可能做到的事。或者，心淨的方式須透過參與各種外在環境的服務與改善，而不是單純的禪修。若果如此，則心淨的前行，變成要加上某種致力於土淨的事業才行（如自然環保），則順序變成土淨→心淨→土淨。再者，從理論上，個人心淨若做到最高標準的話（自心清淨的自性淨土），則會回到第五個問題所描述的難題。若無法要求大家皆禪修，且心淨的要求也不是那麼高的標準，則個人還是需要做很多外在的努力去影響他人。根據果鏡法師的結

---

❹ 《法鼓山的方向》，頁293：「『心靈環保』，便是人心的淨化，由人心的淨化，推展到社會環境及自然環境的淨化，始能落實、普遍、持久。所謂『心靈環保』，是一個新名詞，其實，佛教很早就主張，要使我們的煩惱心，淨化成為慈悲心和智慧心。」

❹ 如《禪的世界》，頁134所述：「從心靈的淨化到精神的提昇，要用觀想的方法。最常用的是數息觀、不淨觀、念佛觀；另外尚有其他的方法，例如：用禮拜、持名、諷誦，以及默照、話頭等。這些方法都能使我們的身心淨化，也能使我們的人品提昇，從行為改變觀念，再從觀念的改變，來達成人格的淨化與精神的昇華。除了觀想方法以外，當然還需要配合無我的空觀，才能產生無私的智慧。」

❹ 法師提過，念佛與參禪皆可見到淨土：「凡夫可以見到淨土，如果念佛念到一心不亂，也可見淨土，參禪參到明心見性也可見到淨土。」參《法鼓山的方向》，頁492。

論，重點便放在「完成心淨→個人淨→群體淨→依報環境淨→國土淨的目標」上。❸簡言之，心淨雖然是做為土淨的核心動力和基礎，重點還是在於土淨。不過，這個目標會與我們下一節所要探討的課題相關，即現行「人間淨土」的建設是否能夠達成這些目標。❹同時，也是下一個問題的討論重點。

第七個問題：是把重心從心淨轉移到環境淨。此中所要面對的，是這個世界的本質乃是以「欲望」為主的問題（欲界的本色）；因為來投生的大部分眾生皆是以欲界的因緣業力來此受報，因此整個依報基本上也是反映在欲界眾生的需求上。眾生的五蘊大部分皆是以依賴感官欲望為主的養料生存（如四食中以段食為主），但是「五欲功德」處理不當的話只會增加人間的貪欲，人間淨土在環境淨化的工程中能夠避免欲界的感官欲望嗎？看起來現行的各種人為制度皆與提高某種感官欲望的品質密切相關，人間淨土的理念如何才不會與之相衝突呢？若朝少欲、知足的方向發展，則逐漸會走向解脫道「厭、離欲、滅盡」的方向；若不朝此方向發展，又有什麼藍圖呢？目前理論上人間最好的版本為人民衣食富足的北俱盧洲，人間淨土又要如何與之不同呢？這個問題，也牽涉到最後一個問題：人間淨土究竟有什麼優勢？如果我

---

❸《聖嚴研究》第一輯，頁104。

❹ 法師在《禪與悟》（頁123）曾表達過：「我們可能在這世界建設淨土的境界嗎？答案是可能的。若是不能，釋迦牟尼佛便不須在人間出現。而人間過去可曾出現過淨土？是的，有的是個人見到淨土，即『唯心淨土』，有的是一個家庭、一個範圍或區域的人所建造的淨土。」不過該文缺少說明這個可能性的具體機制為何。

們不知道所要建設的人間淨土其終極藍圖為何，則要如何去比較各種淨土各自的優劣為何。為了了解此藍圖，我們或可依照目前法鼓山所提倡的方向去揣測，也就是「三四五六」能發揮到什麼程度？下節即為此問題的探討。

五、現行「人間淨土」的建設所能達成的目標與限制

對於「三大教育」❹、「四種環保」❹、「心五四」❹、「心六倫」❹這些具體方案所能建設的淨土面貌，我們能夠做某種預測嗎？

根據林其賢的研究，人間淨土的建設是以佛教大眾化及生活化為宗旨。❹其中，又以心靈環保為主軸。而心靈環保的施行適用於兩種對象：學佛禪修者和非學佛者。❺本節所要論析的，便是從這兩個方向下手。首先，若針對非學佛者，「人間淨土」的建設與許多先進國家（特別是歐美或聯合國所提倡者）已經達到或未來可以達到的境界有何明顯的差別？例如，「大學院教育」有超出國外著名高等教育學府的水準嗎？或者有超出他方佛國淨土做為淨化身心的教育場域

❹ 參《法鼓山的方向》，頁56-77。
❹ 參《平安的人間》，頁123。
❹ 參《抱疾遊高峰》，頁115。
❹ 參〈「心六倫」運動的目的與期許〉，《人生》雜誌第二九五期，頁16-20。
❹ 參林其賢〈聖嚴法師人間淨土思想的實踐與弘揚〉，《聖嚴研究》第一輯，頁178、182。
❺ 參《學術論考II》，頁58-59。

嗎？再者，「四種環保」除了心靈環保外，所作所為與其他
先進的環保團體有何不同之處？即便是心靈環保，以及「心
五四」、「心六倫」等從心出發的訴求，有別於古今中外其
他聖哲所提過的嗎？乃至，若說這是佛教特有的淨心特色，
現有「心五四」和「心六倫」的解釋顯然比較趨向入世化俗
與普及大眾的說法，與經典中所描述「心解脫」、「慧解
脫」、「大悲心」、「空性智」等的境界相差甚遠。因此，
由此而完成的「人間淨土」，會否是一種標準不高而世俗化
的淨土？

其次，針對學佛者，心靈環保要做到與身心和環境統
一、乃至「無住」、「無相」、「無念」的放下身心與環
境。❺「人間淨土」的建設有可能達成此目標嗎？前文稍有
提及，真正要做到此，也許大部分人須將所有心力用在禪修
上。或者退而求其次，「人間淨土」的建設只要求與學佛相
關而又不必是達成開悟境界者。若此，則「三四五六」與學
佛的相關性為何？林其賢所引用溫天河所製作的四環、心
五四與心六倫和學佛的關係架構圖，可做為我們初步比對的
參考。❺

---

❺ 參《學術論考II》，頁59：「一是學佛禪修的層面：⋯⋯用學佛禪修的觀
念及方法，⋯⋯從認識自我、肯定自我、成長自我，而讓他們體驗到有
個人的自我、家屬的自我、財物的自我、事業工作的自我、群體社會的
自我，乃至整體宇宙時空的自我，最後是把層層的自我，逐一放下，至
最高的境界時，要把宇宙全體的大我，也要放下，那便是禪宗所說的悟
境現前。但那對多數人而言，必須先從放鬆身心著手、接著統一身心、
身心與環境統一，而至『無住』、『無相』、『無念』的放下身心與環
境之時，才能名為開悟。」

　　根據該圖表，四環中以心靈環保為首，心五四可歸納在心環中，其中，四安是與定學相應者，其中的安家、安業相當於家庭倫理與職場倫理。姑且不論安家、安業、家庭倫理與職場倫理如何與定學相應，我們可以先檢視安心與安身如何與定學相應。根據果鏡法師的研究，聖嚴法師的安心法源自菩提達摩《少室六門》第三門第二種入（理入、行入）。❸行入的部分與心五四的四要、四它、四感相關，留待下文說明；至於理入，聖嚴法師的說明為：「『理入』，不用理論，也不用方法，只是教人：心不要有念頭，心就如同牆一樣。……也可以說，心可以有反應，只是它本身是不受外境所動的。」❹這種說法的確與某種定學相應。然而，根據法師對四安的定義：「安心的要領是少欲知足，安身的要領是勤勞節儉，安家的要領是相愛相助，安業的要領是清淨精進。」❺少欲知足與勤儉是否能代表定學？一般而言，根據佛教通行的修行道次第，少欲知足是修定的前行。❻可惜的

---

❺ 參林其賢〈聖嚴法師人間淨土思想的實踐與弘揚〉，《聖嚴研究》第一輯，頁182-3。

❸ 參釋果鏡〈聖嚴法師淨土思想之研究——以人間淨土為中心〉，《聖嚴研究》第一輯，頁98。

❹ 參《禪的世界》，頁34。

❺ 參《自家寶藏——如來藏經語體譯釋》，頁63；或《抱疾遊高峰》（頁117）所述：「1. 安心：在生活中的少欲知足。2. 安身：在生活中的輕鬆自在、日新又新、勤勞儉樸。3. 安家：在家庭中的相敬、相愛、互助、互諒、彼此學習。4. 安業：在身、口、意三種行為的清淨精進。」

❻ 參《長部・沙門果經》，「善護諸根」、「正念正知」、「知足」、「樂在靜處」等為修禪定前的項目。《沙門果經》（D I 71）對「知足」（santuṭṭha）的描述為：「他以出家衣覆蔽身體為滿足，以所乞團

是，目前比較少人將法鼓禪法的次第與內涵（從散亂心至統
一心、無心）❺跟四安做一比對，因為禪法與定學的關係的確
比較密切。❺

　　接著，四要與戒學相應、對治貪毒，四它與慧學相應、
對治癡毒，四感與菩提心相應、對治恚毒，這三種說法皆出
自法師的解釋。❺果鏡法師進一步將四要對應到四行法的無所
求行、將四它對應到報冤行、四感對應到隨緣行，❻把這些
內涵的解釋更進一步提昇。這三套四法與三毒的對治，是頗
符合佛教修行的精神，只是，本文仍然可以追問：若做到極
致，是否必須斷除三毒？我們又如何知道這三套四法必然可
以斷除三毒？或對治到什麼程度？因為法師是以比較通俗的
語言來介紹，因此我們比較無從去回答這幾個問題。根據人

食果腹為滿足，不論前往何處，他都只帶著那〔衣、缽〕隨身而行。如
同有翼之鳥，不論飛往何處，只以其鳥翼做為〔唯一〕負荷來飛行。」
或參《長阿含·阿摩晝經》（《大正藏》第一冊，頁84上）。所謂初期
佛教修行道次第的架構參越建東〈早期佛教文獻中所載一個典型佛教修
行道架構及其來源之探討——以漢譯四《阿含經》和巴利四尼柯耶為代
表〉，《中華佛學學報》第十九期，2006年7月，頁147-178。

❺ 參《承先啟後的中華禪法鼓宗》，頁10。把法鼓宗禪法做一初步介紹的
論文參釋果光、釋常諗〈漢傳禪佛教的當代實踐——聖嚴法師的「心靈
環保」〉，《聖嚴研究》第二輯，頁280-287。

❺ 本人認為，「心靈環保」的實踐，需仰賴禪修，「唯心淨土」的完成，
靠的也還是最高的禪修境界。禪修，是完成「人間淨土」不可或缺的神
秘力量。也許，建設「人間淨土」的關鍵點便在於如何去發揮禪修的特
色。這點有助於去銜接所有傳統大、小乘的修道工夫，而不會在世俗化
的洪流中迷失。

❺ 參《自家寶藏——如來藏經語體譯釋》，頁61-63。

❻ 參釋果鏡〈聖嚴法師淨土思想之研究——以人間淨土為中心〉，《聖嚴
研究》第一輯，頁99-100。

間淨土的精神,應該以降低人們的三毒為原則。據此,還是可以達到某種淨化的目的。

此外,四福是以修福相應,並用以莊嚴人間社會,果鏡法師將之對應到稱法行。對於這部分與人間淨土的建設關係,本文較無特殊意見,主要是其目的與淨化環境是息息相關的。其他禮儀、生活、自然環保以及心六倫也有相同的目標,即達成群體或依報環境的淨化,能評論之處較少。

然而,在推動「人間淨土」的奠基運動中,強調以五戒、十善、三聚淨戒做為身心淨化的基礎,❻❶會不會出現這樣的問題:以十善做為提昇人品或建設淨土內涵,其結果會不會造成修行者將來不是往生北俱盧洲,就是生天國呢?行十善業道是往生北俱盧洲的正因,如何避免依此來淨化人間又不會命終往生該洲呢?❻❷五戒是生人天的基本法門,因此也會面對同樣的問題。菩薩戒的實踐,在很深的層次中,會延伸為菩薩行,而菩薩行的標準,又以四攝法和六度為主;然而,根據如此的修法,則行者將來必然會往生到某一種他方佛國淨土,或自己逐漸形成另外一個淨土,這有助於人間淨土的建設嗎?此外,在經典中,我們似乎找不到除了彌勒菩薩之外,以四攝、六度等菩薩行來將此土轉變成淨土的例

---

❻❶ 參周柔含前揭文,《聖嚴研究》第二輯,頁116-128、135-6。

❻❷ 《長阿含‧世記經》(《大正藏》第一冊,頁119中)記載曰:「其人前世修十善行,身壞命終,生欝單曰,壽命千歲,不增不減。」甚至,該經進一步指出往生北俱盧洲者將來很可能繼續往生天國:「其土人民不受十善,舉動自然與十善合,身壞命終,生天善處……。」也直接說明單修十善的結果皆與生天有關。

子。對於修行者而言,如果這項任務必須由彌勒菩薩來完成的話,似乎往生彌勒淨土是必然的選擇之一。

對於上述的分析,本文提出一些補充性的看法如下:

1.「穢土轉變成淨土」的問題,也許必須正視是否有能力改變五濁的性質。因此,現有的「三大教育」、「四種環保」、「心五四」、「心六倫」等作法或許在深度上需要做一些調整,才有可能改變諸如「見濁」、「煩惱濁」的問題。

2. 人間的短暫性和無常性是一件相當無奈的事,淨土的狀態不會自動維持很久,這點與佛國淨土的情況非常不同。因此「人間淨土」的形成與持續發展,有賴於永續地培養能夠耕耘淨土的人才。言下之意,「三四五六」必須把人才育育計畫納為重點。

3.「唯心淨土」必須配合傳統的淨土思想,也就是重視「外在」淨土依、正二報的建設。在正報的建立,必須結合一般的菩薩道,依報的條件則應仿效其他佛國淨土的重要條件:有佛和諸大菩薩永久性的存在,以及各種讓「法音宣流」的條件存在。

4. 不因為十善業道的修行而走向往生北俱盧洲的路線,很可能要加入八正道或三十七道品的元素。

六、結論:人間式淨土或淨土式人間?

「人間淨土」的終極意義為何?它是否有可能做為一種「高調」的口號?雖明言要達成「淨土」,其實只能不斷努力改善此世間的人心和環境,或做為部分的淨化,而非嚴格

意義真正淨土的形成？聖嚴法師大量引用了許多經論和祖師的想法，而建構出自己心目中的「人間淨土」。**❻❸**法師的想法是古義，或新意？或融合了古義而創發出的新意？

　　建設「人間淨土」，是一種積極的態度和美德，其完成是否不一定可能、或遙遙無期？因此，更重要的意義，是否在於學習聖嚴法師「虛空有盡，我願無窮」的精神，等於是某種願力的實踐，而不在於整個工程的必需完成？換言之，人間還是穢土，但是它的存在意義在於永遠做為修行者磨鍊和實習的場所。實際要跳脫的話，終極的目標是不是還得回歸傳統：解脫道、菩薩道、往生他方淨土？

　　根據以上種種的問題探討，本文目前所可能達成的結論是：

　　（一）「人間淨土」也許是「人間式的淨土」，意即，在宗旨上要轉穢為淨，以便貫徹佛陀出世於人間的精神，達成「心淨土淨」的神奇但意義非凡的目標。這種新式淨土，帶著人間的特色、符合人間的現實，所要求的基本標準為修行五戒、十善等。**❻❹**

　　（二）「人間淨土」也許是「淨土式的人間」，意即，人間仍然維持穢土的本性，但是卻得到許多的改善。因為，人間苦、樂交織的特性有其價值：苦的作用令人有悟道因緣，人間是磨鍊的教育場所，透過建設，不斷改進，雖「永

---

❻❸ 參《法鼓山的方向Ⅱ》，頁76-83。

❻❹ 法師明言：「如果既不念佛，也不參禪，而修行五戒十善，或盡責任、奉獻社會，能與慈悲心與智慧心相應，也能見到人間淨土。」參《法鼓山的方向》，頁492。

無完全安寧之日」，卻是讓人不斷有發願行菩薩道的機會。

「人間淨土」的終極面貌究竟為何？法師雖然提過最高級者為自心清淨的自性淨土，卻把很多精神放在改善現今人心和社會環境的人間淨土上。未談到改善的最終結果為何（除了提示《正法華經》所說的景象），只鼓勵人們發願與努力建設，這是否是聖嚴法師的「密意」？因為，在空性中，若將目標描述得太具體，則有受限和取相之虞？反而產生不必要的執著？如同「度盡一切眾生，而無一眾生可度」般，所謂「建設人間淨土」，實則「無人間淨土可建設」？或者，應以無所住於終極目標之心，方能建設人間淨土？然則，本文刻意以不斷發掘問題的方式進行探索，若能夠因此而了解法師密意之一二，則幸甚矣！

Critical Reflections on "Pure Land on Earth"

Kin-Tung Yit

Associate Professor
Center for General Education / Institute of Philosophy, National Sun Yat-sen University

▎Abstract

This paper attempts to make critical reflections on the ultimate character and meaning of the "Pure Land on Earth" (PLE). What is its true nature? How do we know the possibility of its finalization? Many questions and issues are to be discussed, including: the equivalence of PLE and other Buddhist pure lands, the prospect of transforming the nature of this "impure land", the difference between the ideal PLE and the world of Uttarakuru, etc. We could also ask: how can the inner experience of "pure land in mind" be realized by ordinary people, and what mechanism to ensure that this will bring about significant impact on transforming the outer environment? Next, it is interesting to investigate the current plans or proposals for accomplishing the PLE, such as the Six Ethics of the Mind and the Fivefold Spiritual Renaissance Campaign. What will they achieve, and to what extent or according to what standard can these achievements be called "pure land"? Criticism and solutions on the above issues will be examined.

Key words：pure land on earth, Sheng yen, pure land in mind, impure land

法鼓山安心服務站服務模式初探*
——以莫拉克風災為例

黃曉薇
（大仁科技大學社會工作系助理教授）

陳宜珍
（大仁科技大學社會工作系講師）

滿春梅
（大仁科技大學社會工作系講師）

釋常法
（法鼓山慈善基金會副祕書長）

▍摘要

　　全球氣候變遷導致各國天災不斷，災變的發生造成生命財產無預警的損失，政府除了在災後必須盡快協助災區居民重建家園之外，對於受災者如何撫平傷痛、如何重返職場等，是需要長期陪伴與提供服務的。此時，具有安定人心力量的宗教團體即扮演重要角色，而災變社會工作的相關議題也在近年成為大家關注的重點。

　　本研究主要試圖探討佛教法鼓山於莫拉克風災後的災區服務輸送模式，目的在於透過甲仙、六龜、林邊三個安心服務站（以下簡稱「安心站」）成果報告與相關人員的深度訪談，了解安心站自二〇〇九年成立至二〇一一年兩年間的服

* 本文係屬「聖嚴思想學術研究計畫」補助案，特此致謝。

務模式,包括安心站的服務輸送與人力動員的情況,以及聖嚴思想的實踐等,探究道場文化與專業文化之間的融合與折衝如何形塑安心站的服務模式?

　　本研究發現安心站確實發揮它的功能,成為地方的資源網絡平台,一方面提供民眾相關的資訊,一方面也讓當地居民獲得心靈的穩定感,提供相對長時間的陪伴與服務,目前安心站的道場文化與專業文化在邁向融合之際,呈現不可避免的磨合過程,普遍面臨人員流動率高、不熟悉工作方法,與社區資源連結較薄弱等情況,這些問題都會某種程度影響了服務的成效。因此,研究建議為:1. 安心站的工作夥伴對於聖嚴法師「心五四」、「四安」概念的理解,以及如何在實務工作上操作化是聖嚴思想與專業工作融合的重要關鍵;2. 安心站應以佛教教義的道場文化為基礎,吸納專業工作方法為方針,如何訓練安心站的服務人員應是後續必須思考的議題。

關鍵字:莫拉克風災、法鼓山、安心服務站、四安、心五四

一、前言

臺灣在二〇〇九年八月八日莫拉克颱風來襲，為臺灣中南部山區帶來了兩千多毫米的雨量，阿里山地區在24、48及72小時之間累積的雨量分別為1623毫米、2361毫米及2854毫米，為臺灣歷年之冠。這次的風災釀成了臺灣中南部嚴重的災情，其中死亡及失蹤共699人，房屋毀損不堪居住1766戶；河川流域淹水總面積約13304公頃，排水洪災總淹水面積約達83220公頃；淹水50公分以上戶數共140424戶；產業損失約279.4億元（包括：農林漁牧產業、觀光設施、工商業、原鄉特色產業等），其中以臺南縣、高雄縣與屏東縣等三縣市的受災區域涵蓋最廣，造成南部、東南部民眾722人死亡、失蹤，住屋毀損不堪居住戶數至少1767戶（4978人）、淹水達16萬戶等重大災情（行政院，2010）。

莫拉克風災受創最嚴重的地區有七成以上在原鄉，原鄉的受災的情形多於非原鄉的受災戶，此次南部災區原住民族五大族群，包括魯凱族、排灣族、布農族、鄒族、小林平埔族（全國成，2010）。這些地區地處偏遠，資源匱乏，除了救災不易之外，政府在考慮請他們遷村或重建原鄉也引發不同的爭論。當時中央政府救災反應與動員速度遠不及民間各慈善團體（法鼓山、國際佛光會、慈濟、紅十字會、世展等團體），造成災區民眾無所適從，怨聲載道，導致劉兆玄內閣於九月宣布總辭。行政院於災後七天立即成立「重建推動委員會」，針對災區居民實施收容與安置、多元優惠安家方案、重建區就業方案、急難救助等措施，目的在協助災區民

眾盡速重建家園（行政院莫拉克颱風重建委員會，2009）。不論如何，災變社會工作已然成了協助災區重建的重要工具，在災難發生後，首要在安置災區民眾於臨時避難收容中心，並安撫他們受到驚嚇與創傷的心靈；其次將所需的資源帶給災區民眾，協助他們重建家園，強化家庭的復原力，讓他們回歸正常的就業與生活。

災區民眾除了財產物質的損失之外，心靈上的受創也不容小覷，在災變中失去至親之初可能會出現解離現象，包括與外界疏離，喪失情感反應能力，之後可能出現失眠、焦慮易怒、容易受驚嚇、刻意逃避等情況。這些症狀在四週內解除稱為「急性壓力症候群」，若超過一個月則稱為「創傷後壓力症候群」，患有「創傷後壓力症候群」者若未適時尋求治療，長期可能造成慢性憂鬱症、焦慮症、酒精或藥物濫用等，甚至增加自殺的可能性（童綜合醫院，2009）。因此，重建與復原是一條漫長的路，從復原力的觀點來看，逝者已逝，如何讓生者從創傷中恢復並有意義地持續因應壓力，從負向的環境下平衡自我的身心狀態是很重要的（林涵雲，2011）。透過具有信仰渲染力的宗教團體長期的訪視、傾聽，協助災區民眾肯定自我價值與加強自我有能力解決問題的信念，則成為災區民眾發現自我復原力量的一種方式。

宗教團體在當前災變社會工作中占有重要的地位，特別是佛教團體長期以來給人一種較出世的色彩，在他們投入災後服務的過程中，透過將佛法實踐於服務中取代了過去不斷闡述佛法義理的方式，讓一般民眾更能直接感受佛教的教義。對宗教團體來說，參與災後服務工作是信仰實踐和向外

建立關係網絡的策略行動，他們傾向融合其信仰核心理念，即宣揚自身宗教理念的目標於災變社會工作中。由於宗教團體在心靈關懷工作上占有優勢，其長期、在地化陪伴的服務，又可達成強化組織內外部社會網絡與滿足災後需求的雙重目標（周欣融，2011）。

法鼓山在莫拉克風災後於屏東縣林邊和高雄市六龜、甲仙等設立三個「安心服務站」（預計駐站五年），本研究試圖探討安心站如何透過半專業的義工人力服務災區民眾，以及如何落實聖嚴思想。主要的研究目的為：1. 了解災變發生後各安心站如何由財布施到法布施的服務工作；2. 安心站工作人員如何在服務中落實聖嚴思想。

二、文獻探討

（一）安心服務站的發展與理念

近十多年來，臺灣陸續面臨地變風災，為大眾身家財產帶來莫大的傷害。面對家園殘破，親友傷亡、失蹤，民眾難得安寧。法鼓山創辦人聖嚴法師關注災變後的人心安頓，憂慮「人心不安，鬼神也不安；鬼神不安，就有災難」（聖嚴法師，1999a：29），以法鼓山長期推動的「心靈環保」理念為基礎，成立安心服務站，應用於初期災難救援工作，以及接續的心靈重建服務。

安心服務站的設置起源一九九九年的九二一地震的重建工作。震災發生後，法鼓山在救災工作持續進行的同時，於一九九九年十一月起，陸續在所屬各分院、辦事處和東勢、

南投、竹山、埔里等災區設置安心服務站（《法鼓》雜誌編輯部，2000）。四個災區的安心服務站隨著災後重建之進行，持續長達十年以佛法為基礎的災變創傷療癒工作。就在九二一大地震即將屆滿十週年前夕，二〇〇九年八月八日莫拉克颱風在南臺灣釀成巨災。法鼓山再度於當年九月到十一月之間陸續在嚴重受災的高雄甲仙、六龜和屏東林邊成立三個安心服務站，預計在五年內，提供災區民眾物資與精神上的長期關懷與支持服務。

1. 安心服務站的理念

安心服務站乃以聖嚴法師念茲在茲的法鼓山理念——「提昇人的品質，建設人間淨土」為基礎，透過整體關懷與全面教育，為重災區民眾提供必要的陪伴、撫慰與照顧。在九二一震災救援的同時，聖嚴法師著手援引佛法觀念，帶領出家弟子以及基金會專職幹部開啟心靈重建的工作，並發動被稱為「萬行菩薩」❶的法鼓山志願工作者，做為安心服務站主要服務提供者，以「四它」協助罹難者及其家屬「面對現實，當下看破」（聖嚴法師，1999a：67）。在「四它」的工作中，引領社會大眾「面對災變」，正視災變確實發生，不自欺欺人；「接受災變」，接受災變的事實，不怨天尤人；「處理災變」，用智慧處理災後複雜的重建工作，用慈悲對待重建工作中必須面對的眾人；「放下災變」，不管所處理

---

❶ 因為修福修慧的範圍和方法非常多，總稱為「萬行」。每位法鼓山的會員所作所為，都是在修福修慧，所以稱之為萬行菩薩（聖嚴法師於一九九六年十二月二十一日至紐澤西法鼓山新州聯絡處參加聯誼會之開示。）

的一切事務是否盡如人意，盡心盡力就好，而不計成敗得失。

莫拉克風災後，在南臺灣成立的三個安心服務站，除學習自九二一震災的「四它」工作經驗，更加入「四安」，讓生命平安的工作得以更進一步落實。對於一般社會大眾而言，所謂「四安」，其先後順序以及內容分別是：「安身」乃在生活勤勞簡樸；「安心」為在生活中少慾知足；「安家」指在家庭中相愛相助；「安業」是在身、口、意的清淨精進（聖嚴法師，2009）。聖嚴法師依循佛法則指出，對學佛行菩薩道的人而言，「安心」乃「安身」的基礎，藉由心靈的平衡穩定，進而方得身體的健康和妥適（聖嚴法師，1999b）。

2. 以「四安」為方針的莫拉克救災工作階段與內容

然而將「四安」運用於救災工作時，其工作內容以及先後順序，卻必須視災區民眾的實際需求而進行彈性調整。此外，除了倚賴法鼓山堅實的萬行菩薩為服務後盾之外，高屏地區三處安心服務站亦聘任專業社會工作者駐站，提供以現代專業為基礎的急難救助和心靈重建。根據法鼓山慈善基金會救災記實之記載，因應八八風災的特殊性，隨順災區民眾需求的輕重緩急，以及後續重建工作之安排，將「四安」工作規畫成為三個階段，依序分別是「安身」、「安家」、「安心與安業」（法鼓山慈善基金會，2009）。

第一階段「安身工程」，自二〇〇九年八月八日災害發生後至二〇〇九年九月二十四日為止。此時期正是風災所引發的大水和土石流沖毀家園，災區民眾倉皇逃離。災區民

眾面臨食、衣、安置、就醫等急迫性需求，法鼓山所啟動的
「安身工程」以維持災區民眾最基本的民生需求為主。所提
供的服務包括：提供緊急民生必要物資、災區急難救助金發
放和捐贈救難機具。

　　第二階段「安家工程」，自二○○九年八月十五日開始
推動，推行至二○○九年底。災區民眾失去家園以及求學
處所，儘管公私部門緊急提供相關住居安置以及就學安置，
然而對於災區民眾而言，早日可以回歸或重建家園，才是心
之所繫。因此，本階段工作強調硬體工程之建設，以做為日
後安心服務站「安心」和「安業」工作之進行。工作重點包
括，南投信義鄉隆華國小重建工作、六龜鄉災區民眾安置暨
社區重建規畫，以及持續與地方政府、在地自主關懷團體維
持合作關係，以利新開地區之社區重建規畫，並協助六龜災
區民眾落實法鼓山安身、安家、安心、安業理念。

　　第三階段「安心、安業工程」，預計自二○○九年九月
開始推動，持續進行五年。在前端緊急救援工作告一段落，
硬體工程計畫確認，並付諸行動之後，法鼓山立即啟動後續
心靈重建工作。工作重點以接續聖嚴法師「心靈環保」之悲
願，號召法鼓山體系之悅眾投入安心服務站所提供之慰訪工
作。工作內容包含：

　　（1）舉辦八八水災慰訪關懷特別培訓課程，藉以增進慰
訪關懷義工的知識及能力，撫慰災區民眾受創的心靈，並強
化法鼓山後續為災區民眾提供慰訪關懷、友伴支持之能力。

　　（2）於重災區設置、啟用安心服務站，屏東林邊、高雄
六龜和甲仙等安心服務站分別於二○○九年九月九日、九月

二十七日、十一月十五日灑淨啟用。於安心服務站內建置各項行政設備，做為法鼓山落實「四安」理念，並提供後續物資協助和長期精神關懷之用。

（二）「心五四運動」──聖嚴法師心靈環保理念之實踐

聖嚴法師依循《維摩詰所說經・佛國品第一》所示──「隨其心淨，則佛土淨」，長期帶領法鼓山會眾推動「心靈環保」工作，期盼人心得以安定、寧靜，不受外境煩惱牽絆，進而得以使得社會更趨祥和。在經年累月弘法的過程，累積多年以心靈環保為核心思想的社會運動之後，聖嚴法師將深奧的佛法義理轉化為簡單易懂的生活佛法，著手為二十一世紀的來到提倡「心五四運動」（聖嚴法師，2009）。

「心」乃大乘佛教所重視，為世間一切法之根本（聖嚴法師，2011c）。一九九二年，聖嚴法師提出心靈環保的概念，期許僧俗弟子致力於「淨化人心，少欲知足；淨化社會，關懷他人」（聖嚴法師，1992）。更從修持的觀音法門，引領僧俗四眾以「大悲心起」做為法鼓山的核心精神（聖嚴法師，2011a），成為法鼓山二十年來開展四環運動的重要原則。可見，佛法教化民眾，面對困境，心念的轉變乃困境解決之本。誠如《心經》所言「五蘊」，便指身心而言；身心調和，問題或困境往往迎刃而解（聖嚴法師，2011b）。

聖嚴法師住世期間，卻常感嘆「佛法這麼好，知道的人這麼少，誤解的人這麼多。」為了推廣並落實心靈環保，聖

嚴法師將心靈環保分成兩個層面：針對對學佛禪修有興趣、有意願的人士，以及尚無意願學佛或無暇禪修的民眾（聖嚴法師，2006）。前者以學佛禪修之法，讓信眾得以從認識自我為起點，朝向身心統一，終至放下萬緣，達到悟境現前。後者則淡化宗教色彩，從生活適應和心理衛生的觀點進入，讓一般民眾亦得以有所助益。「心五四運動」因此產生。

「心五四」包含「四安」、「四要」、「四它」、「四感」和「四福」五大要項。其中的「四安」和「四它」先後被運用在前後十年間的兩次救災乃至災後重建工作中。用來教育民眾解決困境的「四它」：「面對它──正視困境之存在」、「接受它──接受困境的事實」、「處理它──以悲智處理困境」、「放下它──處理後心無牽掛」，在九二一地震時，發揮撫慰遭遇巨變的社會人心之用（聖嚴法師，1999a）。在結束莫拉克風災初期救援工作之後，除了延續「四它」的主張外，因應災後重建所設置的屏東縣林邊和高雄縣六龜、甲仙等三個安心服務站，更強調以主張提昇人品的「四安」：「安心──少欲知足」、「安身──勤勞儉樸」、「安家──敬愛互助」、「安業──服務奉獻」做為重建工作的基本方針。

此外，尚有主張與人相處之道的「四感」：感恩──使我們成長的因緣、感謝──給我們歷練的機會、感化──用佛法轉變自己、感動──用行為影響他人；主張安定人心的「四要」：需要的不多、想要的太多、能要、該要的才要、不能要、不該要的絕對不要；強調增進福祉的「四福」：知福──是最大的幸福、惜福──是最好的儲蓄、培福──時

時都有福、種福——人人都享福（聖嚴法師，2009）。「四感」、「四要」和「四福」雖沒有直接被應用做為災後重建工作的核心原則，但是其精神卻在落實「四安」和「四它」的過程中逐步實踐。在重建工作中，「四要」得以帶領民眾少欲知足（聖嚴法師，1999b）。而「四感」則是藉由自助進而助人的過程，達到「四福」的境地，為人祝福，為自己培福（聖嚴法師，1998）。

在「心五四運動」的實踐方面，聖嚴法師終其一生以其佛學禪法之修為，透過禪修與念佛之營會、國際會議與研討會、對僧俗信眾之開示談話，強調不管平時或身處險境，禪修與一心持咒、念佛，對平靜身心的重要性（釋果賢，2011）。事實上，在九二一震災發生後，法鼓山體系為讓「安心」工作得以普及全國災區與非災區民眾，更在聖嚴法師的指導下，製作《人心重建DIY安心手冊》，透過教育部、救國團、國防部、全國統一超商及法鼓山體系分送全國（《法鼓》雜誌編輯部，2000）。手冊嘗試著透過簡易的語言，教育民眾，如何面對、接受、處理災害帶來的傷痛，以及如何協助年幼子女面對悲傷。

三、研究方法

本研究著重在安心服務站成立兩年來的服務模式樣貌初探，藉以了解安心服務站之運作，提供服務過程的優勢和所面臨之挑戰，以及如何實踐聖嚴法師「心靈環保」的主張。本研究團隊藉由實際參與災後重建工作與相關會議、針對安心服務站專職人員和慰訪義工之深度訪談和文件分析等方

式，期待透過安心服務站參與者本身生動的言說（in vivo），以收集安心服務站成員對災後重建工作的推動與影響等主觀經驗之詮釋。另外，更參考安心服務站近三年來之服務成果等，做為分析之補充資料，使研究結果得以趨近安心服務站落實聖嚴法師「心靈環保」的整體（holistic）歷程。

（一）研究團隊與研究對象

本研究團隊包括四位研究者。兩位乃大學社工系之專任教師，一位大專社工系之兼任教師，一位為常住於南部實際督導安心服務站重建工作之法師。除法師之外的三位研究者皆直接或間接參與佛教之宗教活動，其中一位曾擔任於法鼓山專職，並於農禪寺皈依為三寶弟子。四位研究者皆受過助人專業完整之養成訓練，其中三位曾任職或現任於非營利組織，提供弱勢民眾或社會邊緣者必要之專業服務。

本研究以二〇〇九年莫拉克風災後至二〇一一年高雄甲仙、六龜和屏東林邊三個安心服務站的專職人員和慰訪義工做為研究標的（見表1）。其中，不管是現任專職或離職之專職，皆為深度訪談之對象。至於慰訪義工則經由專職之推薦，推薦之重點在於慰訪義工在災後重建工作的參與程度。

表1：受訪者基本資料

代號	性別	職稱
01	女	專職
02	女	專職
03	男	專職

04	女	專職
05	女	專職
06	女	專職
07	女	專職
08	女	專職
09	女	專職
10	女	專職
11	男	慰訪義工
12	男	慰訪義工
13	男	慰訪義工
14	女	慰訪義工

（二）研究方法

在方案進行中，研究者經由參與觀察、深度訪談與文件分析的三角檢驗，以期獲致更完整的研究資料，提高研究發現的可信度。

1. 深度訪談

以立意取樣方式，對參與安心服務站災後重建工作之專職和慰訪義工進行深度訪談。訪談內容著重於服務輸送過程之描述、工作中所面臨的成就與困境，以及如何將「四安」落實於工作中等。

2. 參與觀察

研究團隊中的兩位成員分別實際參與安心服務站之工作，以及每個月例行之個案和方案的督導會議，藉由參與觀察，深入了解安心服務站的實際運作以及所面臨的優勢與困境。

3. 文件分析

對災後重建工作推動近三年內的工作成果報告進行分析。以期從成果報告中發現安心服務站的工作脈絡。

（三）研究者角色

在本研究中，兩位研究成員以深淺不同程度之方式加入安心服務站的重建工作，並對服務工作進行文字敘述。當研究者本身即是研究工具，所持有的態度與視角，將會影響對發生事件或情勢演化的理解與詮釋方式（吳敏欣，2010）。是以研究者需隨時警醒，同時試著察覺自己在本研究中的位置擺放。

本研究乃針對安心服務站重建工作進行初探性的認識，並未強調以任何特定研究取徑了解安心服務站。然而，當研究者從助人專業角度觀看以宗教道場為基礎的服務提供，並且跨越實務參與、教育訓練、觀察、研究分析等多重身分，面對不同階段、多元角色的遞移與轉換，難免模糊失焦，必須隨時自我提醒，秉持主觀的想法、客觀的作法，不斷思考如何在研究場域中實踐「尊重」、「接納」、「激勵」、「分享」、「平等」，以優勢看待重建工作團隊從無到有的進展，並能隨時在助人專業與宗教之間進行對話與省思。

四、研究發現

透過甲仙、六龜、林邊三個安心站的工作報告與訪談資料，可以歸納出二○○九至二○一一年安心站工作的內容、服務的型態、聖嚴思想的落實與安心站工作的困境等，分述如下：

（一）安心站工作報告分析

莫拉克風災發生地點高雄市六龜區和甲仙區是典型農林、靠山吃山的偏遠鄉鎮，而屏東縣林邊鄉則以養殖業著稱，可以看出三個區域的差異性。根據三個安心站的工作報告顯示，每一年都會安排幾項既定的活動，基本上分為兩大面向：家庭經濟扶助與心靈關懷陪伴。其目的在達成以「四安」為重建家園的理念，復原心靈的創傷，促進社區參與，結合在地社團力量，期待社區居民能互助自立，活動包括二〇一〇年一月份的「歲末關懷」、三～四月份的「百年樹人獎學金」、四月份的「探訪法鼓山參學之旅」、七月份的「兒童心靈環保體驗營」、九月份的「中秋關懷」以及十一月份的「百年樹人獎助學金感恩卡創意大賽」（請參照表2、表4、表6），到了二〇一一年，年度既定的活動並沒有太大的改變（參表3、表5、表7）。

1. 甲仙安心站

甲仙安心站除了既定的活動之外，還舉辦「新小林村溫馨接送情活動」，提供災區民眾在進駐至永久屋之前的接駁服務，其中負責接送的司機本身即是小林村的災區民眾，原本是單親家庭，在災難中失去母親與兩位子女，生活頓失重心，透過安心站賦予他這份工作，以及他本身願意付出的熱忱，逐步地找回自我價值。

此外，甲仙安心站推動「小林國小心靈陪伴活動」長達兩年，活動以「安心」為宗旨，以撫平創傷心靈、凝聚社區情感、拓展開闊視野、培養同理能力為四個子目標。青年義工團規畫以安心為主軸的課程設計（社區課、閱讀課、美勞

課、電影課、體育課、遊戲課）與山海營（大型團康遊戲、
野炊、防身術教學）的活動，讓孩子身心靈能得到適當的紓
解，獲得正向的力量走出傷痛。同時，這群青年義工也在這
兩年間與孩子建立良好的互動與信任關係，他們體認到服務
經驗的傳承是很重要的，若能培力在地的服務人力，才能可
長可久的服務當地的居民，因此在二〇一一年二月舉辦「遊
戲裡的洞見」義工培力工作坊，主要目的在提昇服務人員輔
導與洞察的能力；以及五月舉辦南區安心站服務人員的訓練
營，探訪九二一災後社區工作成功的案例，透過經驗交流與
分享，提昇安心站的服務品質。（如表2、表3）

表2：2010年甲仙安心站工作項目表

2010	
日期	名稱
1月	歲末關懷
2月	兒童生態假期
3～4月	1. 百年樹人獎助學金 2. 新小林村溫馨接送情活動 3. 小林國小心靈陪伴活動（2010.3～2011.1）
4月	1. 探訪法鼓山參學之旅 2. 甲仙國中「生活有禮」倫理教育
7月	兒童心靈環保體驗營
9月	中秋關懷
10～12月	「八式動禪」舒活操
11月	百年樹人獎助學金感恩卡創意大賽

資料來源：作者整理自甲仙安心站2010工作成果報告。

表3：2011年甲仙安心站工作項目表

2011	
日期	名稱
1月	歲末關懷
2月	「遊戲裡的洞見」義工培力工作坊
3～4月	1. 百年樹人獎助學金 2. 小林國小心靈陪伴活動（2011.3～2012.1）
5月	1. 五月溫馨感恩情——母親節快樂 2. 南部安心服務站「專職暨專任義工教育訓練」 3. 「鼓動生命劇場——親子活動」
7月	兒童心靈環保體驗營
8月	1. 八月感恩情——父親節快樂 2. 暑期快樂成長營
9月	中秋關懷芋筍節活動「甲仙月夜月美麗」
11月	百年樹人獎助學金感恩卡創意大賽

資料來源：作者整理自甲仙安心站2011工作成果報告。

2. 六龜安心站

六龜安心站所屬的社區由於青壯年人口外出就業，家中多數僅剩年邁長者，為了紓解年長者的心理負擔，因此與寶來重建協會合作，舉辦長者的陪伴關懷活動，透過慰訪義工的帶領，讓在地健康老人服務關懷在地弱勢、失能老人（如表4、表5）。

表4：2010年六龜安心站工作項目表

2010	
日期	名稱
1月	歲末關懷
3月	百年樹人獎助學金
4月	探訪法鼓山參學之旅
7月	兒童心靈環保體驗營
6～12月	寶來社區老人陪伴關懷
11月	百年樹人獎助學金暨感恩卡創意比賽

資料來源：作者整理自六龜安心站2010工作成果報告。

表5：2011年六龜安心站工作項目表

2011	
日期	名稱
1月	1. 歲末關懷 2. 六龜高中營
3月	百年樹人獎助學金
5月	鼓動生命劇場——長者關懷活動
10月	獎助學金頒發活動
11月	歲末關懷

資料來源：作者整理自六龜安心站2011工作成果報告。

3. 林邊安心站

林邊安心站在二〇一〇年與大仁科大社工系向陽海志願服務隊合作舉辦屏東縣高樹鄉舊寮國小的課後陪讀活動，讓家庭學習環境不佳、學業成績低落的學童能在一個輕鬆、安

心的環境學習，課程採用「法鼓山的一〇八自在語」做為主要
教材，引導學童在生活中培養樂觀、正向思考的人生觀。二〇
一一年與仁和國小合作舉辦「心六倫心靈品德教育活動」，藉
由法鼓山「心六倫」❷的理念，結合仁和國小道德品格教育的
推廣，一方面加深老師對法鼓山心六倫的認知與實踐，同時讓
學校的小朋友們從「心」做起，從小培養正向的價值觀，建立
盡心負責的態度。此外，二〇一一年一～九月舉辦「自在老頑
童」長者關懷活動，紓解生活與心理壓力，提昇自我信心與
社會適應。透過八式動禪、健康操等動態課程，以及身心靈
相關的靜態課程，使長者達到身心平衡（如表6、表7）。

表6：2010年林邊安心站工作項目表

2010	
日期	名稱
1月	歲末關懷
3～4月	百年樹人獎助學金
4月	探訪法鼓山參學之旅
7月	兒童心靈環保體驗營
9月	中秋關懷活動
10月～2011年1月	高樹鄉舊寮國小課後輔導活動
11月	百年樹人獎助學金

資料來源：作者整理自林邊安心站2010工作成果報告。

---

❷ 聖嚴法師為提昇人的品質，建設人間淨土，提出適切於現代人遵循的理
  念，「心六倫」意指家庭倫理、生活倫理、校園倫理、自然倫理、職場
  倫理、族群倫理。

表7：2011年林邊安心站工作項目表

2011	
日期	名稱
1月	歲末關懷
1～9月	「自在老頑童」佳冬社區老人關懷活動
4月	百年樹人獎助學金
5月	親子戶外喘息活動
9月	中秋關懷活動
9月～2012年7月	心六倫心靈品德教育活動
10月	百年樹人獎助學金

資料來源：作者整理自林邊安心站2011工作成果報告。

　　綜觀以上三個安心站的服務工作項目可知，「安心」為各項活動的根本，針對社區兒童的服務著重在正向人生觀的發展、課業輔導等工作；社區老人則著重在健康保健、紓解壓力、身心平衡等服務。此外，甲仙、林邊安心站較著重在兒童與家庭，六龜則著重在老人服務，一方面凸顯社區人口結構的不同，需求也不相同；另一方面顯示安心站能因應在地居民的需求，給予適切的方案活動。不過，各安心站的工作報告資料僅有計畫書與結案報告，若能有活動過程的團體紀錄或個別紀錄，更能翔實呈現每個活動帶給成員的改變。

（二）訪談資料分析與發現

　　本研究針對安心站服務輸送模式做初步的探討，訪談資料的呈現可分為以下三點：1. 初期救災階段的服務工作；2.

安心站的運作；3. 服務人力動員的情況；4.「四安」的實踐。

1. 初期救災階段的服務工作

依據美國聯邦急難管理署（Federal Emergency Management Agency, FEMA）一九七九年將災變管理分為四個階段，分別為：減災（Mitigation）、整備（Preparedness）、應變（Response）和復原重建（Recovery）。每個階段都有其重要的工作任務，由於安心站系屬——非第一線緊急災難救援之非營利組織，因此主要提供復原重建階段的服務。

（1）安心站的服務工作

Ⅰ. 初期的服務且戰且走

安心站的工作項目因各區災後的狀況及資源差異大，安心站工作人員對於災變後應提供何種服務不熟悉，平時也沒有相關訓練，因此，在沒有明確指示或依循方向時，安心站不論在工作內容上或角色定位上，大都以且戰且走的模式進行服務工作。

> 當初我們很多義工進去，就覺得說我們每天走這麼長一段路，進去那邊我也不能做什麼，那我是在做什麼，我每天去那邊找他泡茶而已，泡茶給他們喝、跟他們聊天、泡咖啡給他們喝、幫他們量量血壓、講講這些五四三，就覺得沒有意義，沒有那個成就感，那其實那時候我也覺得說，不知道耶，到底是怎麼樣，我們也問了總部，總部也講不出一個所以然，就是這樣子做，到後來就是楊蓓老師也來跟我們上了一些課，但是那個太籠統了，很大，但是我實際在做，很多細節的東西我也不知道我這樣做到底對

不對……。（01）

　　我們當初真的是什麼都沒有，那我們希望說……至少在……如果還有需要用到他們的時候，是可以不用像我們這樣子，很多瞎忙的階段，真的啊，我就說那時候其實很大的挫折是我在瞎忙，因為我沒有任何依據的東西，我只能說遇到問題了，……而且我也沒做過，我也沒說我之前有經驗或怎樣我知道該怎麼的，我也沒有，我只能說我遇到什麼問題我認為它該怎麼處理它就怎麼處理……。（09）

II. 法鼓山平時的服務活動成為災後既定的工作項目

　　法鼓山平時的服務工作包括慰訪工作、獎助學金與急難救助金的發放等例行性活動，讓災變初期沒有方向可依循的安心站，至少有既定的工作項目，保持規律性地服務當地災區民眾。

　　在沒有發生這樣的災難之前，我們高雄平常就有一個慰訪組，那慰訪組它就要做弱勢的關懷，包括獎助學金、申請家庭的這個一個訪視，知道他們的家庭狀況，那本身我也是等於說我也是有參與慰訪組的工作，有去做慰訪，那後來就是跟著我們慰訪組長進到甲仙災區……。（01）

III. 中期依各區特色發展符合需求的服務方案與活動

　　三個安心站分別位於不同的鄉鎮，不論是居住人口的年齡層、職業屬性、當地的地理環境、在地資源都不盡相同，因此，安心站在經過一段時間摸索之後，也逐漸發展出符合

當地需求的服務方案。例如，兒童可透過獎助學金、兒童營、心六倫課程的舉辦，協助兒童度過災難衝擊，而老人則可透過社區的訪視關懷，了解並掌握社區長者的健康與心理狀況。

a) 甲仙、林邊安心站：兒童服務

　　我們執行一個專案非常好，也滿成功，就是小林國小的小朋友的心靈陪伴，走了一年半，就從八八之後的隔年就是99年2月我們就開始走。……這些孩子口出三字經，都是國小孩子，然後不管男生女生，就是會對著大哥哥大姊姊拳打腳踢，就打你，然後就……你在帶活動他也不理你，你帶你的活動，我就是在旁邊看，……但是這一年多來我們帶的孩子，孩子那種改變我們都很驚訝，變的有禮貌很規矩，然後就會……就是他表現出來就真的就是說讓我們很驚訝，壞習慣都慢慢在改……。（01）

　　我們那時候在推心六倫活動，……我個人認為辦得很好，其實我們只辦一學期，這門課，但是我聽說這學期要開始了，是他們學校主任要求的，就是他們從這學期又要開始實施心六倫，但是班級數有沒有那麼多我就不清楚……。（09）

b) 六龜安心站：老人關懷

　　因為老人家也是要讓他走出來，那因為我們就是……有一站就是陪他們走出來，就是當天辦活動，早上辦完之

後中午我們就會跟著他們去這樣。他是……像寶來是每個
星期二，那那個……玉寶是在六龜區，那是星期三，每個
星期三，那我們寶來是第一個星期二我們去，那其他的是
他們社區自己辦，那地寶我們是第二個星期三，……老人
目前就是兩個地方，那苦濃那邊一直在跟我們接洽……。
（08）

2. 安心站的運作

安心站的運作以及在社工與義工人力動員的順利與否，
將直接影響服務的品質與效能，若安心站的服務模式會成
為未來法鼓山救災設站的指標，除了應規畫一套救災程序之
外，對於組織的運用與人力的訓練管理也應建制一套有系統
的管理方法。

（1）安心站服務工作的執行

Ⅰ.慰訪義工組織：成為災後組織分組的重要依據

安心站的義工大多來自於法鼓山的義工團隊，慰訪義工
組織行之有年，雖非針對災變而設計之組織，但因平時訓練
及累積的經驗，義工之間無論在默契及配合度上，能馬上提
供服務，減少訓練的時間。

在沒有發生這樣的災難之前，我們高雄平常就有一個慰
訪組，那慰訪組它就要做弱勢的關懷，包括獎助學金、申
請家庭的這個一個訪視，知道他們的家庭狀況，那本身我
也是等於說我也是有參與慰訪組的工作，有去做慰訪，那
後來就是跟著我們慰訪組長進到甲仙災區……。（01）

安心站沒成立之前,在紫雲寺就每年固定會辦獎助學金,那時候也是需要出去慰訪,他們在高雄這一塊等於是就有經驗在跑……。(11)

II.陪伴者角色:成功與災區居民建立關係

在災難發生後,恐懼、憤怒及無助是常態的反應,災區居民隨著災後各方的注意力降低,這時候居民的無助感、孤獨感、無力感、被遺棄感等負向感受可能隨之而來。安心站義工的陪伴角色,成為未來重建工作重要的關係基礎。

我實際在做,很多細節的東西我也不知道我這樣做到底對不對,所以那時候就只有做就對了,我就做就對了。但是竟然這些都是累積下來的,後面的一個基礎,就是這些所謂專家打不進去的東西我卻是把它打成一個基礎出來,所以我們再回想那一段在龍鳳寺那邊默默煮飯給他們吃,在那邊泡茶聊天,量血壓,就聽他在那邊講他的過去,然後講到傷心處他掉眼淚,你就是默默陪著他……。(01)

我們比較慶幸是說一開始我們就在龍鳳寺那邊,就是小林村那邊,我們就在龍鳳寺那邊駐點,一直都沒有走,等到一個月之後大家都走了,就剩下我們在那邊,還是留在那邊就一個攤子,泡茶、喝咖啡、量血壓,那因為他們還住在那邊,因為小林他們從順賢宮撤到那邊,一直還住在那邊,那時候就是說要慢慢建立出……人是這樣,革命情感,跟他們也慢慢建立感情了……。(03)

Ⅲ. 補助金與獎助學金的發放：應避免重複發放或遺漏的
情形

災變時期因服務對象為災區居民，補助金或獎助學金的
發放對象，各區因資源不同，以及時機不同，發放對象的標
準，可較具彈性，但當資源過度豐沛時，補助金是否是適當
的服務方式，值得深思。

> 因為他慈濟在旁邊，所以慈濟一定會有，慈濟也一定會
> 提供所謂的獎助學金，其他的所謂的千佛山、紅十字會什
> 麼，一大堆的，就是像我們法鼓山的這些，也通通都會提
> 供給他，然後就是說有可能我們去年有十八位報過來，今
> 年有十位又報過來，但是有八位沒有，那這八位呢？是不
> 是貴校你送給其他的，我們現在就是說不是要去調查你們
> 學校，但是我們就是不希望這資源重疊……。（13）
> 哇，天啊，一個學校才兩百個學生，學校提出一班五十
> 個學生，需要幫忙，可是我覺得安心站那時候也沒有做好
> 評估啦，因為第一年講實際一點，另外一個團體有幫所有
> 的學生付了學費，而且第一年的資源最多，我是覺得說那
> 時候不應該重複，這麼多的資源，我覺得第一年的資源都
> 浪費了，其實反而應該著重後面比較多，因為第一年給的
> 這麼多，我一個小朋友領了十份獎學金，你認為我會知道
> 這是誰給的嗎？……。（14）

（2）安心站提供服務的優勢
Ⅰ. 安心站成為在地的資源中心

安心站比地方政府更快速地提供豐富的資源以及資源連結的訊息,對服務接受者而言,安心站相對是明確的資源提供者,他們知道到安心站可以尋求哪些方面的協助,即使安心站無法處理也會協助轉介至適當的單位。

> 其實法鼓山還有安心站,本身就是一個很大的資源,而且我們還有那個高雄紫雲寺,還有就是社區的資源,那我剛剛有講了,就可以很快很迅速地去處理那個案家的問題,因為我就是有跟社會福利中心再聯絡,就會發現有些他們還是就擱在那邊,可是我們已經開始一步一步去處理,因為可能公部門它有它的流程,但是我們可能比較少那樣公文的往返或是什麼……。(04)

II. 甲仙安心站結合當地社區組織:增加安心站人力與物力資源的豐富性與多元性

安心站結合適當的社區民眾或草根性強的組織,透過這群懂自己家鄉、愛自己家鄉的在地人力,更能有效地運用有限資源服務需要的民眾。

> 我覺得他們自己的社團也很不錯,因為有一些年輕人、就是說比較……在地的社團有一些年輕人然後他們自己,……還有就是說比較中年的,他們已經在外地工作了,然後因為自己的家鄉發生這樣的災難,就把原本在都市的工作放棄回來,我覺得就滿棒的,就像那個愛鄉協會他們就是了……。(01)

因為就是說……我們有願意提供一些資源，那大家一起來，那其實安心站也有一個很大的任務是要培力在地的資源，所以我覺得這部分到目前為止我還滿感動的是說我看到有一些力量，雖然也許他們沒有辦法說完全就是自己，可是我覺得是他們就是非常地願意一起來投入……。（02）

Ⅲ.安心站的服務改變服務接受者的生活

當地民眾參加安心站舉辦的兒童營、親子活動後，生活開始逐漸產生質的改變，包括家庭關係的改善、定期協助安心站活動的舉行、甚至成為安心站的義工，這種「充權」的實踐讓工作人員都覺得相當有成就感。

我覺得是比較把這個人或這個家是做為一個人在看待，然後是以整個家為關懷對象，所以我自己也有觀察到整個家庭的動力，跟那個夫妻的關係，整個家庭系統有改變……。（04）

（3）安心站的困境

Ⅰ.地方政府未盡資源統整之責

顯示政府的社福單位在救災資源管理的部分沒有整合的能力，沒有站在資源協助與統整的角色，還派案增加安心站的工作量，對於經費和人力捉襟見肘的安心站而言，確實是一大挑戰。

　　那組織服務的困境，困境就是我剛剛有講，在地人的期望很高，我覺得好像把我們當政府了，政府跟那個社會福利中心，好像有求必應這樣，就是什麼事都要找我們，然後我就說服務的範圍跟人數一直擴增，為什麼呢？怎麼會連社會福利中心也想依靠我們……。（04）

3. 服務人力動員的情況

（1）社工與義工人力的動員

　　由此次的訪談過程中，多數工作人員皆提到人力不足，工作量負荷過重，因此簡單歸納幾個安心站組織內部人力動員的困境：

　　I.人員普遍不足、流動率高

　　服務人力不足造成現有人力工作負荷過重，不論在服務的質或量都可能大打折扣。人員的流動率高使得安心站內部、服務接受者和新進人員經常處於磨合期，可能會影響工作的延續性，以及安心站與服務接受者的信任關係。

　　像訪視，我們的訪視義工，最近也是都不穩定，他們就會講上次不是你啊，那種你在跟他訪談的時候，我就突然間有些就好像有一點點不是很……就有一些戒心，就會這樣，那有一些是我去過幾趟，他就會跟你在那邊很像自己人。所以我們一直在想說我們也是希望都是深耕，這樣子。因為你包括義工，慰訪的義工這樣動，真的也是不好的一個現象……。（08）

Ⅱ. 職場與道場的折衝

專職人員的角色如何被定位？這是一份工作，或者這是一份發心的工作？當道場與職場重疊時，專職人員與義工如何看待兩個場域可能產生的折衝？

> 因為你那個薪水並沒有很多，沒有加班的那個道理，我就寧願去選擇別的，不會想要留在這裡啦……。（14）
>
> 所以這個就是因為人事的變動、異動，也是會造成這樣子，因為他可能要有多餘的時間去看完一次資料，……就是人事的異動會滿困擾的……。（08）

Ⅲ. 缺乏社工專業人力

莫拉克風災地區屬偏鄉地區，資源相對匱乏，普遍居民以農業或觀光業為生，缺乏社工背景的專業人力長駐於這些偏鄉地區，部分安心站在災後推動服務工作時，由於工作人員的專業不足，經常花很多時間在摸索工作的方法。因此，未來應朝向專業與半專業人力訓練的方向，除了各安心站應聘任專職社工之外，參與服務的義工也應定期接受訓練，提昇服務的品質與成效。

> 要有這種社工背景馬上駐點做這種慰訪工作，才曉得怎麼走的路，方向會比較清楚。不然當初我們是摸索的，這個好就……就開始，也是慢慢摸到現在……。（03）
>
> 我們的安心站組織，假如三個專職就希望一個是社工背景的，那另外一個就負責慰訪就個案管理這個部分，一

個就負責活動的辦理規畫，然後一個是負責行政，那大概當地的人力比較幫我們的大概只有行政總務的部分，像我們要辦一些社區的活動，這些都是需要人才的，你要辦活動，因為我們不是說我們是用我們，我們就是說我們要辦活動，我們擅長什麼，是比較以第一方的需要來評估然後來規畫我們的活動，那都其實，因為這個活動有社工背景，我覺得這是最理想的，就大概這樣兩個社工，一個比較偏重在個管，一個比較偏重在社區的活動規畫，其實都應該是要社工背景的人⋯⋯。（07）

Ⅳ. 在地義工及專職人員的培力

安心站的義工幾乎都由外地到各災區提供各項服務，常有無法持續或及時提供服務。在地義工的培力，應成為各區發展服務的重點。

我們確實幾乎近來當慰訪的義工幾乎全部都是從高雄進來，來到這邊是等於他是一個聯絡站、一個中繼站，然後進來有哪些個案、哪些狀況，我了解了然後我去了這樣子，所以他的功能性他是變成⋯⋯因為當然最好的一個方式六龜這邊它能夠找到當地的義工是最好的，他不用像我們每天這樣子跑，那如果有在地的義工，有什麼狀況他們也可以及時，因為往往我們進來有時候他的時間說不定已經過了⋯⋯。（11）

4. 安心服務站的「四安」實踐

「四安」——安身、安心、安家、安業乃安心站在莫拉克風災重建工作的基本方針。在此基礎之上，期待莫拉克災區民眾，接受安心站所提供服務之後，得以身心安頓，安家興業。因此，安心站工作人員，不管專職或義工，在執行工作之前理論上應該明瞭「四安」的基本概念，並得以將概念操作於服務之中。以下便針對安心站人員在「四安」的自我實踐、將「四安」理念運用於慰訪工作、以及實踐「四安」工作的困境等面向，說明安心服務站落實「四安」理念的過程。

（1）自我實踐是助人工作的開端

「四安」乃聖嚴法師化深奧的佛法義理為簡單明瞭的語言，為大眾所提供的修行法門。而安心站工作人員，尤其是慰訪義工多半是法鼓山悅眾，平時便以不同程度投入法鼓山念佛、禪修，對「四安」更是耳熟能詳，也多半可以在生活中嘗試將「四安」的概念運用在日常生活中。法鼓山悅眾從求福修慧的自我修行，走向利益受災區眾生的菩薩道志業，也就是實踐聖嚴法師「利人便是利己」的過程，更成為慰訪義工們回顧省思個人實踐「四安」的修行過程。從訪談資料可以發現，慰訪義工對於佛法自我實踐的省思過程，乃從佛法對於個人欲求觀念的影響開始，然後擴及個人在實踐佛法的態度，進而檢視佛法實踐於個人與家庭的關係。

Ⅰ. 藉由學佛獲得個人身心安寧

進入佛門，除了求福、求慧之外，藉由學佛、禪坐等共修活動，悅眾得以獲得身心安寧。而「四安」以簡明易懂的

語言，成為信眾修行過程中的明確方向。

　　會比較知道去惜福，像以前就會覺得，誰有什麼我就要
什麼，但是你現在就會覺得，其實我們現在擁有的已經很
多了，我們要懂得去惜福啦，那其實懂得惜福就是我們貪
念慢慢減少了，那貪念愈多的時候就愈要往外去追，追不
到你又煩惱。（11）

II. 身體力行是助人的開端
　　安心站所提供的災後重建服務，除了是佛門弟子效法菩
薩聞聲救苦的體現，更是法鼓山悅眾對於聖嚴法師對弟子
在佛法上訓誨的實踐。因此，身體力行是從事「四安」重要
的精神。事實上，佛門弟子深信，佛法的實踐過程，個人不
斷累積福報，藉由志願服務工作，獲得自我實現的機會。當
個人有能力以佛法安頓自己和家庭，才有能力以佛法協助眾
生，方更能夠增強「善」的循環。

　　所以我一直是很喜歡去做專職的，可是我認為我不能開
心，因為我喜歡做的事情我把我的家庭就放著，讓他們去
說我態度不好。那我認為那是不對的，也不符合我從師父
那邊得到的理念，因為我家還沒安好。……我很難去講一
些什麼，可是我認為我是有把這些化為具體的一些在觀念
上面的一些理解，所以就是當我覺得我這邊還沒安好的時
候，我們去做誰的安家啊。（09）

Ⅲ.「家庭關係」成為「四安」實踐的最佳檢驗指標

家庭是工作人員最為關切的生活重點，也是落實「四安」的核心。安心站的工作人員除了社工與若干行政專職為有給職外，絕大多數為以法鼓山悅眾為主體的志願工作人員，甚至也包含站長。參與志願工作的時間往往依個人生活閒暇狀態而定。在以女性為多數的志願工作人員中，在「四安」的實踐上，「安家」工作中的家庭關係維繫和子女撫育，成為慰訪義工們檢驗自己是否實踐佛法教義的重要指標。尤其家人對於慰訪工作的支持，更成為「安家」工作的成果。

　　像我們在這邊有些師姐也是對他的孩子感到很困擾，我就說其實孩子不要太去逼，給他們觀念就好，然後不管孩子怎麼樣我們就是去支持，因為你愈擔心，你的念……那個一定是會往那邊。（08）
　　就是安家，我偶爾還是要回去看看我的家人，然後跟他們分享這邊的，他們也都滿支持我，家人支持我才有辦法繼續。（04）

　　（2）以佛陀「眾生平等」、慈悲為懷的精神，做為實踐「四安」的方法與策略

在莫拉克颱風傳出嚴重災情，南部悅眾緊急投入救災，及至安心站灑淨正式提供服務，以「四安」為工作方針一直都是被提醒的重點。儘管對四安認識有限，例如受訪的慰訪義工表示：「我對四安也只是就是字面上解釋，師父的這樣

解說而已」（01），以及「落實四安喔……不要談四安好不好？……其實四安只是我們佛法裡面再度把它用現代化的語言詮釋而已」（06）。安心站工作人員依舊就其對「四安」的基本認知，不論服務對象的種族、宗教、性別、年齡、階級等差別，皆以「安身」、「安心」、「安家」、「安業」做為提供服務、進行慰訪的工作方向。而這些義無反顧的付出與行動所顯示出來的，正是佛陀教化所示「眾生平等」，以及聖嚴法師在四眾佛子共勉語中所強調的「盡心盡力第一」的精神。

I. 服務輸送的態度：駐點久留的真誠陪伴，激發服務提供者與使用者的「雙向復元」。

為了讓接受服務對象可以理解聖嚴法師的教誨，達到服務的目標，以及傳揚佛法的精神，在慰訪過程中，義工們以服務對象可以理解的語言提供服務，將服務對象視為家人，以真誠的態度提供服務。不僅服務接受者得以有力量重新出發，服務對象的成長與改變，進而願意參與安心服務站的服務工作，讓慰訪義工從工作中獲得成就感，也成為安心站工作人員支持能量的來源。風災救災工作結束，非營利組織陸續撤離災區，法鼓山成為少數繼續留在受災地區提供服務的堅持，不僅扮演政府部門資源連結的平台，更成為當地居民僅存的希望。

　　她在做些這些……的這些鄉親，真的像是一家人，她真是有時候聽她聊啊，或聽她分享的時候，看她講話，真的，我們本身在下面聽的時候真的很感動。（11）

　　當然這是六龜、甲仙安心站它最小的功能，變成像是好像一個連結點，當然看到的就是說「大家都跑光了，那怎麼只剩下法鼓山還在這邊？」那最起碼精神上還有一個多多少少有一個寄託在這邊，還有這個單位在這邊沒有走。因為有這個站在，他們最起碼心裡頭還有一點點希望、一點點寄託在這邊。（13）

　　II. 實踐「四安」的方法：立基於佛法撫慰人心，積極進行資源整合與連結。

　　工作人員以自己對「四安」的詮釋和認識，推動安心站的服務工作。佛教團體所提供的風災重建工作，當然服務策略便是在慰訪工作中，以佛珠或慰訪物資等結緣品，做為建立關係的媒介，透過與服務對象聊天鼓勵念佛、禪修。並不斷藉由陪伴、慰訪、關懷、提醒服務對象注意身體，鼓勵、勸說喪志、挫折的服務對象，積極登記就業。更以實際行動，如災後初期的清掃家園，重建階段為服務對象進行資源連結等，滿足安心站在地居民的需求。甚至，是安心站的工作內容，為有具備與安心站工作內容能力相當的服務對象，提供臨時工作的機會。工作人員以熟悉，卻多元、靈活的方式，進行他們所認為符合「四安」精神的慰訪工作。

　　去了，看到他好像心靈上不安，心靈上他有一點點惶恐的時候，我們當然會有念佛啊，我們都會準備一些心安平安的這個佛珠，會跟他結緣。（13）

III.積極遵循「眾生平等」的教化，尊重多元，接納差異。

法鼓山雖為正信佛教團體，但慰訪義工面對其他宗教信仰的服務對象，秉持佛陀「眾生平等」、「慈悲為懷」的精神，抱持一貫的尊重態度，不以服務做為交換改變信仰的條件。反而鼓勵服務對象以自己所認同的宗教價值和敬拜方法，來達到「安心」的狀態。因應不同地區居民的宗教需求，因地制宜提醒服務對象回頭檢視自己熟悉的方式，並以服務對象熟悉的宗教語言提供多元的方法，積極引導服務對象從「安心」為起點，進而得以「安身」、「安家」和「安業」。

> 像阿門啊，還是天主啊，所以都還是要尊重每個人的宗教，像我們在六龜也是啊，我們都是說像一進去我們就看他的擺設，有那個耶穌啊，我們就會想這間可能不是一般的那個宗教，如果他心不安或什麼，你就說你可以求天主啊、或禱告。（08）

（3）安心服務站「四安」實踐之挑戰：行善和布施面對轉化與深耕的衝擊

安心站服務工作進入第三年，工作人員對於「四安」理念的堅持，是不容質疑的。然而，當安心服務站強調為災區民眾提供長期陪伴與駐點服務時，面對災區民眾因多元差異所衍生的福利需求，宗教團體以行善、布施為基礎，所號召的志願服務工作者往往是助人工作領域之素人，不可避免將

面對人員流動頻繁,以及如何深化服務理念和技巧的挑戰。

Ⅰ.從「知道」四安到「實踐」四安的落差。

儘管現代災難示警系統發達,但是災難發生的規模以及影響程度,依舊有其不可預測的風險。救災初期,強調災區民眾當下需求的即刻滿足,因此,安心站義工所處的機動狀態,還能符合服務初期的工作要求。然而,當災區進入重建,服務便強調對民眾生活和福利需求的認識,以及助人理念的熟悉。雖然,慰訪義工平日在念佛、禪坐等共修活動中,對聖嚴法師的「四安」開示似乎耳熟能詳。但是,當要把看來似乎不困難的「四安」抽象概念,轉化為實際的工作方法時,工作人員便發現「四安」深奧的佛法基礎,「四安」實踐只能依據個人各自對「四安」的解讀和詮釋,進行服務提供。

坦白說,講到這個太深奧了,……我簡單說,……我們都會準備一些心安平安的這個佛珠,會跟他結緣,然後就稍微……坦白說都會說一些比較安慰的讓他聽,但是事實上我覺得這些都是比較膚淺的啦,……說真的,我不敢說我有推行所謂的四安,真的啦,反正我就去了就是跟他聊天。(09)

Ⅱ.當道場遇見專業:制度運作的限制。

安心站到底是宗教修行的道場,或者是強調現代助人專業的服務機構,在安心站持續提供服務的過程中,是專職人員和慰訪義工經常出現的疑惑。安心站的運作,基本上以志

願工作者為主體，慰訪工作和其他相關的服務工作，便由法鼓山體系的慰訪員做為主要的服務輸送者。然而，南部慰訪義工的訓練並非道場經常性的教育工作，導致可以投入安心站工作的慰訪員有限。而且志願服務工作強調工作閒暇的善行義舉，人員來來去去流動率很大。造成在工作交接、與居民信任關係的建立、活動的規畫和進行等，都受到極大的限制。

> 像我們有時候看一天，甚至有一天跑十幾戶的，師姊看過我們的紀錄有一天跑十幾戶的，說真的跑十幾戶真的能訪什麼事情？……就有點……流於形式了。那這個一定是這樣，個案太多，還有我們本身能力也有……不是說我們真的只是為了流於形式，做做例行事這樣，就是我們能力也不夠。然後我們也會討論說這個要不要結案，因為案件太多我們盡量有些可以結案，但是我個人立場之前也有建議說，有些結案的部分我們可以列入精神關懷，精神關懷我們就是……也是人力問題，主要就是人力。（06）

> 其實因為人力就是我遇到的第一個困境，always人力啦，我的困境，其實就是我有人力上的問題。（10）

五、結論

（一）研究結果分析

本研究試圖探討法鼓山安心站如何在莫拉克風災後於甲仙、六龜、林邊長期駐點進行重建復原工作，特別是多數從

道場自願奉獻的義工菩薩，秉持著「安心」的理念，尊重多元文化，如何在道場文化與專業文化之間實踐聖嚴思想，形塑安心站的服務模式。透過與安心站工作人員的訪談以及各安心站的工作報告資料，我們可以將安心站服務的特性分成以下幾點說明：

1. 長期駐點優於一次性的服務：

安心站確實在甲仙、六龜、林邊三個地區發揮資源網絡平台與安定人心的功能，各安心站皆能視該社區的需求，結合在地人力與資源，給予適切的服務。這樣長期的駐點服務較能與當地居民建立互信關係，也較能觀察他們真正的需求所在，相較於一次性的服務更能提供較完善的方案計畫，達到協助災區民眾復原的目標。

2. 道場文化與專業文化的融合：

安心站服務主要以宗教道場文化為主，因此，各項活動計畫皆以聖嚴思想「四安」做為活動的目的與目標，主要的慰訪工作人員大多來自法鼓山信眾的義工菩薩，從這兩年的工作經驗中不難看出，這些義工菩薩帶著道場文化的基礎，進入到半專業的慰訪工作領域中，就是一個將聖嚴思想落實在服務工作的最好實例。其中，我們還發現道場文化邁向融合專業文化之際，出現不可避免的磨合過程，容易過度仰賴專職社工人員的判斷與指導，加上專職人員的流動率高，可能造成安心站工作的片段化、多頭馬車等情形。

3.「身」、「家」安頓則「心」、「業」安：

「四安」的實踐在災後復原重建工作中，一直是核心價值，誠如聖嚴法師所說的「心安就平安」。多數工作人員對

於四安的理解比較從自身的生命經驗去詮釋，因此安心站的工作夥伴對於聖嚴法師「四安」、「心五四」概念的理解，以及如何在實務工作操作化是聖嚴思想與專業工作融合的重要關鍵。

（二）研究建議

周欣融（2011）認為，在臺灣未來的災變社會工作分工藍圖上，可考慮由宗教團體負責災區長期心靈關懷的角色。筆者也認為宗教團體確實具有教化關懷、安定人心的作用，針對安心站這兩年服務工作的發展，本研究建議如下：

1. 安心站應以佛教教義的道場文化為基礎，吸納專業工作方法為方針，如何培訓安心站的服務人員，特別是在慰訪工作中帶著道場文化的精神，使用專業工作方法，提昇服務工作的完整性，應是後續必須思考的議題。

2. 安心站在工作人力不足的情況下，應多培力在地義工，以及結合當地其他資源網絡，對於當地的服務工作才能達到真正的永續經營。

參考文獻

1. 王秀燕等著（2004），〈當社會工作遇見921震災〉，《災變社會工作研討會論文集》，臺中市：兒童家庭扶助基金會。

2. 臺灣大學921心理復健小組（1999），《921社會心理重建資源手冊》，臺北：開拓文教基金會。

3. 行政院莫拉克颱風重建委員會（2009），「產業重建」，http://88flood.www.gov.tw /index.php。

4. 行政院（2010），「莫拉克颱風災區範圍」，http://www.ey.gov.tw/public/Attachment/ 992511243771.pdf。

5. 全國成（2010），〈以原住民的重建需求為觀點探討家園重建政策與原鄉期待的落差與衝突〉，《社區發展季刊》，第一三一期，頁230-249。

6. 吳敏欣（2010），《受暴婦女充權歷程之研究》（未出版之博士論文），東海大學社會工作研究所，臺中市。

7. 周欣融（2011），《宗教團體參與災害防救工作角色之探討——以臺灣基督長老教會、法鼓山參與921震災災後應變與重建為例》（未出版之碩士論文），國立臺灣大學建築與城鄉研究所，臺北市。

8. 林涵雲（2011），〈啟動復原力——以復原力觀點運用於敘述諮商〉，《諮商與輔導》，第三〇四期，頁44-47。

9. 林萬億（2011），《災難管理與社會工作實務手冊》，臺北：巨流。

10. 法鼓山慈善基金會（2009），〈法鼓山八八水災四安救災進度說明〉，http://ddm88floods.blogspot.tw/2009/08/88-89-810-811-812-813-814-815-816-817.html。

11. 《法鼓》雜誌編輯部（2000），〈專案一：法鼓山安心服務團〉，《法鼓》雜誌，第一二九期，第四版，臺北：法鼓文化。

12. 《法鼓》雜誌編輯部（2000），〈專案五：人心重建安心手冊〉，《法鼓》雜誌，第一二九期，第四版，臺北：法鼓文化。

13. 童綜合醫院（2009），〈莫拉克颱風重創南臺灣——遠離「創傷後壓力症候群」〉，http://hospital.kingnet.com.tw/essay/essay.html?pid=20351&category=%C2%E5%C3%C4%AFe%AFf&type。

14. 楊慧華主編（2000），《人心重建：法鼓山的任務》，臺北：法鼓文化。

15. 聖嚴法師（1992），〈心靈環保最重要〉，《法鼓》雜誌，第二十六期，臺北：法鼓文化。

16. 聖嚴法師（1998），《我為你祝福》，臺北：法鼓文化。

17. 聖嚴法師（1999a），《臺灣，加油》，臺北：法鼓文化。

18. 聖嚴法師（1999b），《平安的人間》，臺北：法鼓文化。

19. 聖嚴法師（2006），《四種環保：法鼓山的實踐》（《法鼓法音3》），臺北：法鼓山文化中心。

20. 聖嚴法師（2009），《心五四運動：法鼓山的行動方針》（《法鼓法音4》），臺北：法鼓山文化中心。

21. 聖嚴法師（2011a），〈大悲心起的意義——學習觀音菩薩的大慈大悲〉，《我願無窮——美好的晚年開示集》（釋果賢主編），臺北：法鼓文化。

22. 聖嚴法師（2011b），〈四環即佛法〉，《我願無窮——美好的晚年開示集》（釋果賢主編），臺北：法鼓文化。

23. 聖嚴法師（2011c），〈從「心」溝通的世界大趨勢〉，《我願無窮——美好的晚年開示集》（釋果賢主編），臺北：法鼓文化。

24. 釋果賢主編（2011），《我願無窮——美好的晚年開示集》，臺北：法鼓文化。

The Service Model of the Peace of Mind Relief Station of Dharma Drum Mountain:
by Typhoon Morakot case

Hsiao-Wei Huang
Assistant professor, Department of Social Work, Tajen University
I-Chen Chen
Lecturer, Department of Social Work, Tajen University
Chun-Mei Man
Lecturer, Department of Social Work, Tajen University
Chang-Fa Shi
Vice Secretary General, DDM Social Welfare and Charity Foundation

▌ Abstract

Global climate change disasters bring about loss of human life and material damage. Besides of assistance from the governments, it is critical to involve the influences of religion to comfort the traumas resulted from the disasters.

The study intends to explore the service model of the Peace of Mind Relief Station of Dharma Drum Mountain established after Typhoon Morakot in 2009. Based on in depth interviews to staffs and volunteers from three stations (Jhongshan, Liouguei and Linbian), the study aims to draw out how he stations endeavour to fulfill the thoughts of Master Sheng Yen in order to proceed post-disaster reconstruction, and how religion integrates helping profession to provide services for disaster victims.

It is found that the stations become resource platforms to offer material and spiritual supports for the residents. However, the difficulties in the integration between religion and profession are also found.

Based on the findings, the study suggests that it is important to educate the staffs and the volunteers so as to go forward "Fivefold Spiritual Renaissance Campaign", while social work profession is introduced.

Key words：Morakot disaster, Dharma Drum Mountain, The Peace of Mind Relief Station, Fivefold Spiritual Renaissance Campaign, Four Fields for Cultivating Peace

「心靈環保」經濟學
——二十一世紀的「心」經濟主張

釋果光

法鼓山僧伽大學助理教授

▌摘要

　　面對全球的社會、經濟、環保、生態等情勢，聖嚴法師於一九九二年提出「心靈環保」理念，並在跨入二十一世紀之際，積極於「世界宗教暨精神領袖和平高峰會」、「世界經濟論壇」、「地球憲章」等會議中倡導之。法師所提倡的「心靈環保」，實是融合了佛法的慈悲與智慧，並從兩個層面推動：一是學佛禪修的層面，二是法鼓山理念的層面，包括「四種環保」、「心五四運動」、及「心六倫」。這是不分古今、地域、宗教、族群、生活背景的；是為了號召更多人成為「心靈環保」的工作者與實踐者，朝向「提昇人的品質，建設人間淨土」之理念推動。這不僅是宗教議題，更是解決世界經濟問題的觀念與實踐方法，筆者將此範疇命名為「心靈環保」經濟學，並就「心靈環保」經濟學之思想與實踐兩個面向探討。

　　「心靈環保」經濟學之思想，實則為佛教經濟思想，故先敘述由佛教經濟學至「心靈環保」經濟學之發展背景，再追溯原始佛教的經濟生活，包括「利和同均」的僧團生活、「正命」及「布施」的居士生活，由此提出「少欲」、「利

他」之佛教經濟生活原則及生死還滅的佛法思想與方法。

　　就「心靈環保」經濟學之實踐，本文以法鼓山為例，考察法師如何以「心靈環保」為核心，佛法、禪法為基礎，透過「四它」因應時勢、「四要」降低貪欲、「四福」開展善欲、「四安」和平分配、「四感」開闊心量之生活主張，指導法鼓山僧團、在家居士們，乃至非佛教徒，過著「少欲」、「利他」之「心」經濟生活，以達到「快樂、平安、健康、幸福」之目標。

　　最後從上述的經濟思想與生活實踐，總結出「心靈環保」對當代「環保」及「倫理」的影響與意義，包含職場倫理（禮儀環保）、生活倫理（生活環保）、及自然倫理（自然環保）。「心靈環保」經濟學所提倡的觀念與心法，足以使世界朝向心靈富足、環境永續、及社會和諧的方向發展，達到真正的「快樂、平安、健康、幸福」，實踐「提昇人的品質，建設人間淨土」理念，這正是二十一世紀的契機。

關鍵字：心靈環保、「心靈環保」經濟學、佛教經濟學、四環、心五四、心六倫

一、前言

二〇一一年十二月一日聯合國發布的《二〇一二年世界經濟情勢與展望》（*World Economic Situation and Prospects 2012*）❶報告中指出，「受發達國家經濟增長疲弱、歐元區主權債務危機、財政緊縮措施以及各國應對危機的政策缺乏協調等因素影響，世界經濟未來兩年將繼續減速，甚至有可能再度衰退。」❷而二〇一二年元月於瑞士達沃斯（Davos, Switzerland）舉行之「世界經濟論壇」（World Economic Forum，簡稱WEF），❸主席Klaus Schwab教授則說明，三年多來世界受到政治、經濟，尤其是金融危機管理的吞噬，我們迫切地需要用新的模式來解決今日所面臨的問題，所以將主題定為：「大轉型：型塑新模式」（The Great Transformation: Shaping New Models）。

這次的論壇中甚至激烈的討論：「二十世紀的資本主義制度，能否適應二十一世紀的現實？」這個在二十世紀末被質疑的主流經濟制度，在長期經濟發展過程中，大量的開發

---

❶ Development Policy and Analysis Division, United Nations, *World Economic Situation and Prospects 2012*：2012年05月31日，http://www.un.org/en/development/desa/policy/wesp/index.shtml。

❷ 參考前註及聯合國新聞主頁：2012年05月31日，http://www.un.org/chinese/News/ fullstorynews.asp? newsID=16753。

❸ 世界經濟論壇（俗稱達沃斯論壇），是一個非營利性組織，由現任主席、日內瓦大學商學院教授Klaus Schwab於一九七一年創立（原名歐洲管理論壇European Management Forum，一九八七年改名），總部設在日內瓦，結合了全世界一千多個大企業為他們的會員。世界聞名的「達沃斯論壇」每年聚集全球最高端商界、政界、學術界和各界領袖人物，討論世界所面臨最緊迫的問題。

地球資源，雖帶給人類生活上更多的便利及欲望的滿足，卻同時也帶來對地球及人類的負面影響，如地球生態的破壞、環境的污染、能源的危機、人類關係的疏離等等；今日所面臨經濟活動失序所引來的物價波動、供需失衡、高失業率、貧富懸殊、資源分配不均、金融風暴乃至經濟衰退等問題，已讓政府及專家們省思二十世紀以來經濟發展之問題根源所在。

　　面對全球的情勢，儘管大多數的政治、經濟、企業人士，仍維護資本主義，西方主流經濟制度所面臨的挑戰實與日俱增。東、西方經濟學者，早已不斷地尋求資本主義以外的解決方案，如德裔英國經濟學家Ernst Friedrich Schumacher❹於一九五五年提出「佛教經濟學」一辭，一九六六年發表〈佛教經濟學〉（"Buddhist Economics"）一文，並收入一九七三年出版的《小即是美》（*Small is Beautiful*）一書，展開佛教的思想與觀點對經濟學之深遠影響。

　　全球知名的漢傳佛教禪師，法鼓山創辦人聖嚴法師則於一九九二年提出超越於資本主義、共產主義或社會主義的「心靈環保」理念，並於跨入二十一世紀之際，積極參與世界性國際會議：二〇〇〇年之「世界宗教暨精神領袖和平高峰會」（UN Millennium World Peace Summit of Religious and Spiritual Leaders），二〇〇二年之「世界經濟論壇」（WEF）、世界宗教領袖理事會（WCRL）、全球女性和平

---

❹ Ernst Friedrich Schumacher（1911-1977）：出生於德國，一九三〇年至英國牛津大學求學，之後至美國哥倫比亞大學取得經濟學學位。曾擔任英國國家煤礦局首席經濟顧問。

促進會（GPIW）、地球憲章（Earth Charter），二〇〇四年之世界青年和平高峰會（WYPS），及二〇〇五年世界銀行（World Bank）舉辦的「信仰暨發展領袖會議」（Leaders Meeting on Faith and Development ）等國際會議。在會議中，向全世界呼籲以「心靈環保」為主軸，來解決今日世界人類的共同問題，受到與會人士的普遍認同。這不僅是宗教議題，更是解決世界經濟問題的觀念與實踐方法，筆者將此範疇命名為「心靈環保」經濟學。

然而，法師所提出的「心靈環保」是否能影響現代人的經濟行為？是否與佛陀所指導的經濟生活原則一致？佛陀的教法如何在當代社會實踐？以及「心靈環保」是否能解決當代所面臨的經濟情勢、地球危機？這些即為本論文所要探討的問題。為探究上述問題，本論文就「心靈環保」經濟學之思想與實踐兩個面向論述之。

首先，探討「心靈環保」經濟學之思想根源——佛教經濟思想，故先敘述由佛教經濟學至「心靈環保」經濟學之發展背景，再追溯原始佛教的經濟生活方式，包括對出家及在家的經濟生活指導，並介紹佛教經濟的思想核心。其次，考察「心靈環保」經濟學之實踐，即法鼓山如何以「心靈環保」為核心，佛法、禪法為基礎，透過「心五四」之生活主張，指導法鼓山僧團、在家居士們，乃至非佛教徒，以「四它」面對當今的經濟現況、建構「四要」消費、「四福」生產、「四安」分配的經濟體系，並擁有「四感」的心靈財富；亦即過著少欲知足、利他的生活；並比對西方主流與「心靈環保」、佛教之經濟生活體系。最後從上述的經濟思

想與生活實踐，總結出「心靈環保」對當代「倫理」及「環保」的影響與意義。

二、「心靈環保」經濟學之思想

聖嚴法師於一九七九年開始建立僧團，一九八九年開創法鼓山，提出「環保，從心做起」的觀念。一九九〇年宣揚法鼓山的理念「提昇人的品質，建設人間淨土」，一九九一年於法鼓山護法會「勸募會員聯誼會」上首次提出「法鼓山的共識」，定一九九二年為心靈環保年，正式推動「心靈環保」。此後，一九九四年推出「四環」主張；一九九五年提倡「四安」、「四它」，再加上一九九八年提出之「四要」、「四感」、「四福」，於一九九九年將上述五個實踐的方法，整合成為「心五四運動──二十一世紀的生活主張」；到了二〇〇七年，進一步提倡「心六倫」。❺法鼓山的理念，經由這些年來的推動，而形成了一個完整的理念體系（參附表），並以「心靈環保」為核心主軸。

佛教是以「心」為主體的因緣論，原始佛教的四聖諦便是教導用種種修行方法，將煩惱心轉成解脫心；進入大乘佛教的中觀派、唯識學、如來藏系統，均圍繞著「心」的主體而講。❻「心靈環保」之思想，源於原始佛教《增壹阿含經》

---

❺ 心六倫：職場倫理、校園倫理、生活倫理、自然倫理、家庭倫理、族群倫理。

❻ 參考聖嚴法師〈從「心」溝通的世界大趨勢〉，首屆世界佛教論壇主題發言，收錄於《建立全球倫理──聖嚴法師宗教和平講錄》，頁106-119，聖嚴教育基金會，2006年。

中的「心清淨」，漢傳禪佛教中《維摩經》之「隨其心淨則佛土淨」、《金剛經》之「應無所住而生其心」、《華嚴經》之「應觀法界性，一切唯心造」等思想。❼由此，法師所提倡的「心靈環保」，是將煩惱心淨化成為慈悲心及智慧心，❽實是融合了佛法的慈悲與智慧，並從兩個層面推動：一是學佛禪修的層面，二是法鼓山理念層面。前者乃針對有意願、有興趣學佛禪修的人士，指導大家學佛禪修的觀念及方法，以幫助大家達到禪宗的悟境；至於法鼓山理念的層面，則是針對尚沒有意願學佛以及無暇禪修的一般大眾。換言之，為投合現代人的身心和環境需要，法師盡量不用佛學名詞，並且淡化宗教色彩，提出了以心靈環保為主軸的「四種環保」、「心五四」、及「心六倫」運動。❾法師一生致力於此兩種層面的「心靈環保」，並在東西方社會引起相當地回響。如同二〇〇三年在中國北京大學演講時提到，除在東、西兩半球，舉行了三百次以上的禪期修行之外，二十一世紀初所參加的每一個國際性會議中，都會提出這個議題來與大家分享。❿法師認為：

---

❼ 「心靈環保」的思想根源，詳見果光法師、常諗法師〈漢傳禪佛教的當代實踐〉收錄於《聖嚴研究》第二輯，頁251-269。

❽ 《法鼓山的方向》，頁293。

❾ 參考〈從東亞思想談現代人的心靈環保〉，《學術論考II》，頁55-59。其中，第二種層面，原文只提到是「四種環保」及「心五四運動」，然此為二〇〇三年的演講，「心六倫」於二〇〇七年提出，故增加此項，並稱此層面為法鼓山理念的層面。

❿ 《學術論考II》，頁59-60，其中「二〇〇一年我又在『世界經濟論壇』（WEF）中另一次提出。」根據《二〇〇二法鼓山年鑑》，頁255：「聖嚴法師於二〇〇二年二月一日上午出席美國紐約世界經濟論壇會議（WEF）。」故應為二〇〇二年參加WEF。

　　心靈環保是應該不分古今的、不分地域的、不分宗教
的、不分族群的、不分生活背景的。只要有心有願的人，
都需要做，都應該做。⓫

　　法師期待每場演講後，「能夠喚起全世界的有心有願挽
救人心、挽救地球環境的人士，都能投入心靈環保的工作，
它的內容是極其寬廣的，是可大可小、可深可淺的。」⓬更建
議：

　　凡是跟我們食衣住行、教育、娛樂等相關的一切設施，
最好能與現代人的心靈環保相結合，那才能夠把許多的差
異性利益，匯歸於全地球、全人類永續的共同性利益。⓭

　　經濟學涉及食衣住行、教育、娛樂等相關的經濟活動，
故與現代人的心靈環保相結合。成為「心靈環保」經濟學，
便是一門運用佛法的慈悲與智慧來面對、接受、處理當今全
球的經濟情勢與地球危機，正是思考全地球、全人類永續發
展最佳的「心」經濟主張。

（一）「心靈環保」經濟學之發展背景

　　「心靈環保」經濟學看似為一個新開創的經濟學，實則

⓫《學術論考II》，頁60。
⓬《學術論考II》，頁60。
⓭《學術論考II》，頁60-61。

為佛教經濟學，故首先了解佛教經濟學之發展歷程。採用「心靈環保」經濟學一辭，乃因此為現代化的語言，較佛教經濟學更容易貼近佛教徒及非佛教徒。此外，更直接的指出這是一門強調由內心做起的經濟學，從個人的「心靈環保」做起而達到建設「人間淨土」的經濟學；更是一門倡導由個人內心和平而達到世界和平的經濟學。

　　佛教經濟學之鼻祖，德裔英國經濟學家E. F. Schumacher，於一九五〇年代初受到Mohandas Ghandi、G. I. Gurdjieff，及好友Edward Conze等的影響，開始對東方哲學感興趣。一九五五年前往緬甸擔任經濟顧問期間，利用假日至佛教寺院學習禪修，體驗到前所未有的清明；這年，他寫了一篇論文〈佛教國家的經濟學〉（"The Economics in a Buddhist Country"），首度提出了「佛教經濟學」（"Buddhist Economics"）一辭，主張經濟學應從人生的意義及目的著眼。返國後於一九六六年發表〈佛教經濟學〉一文，❹Schumacher從佛法八正道之「正命」❺舉出有「佛教經濟學」

---

❹ 依據Barbara O'Brien "Buddhist Economics: E. F. Schumacher's Prophetic Ideas" 一文及新經濟研究所（New Economics Institute）之網站資訊：「佛教經濟學」一辭，首先於一九五五年提出，一九六六年發表於Guy Wint主編之*Asia: A Handbook*一書，由倫敦的Anthony Blond Ltd.出版。一九七三年時收錄於E. F. Schumacher的著作：*Small Is Beautiful: Economics as if People Mattered*之中。詳見http://buddhism.about.com/od/basicbuddhistteachings/a/schumaker.htm, 2011年05月31日；及http://neweconomicsinstitute.org/schumacher/buddhist-economics, 2012年05月31日。

❺ 英文Right Livelihood，中文應為「正命」，立緒出版社出版之中譯本《小即是美：M型社會的出路》，則將 "Right Livelihood" 一詞翻譯成「正業」，乃是「正命」之誤。

之學說，主旨為「簡樸、非暴力」，❻目標為「在最少的消費下達到最大的幸福」，❼並分析佛教經濟學與主流經濟學的差別，亦從佛教的觀點，探討永續經濟的途徑。這篇文章於一九七三年收錄於《小即是美：把人當回事的經濟學》❽（*Small is Beautiful: Economics as if People Mattered*）一書中，使佛教的經濟觀點正式進入西方社會。「佛教經濟學」提出之初，被視為異端，然此書的出版卻得以持續至今，並已翻譯成二十七種語言，❾堪稱最具影響力的一本佛教經濟學書籍。

在Schumacher之後探討佛教經濟學而具重要影響力的，為泰國佛學學者P. A. Payutto尊者（Venerable Dhammapitaka）。他於一九八八年以泰文出版《佛教經濟學》（*Buddhist Economics*）一書，一九九二年被譯為英文初版，一九九四年再版英譯修訂本《佛教經濟學──市場之中道》（*Buddhist Economics: A Middle Way for the Market Place*）❿的小書。

---

❻ 參見E. F. Schumacher, *Small is Beautiful*，頁61："The keynote of Buddhist Economics, therefore, is simplicity and non-violence."

❼ 同上，頁61："Since consumption is merely a means to human well-being, the aim should be to obtain the maximum of well-being with the minimum of consumption."

❽ E. F. Schumacher的名著*Small is Beautiful: Economics as if People Mattered*，中譯本之書名為《小即是美：M型社會的出路》，由李華夏教授翻譯，立緒出版社社出版；本文用的中文書名為直譯。

❾ K. I. Woo, "Buddhist Economics – From Schumacher to Payutto", *GH Bank Housing Journal*, Thailand.

❿ Ven. Payutto所著《佛教經濟學》（*Buddhist Economics*）一書先於一九八八年以泰文出版，一九九二年翻譯成英文並出版英文版本第一

Payutto尊者論述主流經濟學尚未論及到的道德價值及倫理，
或說經濟學缺乏「質」的因素，強調佛教經濟學是一門心靈
的經濟學（The spiritual approach to economics），書中從經
濟學中經濟行為的架構，將佛教思想及經典文獻中佛陀的教
導，陳述得更加完善。

　　一九九〇年代之後，受到Schumacher的影響，繼續相
關之研究的學者逐漸增多。著重於佛教經濟思想或理論體
系的論著包括：Frederic Pryor依據南傳大藏經之文獻，分析
佛教經濟學，於一九九〇及一九九一年，分別發表了〈佛
教經濟體系—原理篇〉（"A Buddhist Economic System——
In Principle"）及〈佛教經濟體系——實踐篇〉（"A Buddhist
Economic System—— In Practice"）。㉑Glen Alexandrin於
一九九三年發表〈佛教經濟學之因素〉（"The Elements of
Buddhist Economics"），㉒將倫理因素加入經濟學中，對他而

版，一九九四年增訂為第二版並修改書名為《佛教經濟學—— 中道市
場》（*Buddhist Economics: A Middle Way for the Market Place*），並由
Dhammavijaya和Bruce Evans英譯出版，該書在西方學界產生了積極反
響，Ven. Payutto於一九九四年獲得法國尤奈斯庫和平教育獎。

㉑ Pryor, F. L., "A Buddhist Economic System – In Principle: Non-attachment
to Worldly Thing is Dominant But the Way of the Law is Held Profitable",
American Journal of Economics and Sociology, Vol. 49, No. 3, 1990, pp. 339-
351. Pryor, F. L., "A Buddhist Economic System – In Practice: The Rules of
State Policy Making of the Ideal Kings Sought a "Middle Way" Between Right
and Left", *American Journal of Economics and Sociology*, Vol. 50, No. 1,
1991, pp. 17-33.

㉒ Glen Alexandrin, "The Elements of Buddhist Economics", *International Journal
of Social Economics*, Vol. 20, Issue 2, 1993 Feb, pp. 3-11.

言，佛教經濟學是一種指導甚於理論的學科。

　　泰國學者們以Payutto尊者的佛教經濟學為基礎，繼續發展思想及理論，亦有相當的成果。一九九七年，Priyanut Piboolsravut為第一位以「佛教經濟學」為主題，❷於加拿大Simon Fraser大學獲得博士學位的研究生。經濟學家Apichai Puntasen於二○○一年以泰文出版了第一本佛教經濟學的教科書《佛教經濟學：演變、理論、及應用》（*Buddhist Economics: Evolution, Theories and Its Application to Various Economic Subjects*），將Schumacher及Payutto尊者的佛教經濟思想整合及擴展的更加系統化，並主張「般若主義（paññā-ism）」為佛教經濟學的核心，泰文第三版本（2004）的部分章節於二○○八年被翻譯成英文。德國經濟學者Harald Wiese（2011）❷深入「佛教徒家計經濟理論（Buddhist Household Theory）」的研究，嘗試將Payutto所強調的兩種欲望：貪欲及善欲，帶入現代個體經濟學理論，以數學分析導論佛教徒消費者的效用函數、無異曲線等，是目前見到最接近主流經濟學理論分析方法的論文。

　　在進入二十一世紀之際，自然生態、環境資源備受關注，以佛教經濟學的觀念與方法而論及永續經營為當今的重要議題。曾任日本宮崎銀行總裁的井上信一於一九八七年出

---

❷ Priyanut Piboolsravut, *An Outline of Buddhist Economic Theory and System*, 1997.

❷ Harald Wiese, "Moderation, Contentment, Work, and Alms – a Buddhist Household Theory", *The Journal of Socio-Economics*, Vol. 40, Issue 6, 2011, pp. 909-918.

版日文著作《佛教經營》及一九九四年出版《拯救地球經濟
學》，其後結集此兩本著作並翻譯成英文：*Putting Buddhism
to Work*，於一九九七年出版，㉕提出佛教經濟學是自利利他
的經濟學、寬容與和平的經濟學、拯救地球的經濟學。㉖泰
國另一位知名的佛教運動者Sulak Sivaraksa，㉗以著力於「入
世佛教」（Engaged Buddhism）而聞名全球，其豐富的著作
中，亦多具佛教經濟學之觀點，二〇〇九年出版*The Wisdom
of Sustainability: Buddhist Economics for the 21ˢᵗ Century*一書。

　　歐洲方面，匈牙利籍Laszlo Zsolnai是一位積極推動佛教
經濟思想的經濟學者，於一九八五年閱讀《小即是美》一書
後，一九八六年寫出一篇 "Meta-Economics" 的論文，富含
綠色、環保、永續的經濟思想，從此朝向佛教經濟學、企業
倫理的研究領域。Zsolnai發表多篇佛教經濟學之相關論文、
出版多本相關書籍、亦在其網站上提供豐富的資訊。㉘二
〇〇七年與Tamas Agocs一起在匈牙利舉辦了首屆的「國際佛

㉕ Shinichi Inoue（井上信一），*Putting Buddhism to work: A New Approach to
Management and Business*, Kodansha International Ltd., 1997.

㉖ 同上，頁67："Before going into further detail about Buddhist economics, let
me propose three key phrases that underline its main points. They are: 1) an
economics that benefits oneself and others; 2) an economics of tolerance and
peace; and 3) an economics that can save the earth."

㉗ Sulak Sivaraksa（1933-）：泰國著名佛教運動者，創立「入世佛教國際
網絡」（International Network of Engaged Buddhists）、數十個教育及政
治的基層組織，並出版百本以上的泰文及英文著作。其兩度被提名諾貝
爾和平獎，並於一九九五年榮獲另類諾貝爾獎（Alternative Nobel Prize）
「正命獎」（Right Livelihood Award）之得主。

㉘ Laszlo Zsolnai的網站：http://laszlo-zsolnai.net/, 2012年05月31日。

教經濟研究論壇」（International Conference of the Buddhist Economic Research Platform），主題為「佛教面向之經濟學」（Economics with a Buddhist Face），二〇〇九年在泰國舉行了第二屆的國際會議，主題為「佛教經濟學：理論與實踐」（Buddhist Economics: Theory and Practice），提供佛教經濟研究及實踐者之交流平台。

此外，藏傳佛教國家不丹，於一九七二年開始以「國民幸福總值」（Gross National Happiness, GNH）替代GNP（Gross National Products）/GDP（Gross Domestic Products），做為國家發展的指標，因英國萊斯特大學社會心理學家懷特於二〇〇六年首次發表的「世界快樂／幸福地圖」，不丹排名全球第八，而引起各國的注目。二〇一〇年Calkins and Ngo❷嘗試以GNH之最大化為目標，來建構南傳佛教傳承之總體經濟理論，此為佛教總體經濟學之研究。

上述為歐美及泰國在佛教經濟學研究之發展情況，反觀中、日學者對佛教經濟學之研究，❸實於一九三〇年代便已展開。日本佛教學者友松圓諦於一九三一年出版有關印度古代佛教寺院財產之論述；❹其後，經濟學者大野信三於一九五六

---

❷ Calkins, Peter and Anh-Thu Ngo, "Theravada Macroeconomics", Institute for Sufficiency Economy and Promotion, Chiang Mai University, Thailand, Jan. 2, 2010.

❸ 詳見吳永猛教授，〈佛教經濟研究的回顧〉，《華岡佛學學報》卷四，頁274-283，中華學術院佛學研究所，1985年。

❹ 同上，頁275：「一九八〇年日本學者友松圓諦著《佛教經濟思想研究》，第一卷敘述關於印度古代佛教寺院的財產所有權學說，第二、三卷敘述佛教對分配的理論與實際，友松氏是研究佛教經濟思想的先驅者。」

年出版《佛教社會經濟學說之研究》一書，以經濟學的角度
建構佛教經濟思想；一九六六年駒澤大學成立了佛教經濟研
究所，研究成果更見豐碩。除了一九九七年井上信一的著作
以英文出版，開始與西方經濟思想交流；二〇一〇年Richard
K. Payne出版的《多少才算夠？》（*How Much is Enough?*）一
書中，亦收錄多篇日本學者的英文著作。中國學者對佛教經
濟之研究，亦多以佛教史及文獻的角度探討佛陀時代的經濟
制度、思想，中國古代寺院經濟等主題，甚少以現代經濟學
的角度觸及當代之經濟問題。二〇〇五年以來，經濟學者黃
建森教授及其學生的研究，開始了經濟學與佛法的對話，從
大乘經典，如：「淨土五經」、《因果經》、《金剛經》，
探討佛經中的財富觀；從《達賴喇嘛禪思365》中進行經濟思
想的研究；更探討聖嚴法師及星雲法師的財富觀。然這些研
究，雖從佛教經典中得到因果、利他、慈悲等之啟發，但如
何運用於生活中、如何影響現代人的經濟行為，西方的研究
成果，有值得借鏡之處，筆者樂見有更多佛學及經濟學學者
們的參與及研討。

（二）原始佛教之經濟生活

　　人類為維持基本生存或尋求物質生活之滿足，必須覓取
物資；但由於社會上資源有限，而欲望無窮，因而導致經濟
問題的發生。❸經濟學正是一門學問：研究人類如何選擇使用
有限的生產資源，以及生產不同的貨品或服務，來滿足無窮

---

❸ 參考《中華百科全書》中「經濟學」條，吳永猛之解釋。

盡的欲望，並將之分配給社會中不同的成員。經濟學中探討
人類經濟行為❸所發生的經濟活動包括：消費、生產、及分
配，可用以下簡單之經濟活動循環圖表示之：

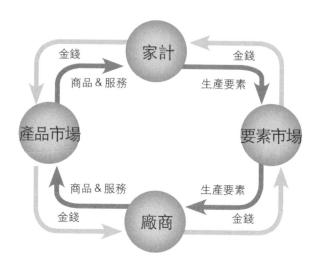

圖一：經濟活動循環圖

　　佛教經濟學則是探討以佛法的觀點從事之生產、消費、
分配等經濟行為；換言之，是一種經由佛陀教導的經濟行
為，涵蓋人的身心、人與人、人與社會、及人與環境間之關
係。本節從經濟活動的角度，藉由前人的研究成果及經律典
籍文獻，探討僧團及居士們的經濟行為模式，從中分析佛教

---

❸ 吳永猛：「以有償的獲得生活物質，來滿足人類慾望的行為，稱謂經濟
　　行為。換言之，無償的獲得自由財之行為，或以竊盜方式奪取之財貨的
　　行為，皆不得稱之為經濟行為。」《中華百科全書》「經濟行為」條。

經濟學核心思想及與主流經濟學的差異。

1. 僧團經濟生活

近代佛教經濟學者如Pryor（1990, 1991）、Payutto
（1994）❸、繼雄法師（1994）❺及李佳靜（2006）❻等，分
別就南傳大藏經❼及大乘經律典籍❽，分析佛制僧團之經濟制
度。總結有關僧團經濟生活之指導原則，可以描繪出原始佛
教僧團的經濟生活模式如表一：

表一：原始佛教僧團經濟行為模式

經濟行為	內容
(1) 必需物資	飲食、衣服、臥具、湯藥，出家人應滿足於所得到的四種物資。❹

---

❸ Payutto, P. A., *Buddhist Economics – A Middle Way for the Market Place*, 2nd ed., Buddhadhamma Foundation, Bangkok, 1994.

❺ 釋繼雄，〈初期佛教的經濟倫理〉，《諦觀》，1994。

❻ 李佳靜，〈早期佛教僧團管理的經濟制度——利和同均〉，《宗教學研究》第二期，中國・四川，2006年，頁183-188。

❼ 又作巴利藏（Pāli Canon），包含律藏（Vinaya Pitaka）、經藏（Sutta Pitaka）、論藏（Abhidhamma Pitaka）三大部分。其中經藏包含長部（Dīgha Nikāya, D.）、中部（Majjhima Nikāya, M.）、相應部（Saṃyutta Nikāya, S.）、增支部（Aṅguttara Nikāya, A.）、小部（Khuddaka Nikāya）。

❽ 參考《阿含經》、*Dharmagupta Vinaya*《四分律》、*Mahaparinirvana Sutra*《佛垂般涅槃略說教誡經（佛遺教經）》、*MahaSangha Vinaya*《摩訶僧祇律》、*Sarvastivada Vinaya*《十誦律》。

❹ Payutto, P. A., *Buddhist Economics*, chapter 5: "A monk in this Teaching and Discipline is well content with whatever necessities, robes, alms food, and dwellings he is given, and praises contentment with whatever necessities are given." [A.II.27]；亦可參考*Ariya-vamsa Sutta*。

(2) 生產方式	正命：如法取得——乞食、居士供養；不得以不如法方式（邪命）貪取財物。❹邪命：下口食、仰口食、方口食、四維口食。❹
(3) 消費方式	不為娛樂、縱欲、或美味，單純只為維生而消費。❹
(4) 分配原則	利和同均：不貪求物資，滿足於所獲得的物資，並與僧眾們分享。❹
(5) 財產／財富	公有財產：捨棄財產、無私有財產；❹心靈、物質財富。
(6) 時間分配	乞食、禪修、遊化、休息。
(7) 生活態度	沒有時，不起煩惱；有時，也不貪著。❹

❹ Payutto, P. A., *Buddhist Economics*, chapter 5: "The monk does not greedily seek the possessions in unscrupulous ways." [A.II.27]

❹ 「尊者舍利弗言：『姊妹！諸所有沙門、婆羅門明於事者、明於橫法，邪命求食者，如是沙門、婆羅門下口食也。若諸沙門、婆羅門仰觀星曆（象），邪命求食者，如（則）是沙門、婆羅門則為仰口食也。若諸沙門、婆羅門為他使命，邪命求食者，如是沙門、婆羅門則為方口食也。若有沙門、婆羅門為諸醫方種種治病，邪命求食者，如是沙門、婆羅門則為四維口食也。姊妹！我不墮此四種邪命而求食也。然我，姊妹！但以法求食而自活也，是故我說不為四種食也。』」《雜阿含經》卷十八，CBETA, T02, no. 99, pp. 131c22-132a3。

❹ Payutto, P. A., *Buddhist Economics*, chapter 3: "We take alms food, not for the purpose of fun, not for indulgence or the fascination of taste, but simply for the maintenance of the body." [M.I.10; Nd. 496]

❹ *Dharmagupta Vinaya*, CBETA, T22, no. 1428, p. 789; CBETA, T22, no. 1428, p. 855. "The requisites, such as food and robes, we obtained should be shared with all monks in the saṅgha."

❹ 「彼於異時，捨家財產，捐棄親族，剃除鬚髮，服三法衣，出家修道，與出家人同捨飾好，具諸戒行，不害眾生。」《長阿含經》卷十三，CBETA, T01, no. 1, p. 83, c12-14。

　　表一描繪出原始佛教的僧團經濟生活：以四種必需物資
為滿足，過著乞食的正命生活，只為維生而消費，並將所獲
得的物資與僧眾們分享，大家共同過著和諧、安定的生活。
學者們認為，佛教僧團經濟之核心思想，可以「六和敬」❹
中之「利和同均」（巴利文：*Cha Sārāṇīyā dhammā*）❹詮
釋之。如《憍賞彌經》（*Kosambiya Sutta in the Sāmagāma
Sutta*）云：

　　　　諸比丘！復次，凡比丘如法之所得，依法得者，乃至
　　　僅盛於一者，將如是所得，無差別食者，與具戒之同修行
　　　者，共食者也。是（為可念、可愛、可尊重之法，）資於
　　　（攝受、無諍、和合、）一性者也。❹

　　「利和同均」意為僧團全體僧眾和樂、和諧、平等地分
享所需、所得之物資，且滿足於所得之物資；這是一種均
等、公平的分配原則，可說是經濟生活中的最高境界。

---

❹ Payutto, P. A., *Buddhist Economics*, chapter 5: "If the monk does not obtain
　any requisites, he is not vexed; if he obtains any requisites, he is not attached,
　not enamored of it and not pleased over it." [A.II.27]
❹ 六和敬：指六種和同愛敬，又做六慰勞法、六可喜法、六和。《中阿含
　經》中包括：1. 身和敬，2. 口和敬，3. 意和敬，4. 戒和敬，5. 見和敬，
　6. 利和敬。另據《祖庭事苑》卷五列舉出「六和」，即：1. 身和共住，2.
　口和無諍，3. 意和同事，4. 戒和同修，5. 見和同解，6. 利和同均。
❹ 李佳靜（2006）直接指出僧團的經濟制度核心為「利和同均」，其他研
　究雖討論此運作方式但未用此名詞。
❹ 《漢譯南傳大藏經・中部經典二・四八，憍賞彌經》，頁48。

　　戒律中出家人不捉持金銀生像，故經濟行為模式是直接接受物質供養，完全不用金錢的一種簡單的經濟生活。由佛陀的經濟生活指導原則，可知出家人應全心投入於修道生活，將物質欲望降到最低，僅為了維持生命而獲得及消費四種生活必需品（飲食、衣服、臥具、湯藥）。除了和合的分配原則，佛陀很重視如法取得四事，稱之為「正命」[49]，從《中阿含經》中可看到佛陀對「正命」的教導：

> 　　諸賢！云何正命？謂聖弟子念苦是苦時，集是集、滅是滅，念道是道時，或觀本所作，或學念諸行，或見諸行災患，或見涅槃止息，或無著念觀善心解脫時，於中非無理求，不以多欲無厭足，不為種種伎術呪說邪命活，但以法求衣，不以非法，亦以法求食、床座，不以非法，是名正命。[50]

　　由此，八正道之一「正命」，是為了維持生命，如法接受信眾的供養，不以多欲貪求之心、或以農作、算命、經

---

[49]「何等為正命？正命有二種。有正命，是世、俗，有漏、有取，轉向善趣；有正命，是聖、出世間，無漏、不取，正盡苦，轉向苦邊。何等為正命世、俗，有漏、有取，轉向善趣？謂如法求衣食、臥具、隨病湯藥，非不如法，是名正命世、俗，有漏、有取，轉向善趣。何等為正命是聖、出世間，無漏、不取，正盡苦，轉向苦邊？謂聖弟子苦苦思惟，集、滅、道道思惟，於諸邪命無漏、不樂著，固守、執持不犯，不越時節，不度限防，是名正命是聖、出世間，無漏、不取，正盡苦，轉向苦邊。」《雜阿含經》卷二十八，CBETA, T02, no. 99, p. 203, c3-13。

[50]《中阿含經》卷七〈3 舍梨子相應品〉，CBETA, T01, no. 26, p. 469, b6-13。

商、行醫等「邪命」謀求生活所需。為了維持利和同均的僧團經濟機制，少欲知足、不貪求、不執著於物質的生活態度，是佛陀所強調的。而這樣的態度，必須透過修行而達成。P. A. Payutto尊者（1994）❺指出，僧眾們沒有豐富的物質而能過著和樂的生活，這不僅是因為僧團有戒律而是僧眾們透過修行而開發五種善根：信心（saddhā）、精進（viriya）、正念（sati）、禪定（jhana）及般若（paññā），使戒律更臻圓滿。僧眾們時時體念苦的現象及苦的原因，透過精進地戒定慧修行及適當的經濟生活，而朝向自身及幫助眾生得解脫的方向前進。

2. 居士經濟生活

家庭是人類社會的基礎，在佛陀時就非常地重視家庭生活，從阿含經典與律部中有關經濟生活的相關文獻，以及P. A. Payutto尊者（1994）、淨因法師（1993）❺、繼雄法師（1994）❺、及張李玲麗（2010）❺等之相關研究，使我們能具體了解佛陀不僅指導出家僧眾，對在家居士的經濟生活方式，也做了詳細的教導，茲將佛制居士之經濟生活模式整理如表二：

---

❺ Payutto, P. A., *Buddhist Economics – A Middle Way for the Market Place*, 2nd ed., Buddhadhamma Foundation, Bangkok, 1994, pp. 71-74.

❺ 釋淨因，〈論佛教的財富觀〉，《法音論壇》，1993年。

❺ 釋繼雄，〈初期佛教的經濟倫理〉，《諦觀》，1994年。

❺ 張李玲麗，《初期佛教財富觀研究》，南華大學宗教學研究所，碩士論文，2010年。

表二：佛制居士之經濟行為模式

經濟行為	內容
(1) 必需物資	金錢、多於四種資財。
(2) 生產方式	正命：除五種邪命。 邪命：販賣刀劍、販賣人口、販賣肉、販賣酒、販賣毒品。❺❺
(3) 消費方式	等入等出，不過分奢侈，亦不應過分吝嗇。❺❻
(4) 所得分配	1. 世俗立場：自食用、營業務、貯藏、出息利、娶婦、做屋宅。 2. 宗教立場：食知止足、修業勿怠、當先儲積、耕田商賈擇地置牧、當起塔廟、立僧房舍。❺❼

---

❺❺ 同上，頁42，或Payutto（1994），頁92。有關「五種邪命」，在《南傳藏經·增支部》A5. 177（PTS. A.III. 207）所言，與漢譯經典略有差異，如「五種販賣：酤酒、賣肉、賣毒藥、賣刀劍、賣女色，除此惡業此謂正命。」《文殊師利問經》卷一〈14 字母品〉，CBETA, T14, no. 468, p. 499, c1-2。

❺❻ 「云何為正命具足？謂善男子所有錢財出內稱量，周圓掌護，不令多入少出也、多出少入也。如執秤者，少則增之，多則減之，知平而捨。如是，善男子稱量財物，等入等出，莫令入多出少、出多入少，若善男子無有錢財而廣散用，以此生活，人皆名為優曇鉢果，無有種子，愚癡貪欲，不顧其後。或有善男子財物豐多，不能食用，傍人皆言是愚癡人如餓死狗。是故，善男子所有錢財能自稱量，等入等出，是名正命具足。」《雜阿含經》卷四，CBETA, T02, no. 99, p. 23, b11-21。

❺❼ 關於所得分配，綜合幾部經典之內容：

(1) 世俗立場：《長部31經》、《雜阿含1283經》之內容為：「才能之家主，集聚諸財物，此財做四分，為彼結交友，一分自食用，二分營業務，第四為貯藏，以備於貧乏。」《中阿含135經》為：「後求財物已，分別做四分，一分做飲食，一分做田業，一分舉藏置，急時赴所須，耕作商人給，一分出息利。第五為娶婦，第六坐屋宅，家若具六事，不增快得樂。」

(5) 財產／財富	私有財產；心靈、物質財富。
(6) 時間管理	工作、禪修、休閒。
(7) 生活態度	禁止放逸的生活──六種損財業：1. 飲酒放逸；2. 非時在街道遊蕩；3. 迷於伎樂；4. 賭博；5. 親近惡知識；6. 怠惰。❺❽

　　居士無法如出家人一般，放下家庭及財產專心修行，故居士的經濟活動範圍比出家人更大、更多元。在經濟社會中，每一個人可以是生產者，也是消費者，佛陀強調中道的經濟生活，即「正當、如法」地取得經濟所得，以及適當的分配所得。謀生的方式，在經濟學中稱之為就業，對於何種方式，並未加規範；而佛教重視「正命」，不僅是要符合國家法令，還必須要符合佛法，即合法和非暴力取得所得。❺❾佛陀列出五種邪命：販賣刀劍、販賣人口、販賣肉、販賣酒、販賣毒品，這些會危害他人的行業，大眾不應該從事；其餘士、農、工、商等正當的行業皆可選擇。

　　至於消費的態度，佛陀認為必須要「等入等出，莫令入多出少，出多入少」，亦即在家人需清楚自己的收入及支

---

(2) 宗教立場：《長阿含經》卷十一中言：「一食知止足，二修業勿怠，三當先儲蓄，以擬於空乏，四耕田商賈，擇地而置牧，五當起塔廟，六立僧房舍；在家勤六業，善修勿失時。」

❺❽ 「佛告善生：六損財業者：一者耽湎於酒，二者博戲，三者放蕩，四者迷於伎樂，五者惡友相得，六者懈墮，是為六損財業。」《長阿含經》卷十一，CBETA, T01, no. 1, p. 70, b25-27。

❺❾ 參考《南傳藏經・相應部》，S. IV. p. 332；取財的方法分為三種：1. 依非法和暴力。2. 依非法和暴力與依合法和非暴力同時並存。3. 依合法和非暴力。

出，過著均衡的生活，不過於奢侈，亦不過於吝嗇。等入等出的消費行為，意味著以合理的方式使用所得，不至於過於浪費或吝嗇。而合理的所得分配，佛陀建議可以分為四份到六份，除了日常生活所需，還包括營業用、儲蓄、利息、嫁娶、置產等等；若考慮到宗教立場，還包括了護持道場，起塔廟、建僧房等。

就現代人而言，擁有財產是件很重要的事，並能產生安全感，然從《應食經》中可見到佛陀所詮釋財產之意義：

1. 使自己、父母、妻子、奴僕和佣人得樂、豐饒、幸福。
2. 使友人、知己得樂、豐饒、幸福。
3. 防禦水、火、惡王、盜賊、不肖子孫的災害，使自己安全無事。
4. 將此財貢獻予親族、客人、祖先、國王、神明。
5. 供養沙門婆羅門，遠離狂醉放逸；安住於忍辱柔和來調伏自己，使自己寂靜、安泰；進而生到天國，享受樂果及天國勝妙的物質。❻

依此，可以看到擁有財產，並不只是為自己的生存，而是為了帶給家人、親友幸福，也是防災解厄之用途，更可以供養僧眾，廣種福田。若能有這樣的觀念，世間爭奪財產的事件，應是不可能發生的。

---

❻ 《應食經》A.III. pp. 46-47；引自繼雄法師《初期佛教的經濟倫理》。

就生活態度而言，佛陀指導居士們過著勤勞、精進的生活，禁止放逸的生活。在《長阿含經》中有所謂的六種損財業（表二）。這六種行為均可能造成傾家蕩產、家破人亡的悲劇，亦是擾亂社會秩序的行為，故佛教嚴加禁止。由此可看出，佛陀希望居士們將時間用在正當的工作上、精進修行上、利益他人上，禁止過分奢侈、享樂的生活和無謂的財富浪費。

由此，在家人若能依法過著中道的經濟生活，亦即正命、布施的經濟生活，避免放縱欲望便能達到佛陀所說在家生活的四種快樂：

1. 所有樂──享受依法取得的財富與經濟上的安全感。
2. 受用樂──以此財富用於自己、家庭、親友身上，以及行善作福。
3. 無債樂──對任何人皆無有負債。
4. 無罪樂──淨信的信眾可過著身、口、意三業清淨的生活。❻

（三）佛教經濟學之思想

從原始佛教僧團及居士的經濟生活，可明顯的看出，佛教經濟原理與西方主流經濟學無論在消費、生產及分配等經濟活動，均截然不同。西方主流經濟學以物質、數量架構經濟體系，在合法的情況下，消費者追求最大效用，生產者追

---

❻《適切業經》A.II. pp. 69-70；引自繼雄法師《初期佛教的經濟倫理》。

求最大利潤，並追求累積最大財富，種種經濟活動過程中，任由「欲望」之驅動，不考慮人道及倫理等「質」之因素。佛教經濟學則是探討在有限的資源下，將個人的「欲望」降至最低，並在「利他」的思維下，個人及社會透過智慧與慈悲的經濟行為及活動，而能離苦得樂，達到涅槃之終極目標。❻❷

泰國佛教學者P. A. Payutto尊者（1994）❻❸在《佛教經濟學》一書中分析，人類的「欲望」有兩種，一種是「貪欲」（巴利文：*Taṇhā*），❻❹另一種是「善欲」（巴：*Chanda*）。❻❺「貪欲」，也翻譯為愛、渴愛，基於「無明」（巴：*avijja*）而產生，是緣感官的受而生的貪欲或愛，導致對物質、財富及私利的追求，並成為「苦」（巴：*dukkha*）的來源；亦即形成十二因緣的生死流轉（圖二）。

「善欲」（巴：*Chanda*），中文又翻譯為欲、志、願、善法欲，此以「般若」（巴：*pañña*）為主導而產生，是一種棄惡修善、自利利人、對法的希求，驅使對內在幸福及大眾利益的追求。貪欲與善欲同出一源，均以追求所喜歡的事物為基本性質，並驅動人類積極從事某種事業，可說是人性中本有的一種源源不絕的力量。❻❻兩者的差別在於無明或般若的

---

❻❷ Apichai Puntasen (2008): "Buddhist Economics is the subject explaining economic activities with the aim for both individual and society to achieve peace and tranquility under resource constraint."

❻❸ 參考P. A. Payutto尊者, 1994, *Buddhist Economics*, pp. 33-36.

❻❹ Taṇhā，譯為渴愛、愛、愛欲、貪欲，為十二因緣之一支，通常譯為愛。

❻❺ Chanda，譯為欲、欲望、志欲、意欲、意樂。

❻❻ 陳兵，〈佛教人生欲望觀〉。

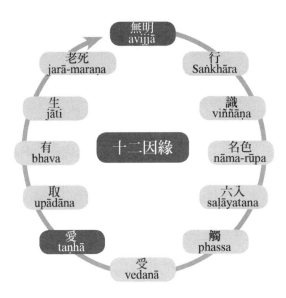

圖二：十二因緣生死流轉

引導，走上自私自利、自我毀滅；或利他行善、成佛之道兩
種全然不同的方向。

　　佛陀證悟到眾生在三界六道輪迴的「苦」，是因為追求
快樂、滿足欲望的種種貪欲或渴愛而形成，故須破除一切
欲望、斷除貪欲之心，才能從所有的煩惱即善惡之中解脫出
來，由生死的三界，進入寂滅的涅槃境界，這才是應該要追
求的終極之樂。**⑥**佛陀所教導離苦得樂的方法，是不苦不樂的

---

⑥ 《佛教入門》，頁58。

中道，可由八正道開演出三十七道品之修行體系，❻❽又歸納演
化為六度，亦融攝於戒、定、慧三學之範圍。❻❾

　　如《大般涅槃經》中云：「善欲即是初發道心，乃至阿
耨多羅三藐三菩提之根本也，是故我說欲為根本。」❼⓪三學、
三十七道品之修行體系中，「善欲」被稱之為還滅的根本。❼①
依此，修行四念處、四正勤、四如意足，可去除五蓋，❼②產生
五種善根：信、勤、念、定、慧，再依據五根而生起五種破
惡成善的力用：五力。法師論述五根培養的次第：

---

❻❽《戒律學綱要》，頁164-165。簡要說明「三十七道品」：
　　1. 四念處——觀身不淨、觀受是苦、觀心無常、觀法無我。
　　2. 四正勤——未生惡不生、已生惡滅除、未生善令生、已生善增長。
　　3. 四如意足——欲（慕樂修持之法）、念（一心正住其境）、精進（修
　　　習不懈）、慧（思惟心不散）。
　　4. 五根——信（信於正道）、精進（勤求不息）、念（一心觀想）、定
　　　（一心寂定）、慧（內性自照）。
　　5. 五力——由五根而發生五種力量，破除五障；信力遮煩惱、進力除懈
　　　怠、念力破邪想、定力破妄想、慧力破一切邪外。
　　6. 七覺支——念（思念修諸道法，而使定慧均等）、擇法（以智簡擇法
　　　之真偽）、精進（以勇猛心離邪行、行正法）、喜（心得善法，即生歡
　　　喜）、輕安（斷除身心麤重，身心輕利安適）、定（心住一境）、行捨
　　　（捨諸妄謬、捨一切法）。
　　7.八正道——正見、正思惟、正語、正業、正精進、正定、正念、正命。
❻❾《印度佛教史》，頁41。
❼⓪《大般涅槃經》卷三十八〈12 迦葉菩薩品〉，CBETA, T12, no. 374, p.
　　587, a28-b1。
❼①「流轉還滅根本故者，謂欲。由善法欲乃至能得諸漏永盡，是故此欲名
　　還滅根本。」《瑜伽師地論》卷八十八，CBETA, T30, no. 1579, p. 797,
　　b9-11。
❼②五蓋：貪、瞋、睡眠、掉悔、疑。

先修「四念處」——主要修觀、修定；然後用「四正勤」來修四念處——以精進的心既修觀修，又修禪定；再以四正勤的功能修四種神足，即「四如意足」，四種神足就是四種定。觀慧和禪定的功能產生之後，信心就會穩固，第一根的信就產生了。❼

而信能引發善欲、法欲或願欲，再引發勤根，如印順法師於《學佛三要》中所言：

佛法中說：「信為欲依，欲為勤（精進）依。」依止真切的信心，會引起真誠的願欲。有真誠的願欲，自然會起勇猛精進的實行。由信而願，由願而勇進，為從信仰而生力量的一貫發展。精進勇猛，雖是遍於一切善行的，但要從信願的引發而來。❼

修行者透過精進用功而開發般若，不僅是自利，更是利他的追求，如圖三。

由上分析，西方主流經濟學家所觀察及分析的經濟行為與活動，便是由「貪欲」所驅動的經濟行為，追求更多的物質、利益來滿足無盡的欲望，此種不斷向外擴張的行為模式，導致地球的破壞及經濟問題更見複雜與嚴重。而佛陀教導之經濟行為，便是透過戒、定、慧之修行，降低貪欲而增

---

❼ 《三十七道品講記》，頁101。
❼ 印順法師，《學佛三要》，（Y 15 p. 69）。

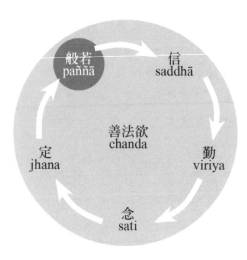

圖三：五善根

長善欲，是一條引導眾生走上解脫生死流轉的道路，並達到
涅槃的終極目的，此時亦是達到離苦得樂、般若（*paññā*）之
境界。歐洲經濟學家 Laszlo Zsolnai 對佛教經濟學與主流經濟
學兩者的比較為：

> 西方經濟學呈現一種最大化的框架（framework）：希
> 望利潤最大化，欲望、市場、資具的使用、及自身利益最
> 大化；並朝向於建立一個「愈大愈好」、「更多再更多」
> 的世界。然而，佛教經濟學表達了一種最小化的框架：痛
> 苦、欲望、暴力、資具的使用，和自身利益最小化。這是
> 為什麼說，「小即是美」和「少即是多」正能適度的表達
> 出以佛教的方法來面對經濟問題的本質。❼❺

　　西方主流經濟學建構於最大欲望的追求之下，此乃立足
於生死流轉的現象上。然佛教經濟思想，是直探人類問題之
根源，教導人們從對治貪欲下手，即轉化十二因緣之愛支，
而走上生死還滅之道。換言之，透過戒定慧三學之修行，依
「正命」而生活，消費者少欲知足，生產者因利他而生產，
透過「利和同均」之分配原則，帶給社會心靈及物質之福
祉。

三、「心靈環保」經濟學之實踐

　　依據佛教經濟思想之分析，欲徹底解決當今世界所面臨
的經濟局面，若僅著力於各種財政政策、貨幣政策、價格
政策等，而未針對「欲望」或「心」下手，問題仍將持續
燃燒，甚至愈演愈烈。聖嚴法師走遍全球，呼籲「心靈環
保」，一方面傳承漢傳佛教經濟生活，以漢傳禪佛教的觀念
及方法，幫助學佛者達到頓悟，對於無法當機頓悟的人，也
教導從次第法之三十七道品修行練習，再接續用頓悟的漢傳

---

❼ 譯自Laszlo Zsolnai, "Buddhist Economics for Business", in *Ethical Prospects: Economy, Society and Environment*, eds. Laszlo Zsolnai, Zsolt Boda, and Laszlo Fekete, Springer, 2009. 原文為："Western economics represents a maximizing framework. It wants to maximize profit, desires, market, instrumental use, and self-interest and tends to build a world where "bigger is better" and "more is more". However, Buddhist economics represents a minimizing framework where suffering, desires, violence, instrumental use, and self-interest have to be minimized. This is why "small is beautiful" and "less is more" nicely express the essence of the Buddhist approach to economic questions."

禪法，使之容易得力；❼另方面提倡「心五四」經濟生活，以現代人容易理解及實踐的法鼓山理念，來教導大眾。兩個層面的方法，都是降低自私貪欲，並增長利他善欲的方法，使大眾能多關懷地球、多照顧全體人類，讓經濟的問題得以減弱、地球的破壞得以減緩、眾生的利益得以平等，人類才能得到真正的快樂，世界方能走向和平。

（一）現代佛教經濟生活

處於二十一世紀的文明，現代僧團及佛教居士是否能依照佛陀的教導，過著簡樸的經濟生活？本文從法鼓山的現代佛教經濟活動，包括僧團的經濟生活機制，以及聖嚴法師所提出佛化家庭的經濟生活內容，建構現代僧團及居士的經濟行為模式，如表三：

表三：現代佛教經濟行為模式

經濟行為	法鼓山僧團經濟生活	現代居士經濟生活
(1) 必需物資	金錢、飲食、衣服、臥具、湯藥……。	金錢、多於四種資財。
(2) 消費方式	正念消費： 不私蓄財物；❼❼不擁有過多的財物。❼❽	正念消費： 量入為出，妥善規畫。

---

❼ 《三十七道品講記》，頁143。有關心靈環保與漢傳禪佛教，可參考釋果光、釋常諗〈漢傳禪佛教的當代實踐──聖嚴法師的「心靈環保」〉一文，收錄於《聖嚴研究》第二輯，2011年，臺北：法鼓文化。

❼❼ 《法鼓山僧團共住規約》3.3.3.8。

(3) 生產方式	正命生產： 信施供養金錢、物品。❼	正命生產： 正命營生，不違五戒。❽
(4) 分配原則	利和同均： 僧團統一供應所需物資。 ❽	利和同均： 孝養周濟，布施行善。
(5) 財產／ 財富	心靈財富； 公有財產：捨棄財產、無 私有財產；❽ 心靈與物質財富。	心靈財富； 私有財產； 心靈與物資財富。
(6) 時間分配	執事、修行、休息。	工作／義工、修行、休息 ／休閒。
(7) 生活態度	知足：多也好，少也好， 好到皆大歡喜。❽	遵守五戒十善、環保節約 之精神。

1. 法鼓山僧團之經濟機制

本文依據《法鼓山僧團共住規約》、《聖嚴法師早齋開示》、〈聖嚴法師遺囑〉等相關資料，建構法鼓山僧團的經濟行為模式，以考察法鼓山僧團是否仍能維持原始佛教僧團的經濟結構。

如表三第二欄所示，法鼓山僧團之經濟生活，仍保持著原始佛教經濟生活之精神：利和同均之經濟體制，並維持傳

---

❼ 聖嚴法師二〇〇二年九月十五日之早齋開示：「有的人擁有太多的衣服、書籍、或生活所需的東西，其實這不是需要而是想要，是不許可的。」

❼ 《法鼓山僧團共住規約》3.3.3.9。

❽ 參考「佛化家庭應有的經濟原則」，《平安的人間》，頁73-74。

❽ 《法鼓山僧團共住規約》3.3.3.8。

❽ 聖嚴法師二〇〇三年一月十日之早齋開示：「凡是來出家的人，不要帶金錢或任何財產進入法鼓山僧團。」

❽ 《心五四運動》，頁34。

統正命的生活方式，接受十方信施之供養，過著少欲知足，以利他為先的經濟生活。對照表一，法鼓山僧團與原始佛教僧團在經濟生活上最大的差異，乃在於金錢的使用與物資之種類。原始佛教僧團僅有四資具，然現代僧團生活中，出家人所使用的物資已不只四種必需品，物資使用型態也有了變化，如表四所示：

表四：原始僧團與法鼓山僧團物資之差異

物資	佛陀僧團	法鼓山僧團
(1) 金錢	不持。	方便能持。
(2) 飲食	乞食； 過午不食。	過堂：食存五觀；❽ 持午為方便能持。
(3) 衣服	糞掃衣。	縫紉室：統一提供僧服及相關衣物。
(4) 住宿	樹下宿。	寮房設計的原則為私人空間要小，公共空間要大，寮房空間只是為了睡覺。❽
(5) 湯藥	陳棄藥。	省行堂：統一醫療照顧。

　　由佛陀時代乞食的經濟生活至現代以金錢運作為主之經濟生活，現代僧團必須另外建立一套經濟體制，一方面保有出家修行的精神，另方面也適應現代的環境。為此，法鼓山僧團成立了「僧眾基金」，所有的「供僧」的供養金均存

---

❽ 《毘尼日用切要》卷一：（CBETA, X60, no. 1115, p. 159, a24 // Z 2:11, p. 67, b3 // R106, p. 133, b3），僧團將「食存五觀」之內容懸掛在僧團齋堂：「計功多少，量彼來處。忖己德行，全缺應供。防心離過，貪等為宗。正事良藥，為療形枯。為成道業，應受此食。」

❽ 聖嚴法師二〇〇一年一月六日之早齋開示。

入此基金，提供所有僧眾之各項需求。所以出家時，要僧眾不帶金錢、財產等進僧團，僧團對僧眾提供了相當充足的照顧，所有的日常所需、飲食、衣物、辦公設備、交通、醫療等，全數供應，能夠滿足出家人的基本需求。雖然僧團提供所有需求，然僧眾是方便能持銀錢戒，僧團每個月發給住眾一些零用錢，以防不時之需及個人所需。此外，僧團規定僧眾不得有私有財產，所得到的供養、所得等，全數繳回僧團，納入僧團基金，統一管理與使用。❻

就飲食方面，異於佛陀時代的乞食方式，中國僧團發展出過堂的方式，幫助僧眾在飲食時亦能修行。法鼓山總本山的大寮（廚房），提供全山的飲食，僧眾們在過堂時，透過「食存五觀」以降低貪欲，為維持色身、成就道業而用餐。用餐時不挑剔食物的美味，將所分到碗內的食物用完，最後並用開水洗碗，將水喝下去，是惜福的做法，也讓碗筷容易清洗，因而節省洗碗用水。僧眾的衣服、臥具、醫藥亦統一由僧團提供，僧眾成立了縫紉室、省行堂（保健室）等單位，並有法師專司負責，提供所需物品。

僧眾住宿空間的設計理念為「私人空間要小，公共空間要大」，所以僧眾沒有個人的寮房，每間寮房三至四人，每人僅擁有一張床鋪、一個衣櫃，辦公、讀書、修行則至公共的辦公室、讀書室、佛堂進行。如此的設計，讓每位僧眾的自我縮小、心量放大。

---

❻ 有關「金銀戒」之討論可參考Ven. Bhikshuni Wu Yin, *Choosing Simplicity*, Snow Lion Publications, Ithaca, New York, 2001, pp. 233-238。

　　此外，僧團對於死亡的處理，亦由聖嚴法師做了一個簡約的示範，如遺囑中所述：

　　　在我身後，不發訃聞、不傳供、不築墓、不建塔、不立碑、不豎像、勿撿堅固子。禮請一至三位長老大德法師，分別主持封棺、告別、荼毘、植葬等儀式。務必以簡約為莊嚴，切勿浪費鋪張，靈堂只掛一幅書家寫的輓額「寂滅為樂」以做鼓勵；懇辭花及輓聯，唯念「南無阿彌陀佛」，同結蓮邦淨緣。❽

　　此一指示，除了告誡弟子不要留下任何身後物，種種儀式的簡化，及最後採植葬的方式，相對於現代喪禮之繁複，可以說是當代最佳的典範。

　　整體而言，法鼓山僧團的經濟機制相較於原始佛教僧團，顯然已做了改變，而我們仍可看到核心思想「利和同均」之分配原則，仍存在於法鼓山僧團之中。聖嚴法師在一九七九年建立「三學研修院」之僧團時，便將佛陀僧團的精神，融入於院訓之中，並於每日早課後誦念，便是希望僧眾們能依此指導原則，維持一和敬的僧團，院訓內容如下：

　　　本院以養成戒定慧三學並重之佛教青年人才為宗旨。本院同學應具備清淨、精進、少欲、無諍、整潔、寧靜、和樂、自動、自律、自治之基本精神，益以互敬互助、直諒

---

❽ 「聖嚴法師遺言」，2009年。

多聞、砌磋砥礪、道業與學業並進,以達成研究與修持之崇高心願。本院同學應惜常住物,熱心大眾事,除因公、上課、工作,不濫攀俗緣,不為娛樂及應酬外出,對所分配之工作應盡力盡責做好,以資養成福智雙運之美德,及弘法利生之願力。[88]

法鼓山僧團是一個已經發展超過三十年的僧團經濟範例,奠基於佛陀所教導的古老原則,以漢傳禪法為修行法門,並建立適應於現代世界之規約。如同李佳靜(2006)得出結論認為,「利和同均」是在平等、和諧與利他主義中的分配體制。這體制是建立在佛陀教誨的原理上,藉由個人培養戒、定、慧三學,得以從貪欲及自我中心獲得個人的自由。

從相關之學術研究以及法鼓山僧團之範例,可知「少欲」、「利他」是影響個人和團體經濟行為的主要關鍵。僧團不只是靠著寺院規範來做為指導,也仰賴戒、定、慧三學的修習。若缺乏這些修行,強制性的規約與制度,無法使人減少貪欲、增長善欲,也將無法維持體制。

2. 現代居士經濟生活指南

本持著「淨化人間,始於佛化家庭;建設佛化家庭,始於佛化婚禮。」[89]法鼓山於一九九四年舉辦首屆「佛化聯合婚禮」持續至今,引導新人從一個符合佛教觀念的婚禮開始,

---

[88] 「三學研修院院訓」,1979年。

[89] 《兩千年行腳》,頁8。

朝向建立一個如法的佛化家庭。聖嚴法師以為佛化婚禮的意義為：

> 在佛化婚禮主張素食、忌葷酒，即是不殺生、不飲酒的落實，使日後更能將五戒中的不邪淫、不偷盜、不妄語，切實地在家庭中實踐。此外，婚禮中不擺宴席，是符合環保節約的精神；由三寶來祝福新人，是婚禮中最大的禮物，比鑽戒、洋房更有意義。**⑩**

　　佛化聯合婚禮的舉辦，即是一場簡樸、環保、莊嚴、隆重的婚禮，也是一場知福、惜福的婚禮，是「心靈環保」經濟生活的開端。法鼓山並編輯《佛化家庭手冊》、《佛化婚姻與佛化家庭》、〈佛教家庭的生活指南〉等，期許在家人能以正確的心態與觀念，正視婚姻本身是責任和義務的肯定與承擔，也是人生絕佳的歷練，來建立幸福美滿的家庭。**⑪**在這些佛化家庭生活的指導內容中，亦提供佛化家庭經濟收支的原則，如表三第三欄所列。

　　在生產或就業方面，強調「以正當職業謀取生活所需，盡量避免從事與五戒相違的職業」之正命生產。消費原則為量入為出，但也不可做守財奴，只知賺錢而不用錢；且應消費利己利人的產品與服務，稱之為正念消費。**⑫**用錢方面，則可依：「家庭的生活、營利的資本、資產的增加、儲蓄生

---

⑩ 《法鼓山的方向》，頁358。
⑪ 〈如何建立美滿婚姻？〉，《法鼓山的方向》，頁348。

息、布施行善等五個方向來規畫。」❽聖嚴法師很強調經濟生活中之布施：

> 家庭經濟的基礎穩固了以後，除了家庭正常生活的所需，如果仍有餘力的話，就該用於家庭以外的福德，供養三寶及公益慈善等的事業中去了。所以《雜阿含經》中也說，居士的財產，應該分做三種用途：一是供養父母；二是養育妻子兒女，乃至周濟親屬、朋友、僕從等；三是供養沙門、婆羅門等宗教師。❽

聖嚴法師所提供的經濟生活原則，基本上是依據原始佛教居士經濟生活而來（表二），重點強調在私有財產制度下，居士們透過宗教生活的修持，過著正命營生、量入為出、布施行善的經濟生活，以達到利和同均的分配原則。

除此，「利和同均」的分配原則，不僅是僧團經濟制度的中心思想，亦可擴及一般團體及社會，進而建設一個和樂的人間。然這樣的經濟分配制度，很容易被解釋為利益均等的分配，雖與資本主義社會的經濟制度中，所謂「個人擁有

---

❽ 參考Thich Nhat Hanh, "For a Future to be Possible – Commentaries on the Five Wonderful Precepts"，一行禪師將五戒中之不飲酒戒詮釋為「正念消費」，即不消費菸酒、毒品、賭博等產品及服務。http://www.abuddhistlibrary.com/Buddhism/G%20-%20TNH/TNH/The%20Five%20Precepts /Five%20Wonderful%20Precepts.htm, 2012年10月21日。

❽ 《平安的人間》，頁74。

❽ 《法鼓山的方向》，頁366-367。

的資本愈多，享受愈多」完全不同；但也不是共產主義社會下，財產全部共有，表面上的齊頭式平等。

聖嚴法師認為由於每個人的能力、因緣、福報與智慧不同，所以機會與基礎可以是均等的，但個人發展卻不可能均等；同理，「基本上利益是普遍均等的，但是隨著個人器量大小不同，接受的程度也就有多與少的差異。」**⑤**

法師認為「利和同均」可以從制度層面及倫理層面來談。制度面指透過制度，一切物資、利益屬於人員、團體所共有。除了僧團經濟制度，全體員工均持股的股份有限公司，每位員工均可分享公司的股利，中國古代大家庭的利益分配原則，均是「利和同均」的範例，即透過團體的制度，分享利益。

至於倫理的「利和同均」，是指不需要透過團體的制度，個人或企業將所得的利益、用不完的財富，以「取之於社會、用之於社會」的態度，捐給宗教團體、非營利組織、或從事社會福利。**⑥**此一以「利他」為出發點，透過「布施」之行為，將財富回饋於社會的做法，可讓我們的社會更和諧美滿。聖嚴法師對企業家們的呼籲如下：

> 利和同均並不是共產主義齊頭式的平等，也不像資本主義是完全私有制。在現代社會中，有抱負、有遠見的企業家，不應只是為了讓自己富有而賺錢，或是為了讓後代子

---

⑤ 《工作好修行——聖嚴法師的38則職場智慧》，頁137-138。
⑥ 《工作好修行——聖嚴法師的38則職場智慧》，頁142。

孫衣食無憂而經營，大企業家們應該要有利和同均的理想
和理念，才能夠把事業經營出大格局。**❾**

　　「利和同均」之佛教經濟中心思想，對僧團而言，是過
著少欲知足的生活，僧眾們和諧、和樂地共同分享所得到
的供養。而對社會而言，此種原則將引導大眾透過布施之行
為，朝向利他主義之發展，促進人類的福祉。法師認為要解
決貧富懸殊的社會現象，除了合理的經濟制度，鼓勵人人布
施，是最好的辦法。**❾**在此，少欲是智慧的呈現，利他是慈悲
的表現，而以布施來貫串個人與社會，當慈悲與智慧具足，
便達到了「利和同均」之境界。

（二）「心五四」的經濟生活

　　法鼓山所倡導的二十一世紀的生活主張——「心五四」
運動，以現代人容易理解的方法，落實於經濟活動面，以開
展「心」經濟生活，建構「心」經濟體制。即以「四它」面
對當代經濟情勢，以「四要」對治貪欲達到正念消費，以
「四福」增長善欲達到正命生產，以「四安」促進「利和同
均」的分配原則，以「四感」而獲得心靈財富。此經濟生活
主張，讓佛教徒乃至非佛教徒都容易接受及落實，從心及觀
念的轉變而產生行為的調整，對生產、消費及分配行為，均
能產生直接的影響，引導大家走上正命、利他，少欲、知足

---

❾ 同上註。
❾ 《學術論考II・佛教在二十一世紀的社會功能及其修行觀念》，頁69。

的菩薩道。

1.「四它」態度

面對當今相互衝擊的世界經濟情勢,「心五四」生活主張中,解決困境的主張——「四它:面對它、接受它、處理它、放下他」,正是適用於各個國家、地域、種族、性別、年齡的生活及職場的態度,聖嚴法師進一步闡釋其意涵:

> 面對現實,必須學取經驗;接受現實,必須盡職負責;處理現實,必須盡心盡力;放下現實,乃是事過之後,不論解決或未解決,均宜如鳥行空,不留痕跡。這樣才能使你左右逢源,著著是活棋、處處有生路、時時遇貴人,這樣才能使你轉變愚癡而成智者。❾❾

「四它」實則是將禪法融入於生活與職場中,遇到好事不會得意忘形,遇到壞事不致焦頭爛額,都能以平常心面對,踏實地奉獻一己所能、用心地體驗緣起法義;並以客觀的角度來觀察、反省,以慈悲對待人、以智慧處理事,就能夠在順境及逆境中遊刃有餘,自由自在地向前看、向前行了。

2.「四要」消費

以需求為導向的「消費主義(Cosummerism)」,主張以刺激消費者需求,來增加生產,此行為造成過度的消費、

---

❾❾ 《自家寶藏——如來藏經語體譯釋》,頁62-63。

過度的生產，導致資源的過度開發與浪費。「四要」消費正是為了釐清人類價值觀念，認清「需要」、「想要」、「能要」、「該要」，聖嚴法師於一九九八年提出的「四要」，內容為：

> 需要的不多，想要的太多；能要、該要的可以不要，不能要、不該要的絕對不要。❿

法師進一步說明，「需要」是指少了它就不能活的必需品，基本的飲食、衣服、房子，甚至現代社會中，基本的交通工具、電腦、電話都可說為必需品。⓫然而，現代人類不斷地追求需要的、想要的，甚至不能要的、不該要的都要，導致人心的不安定、社會及經濟問題叢生。法師說明「四要」的方法可以減少人類的貪欲：

> 貪欲心，是貪得無厭，對於一切順境，永遠貪求追取，沒有止盡，不僅為了滿足生理的欲望，主要是追求滿足心理的貪著。所謂欲壑難填，不僅為了需要，主要是為了想要的占有欲。因此我提出「四要」的方法，來幫助大家對治貪毒：「需要的才要，想要的不重要，能要該要的才要，不能要不該要的，絕對不要。」⓬

---

❿ 《抱疾遊高峰》，頁120。
⓫ 《平安的人間》，頁20。
⓬ 《自家寶藏——如來藏經語體譯釋》，頁61。

　　就消費面而言，「四要」可以引導消費者產生「正念消費」之行動力量。消費者可以觀照自己的消費行為，思考到底是需要？還是想要？什麼是該買？什麼是不該買？該買多少？消費者選擇對自己及他人身心有益的消費產品或服務，應避免消費對自己及他人身心有害的消費，如賭博、毒品等，以及會破壞自然生態、違反人道的產品及服務。甚而言之，消費後垃圾的處理，亦是個重要的議題；例如在沙灘上丟棄塑膠垃圾，造成海面的污染及鳥類誤食的傷亡等自然生態的危害。簡言之，四要之「正念消費」，可使每個人更珍惜自然、人力資源，可以解決消費過度，以及因消費所造成生態環境破壞的種種問題。

　　若要能確實做到「四要」消費，對環境誘惑具免疫能力，亦不產生不好的心念，時時覺照起心動念，必須有相當的禪修工夫。由此，「四要」不僅是觀念，亦是一種心法，是透過禪法的練習，才能達到的般若智慧。

　　3.「四福」生產

　　福，是幸福、福報，不僅是物質的、更是精神的財富。所謂四福，意為「對已擁有的要知福和惜福，對尚未得到的要種福和培福。」❿是一種增進福祉的主張。

　　從生產面而言，「四福」中的培福、種福，可以引導生產者朝「正命生產」的方向思考與行動，包含幾個面向：一是生產有利於大眾的產品及服務，如有機農場、環保產品的

---

❿《兩千年行腳》，頁231。

生產。二是不生產有害他人的產品及服務，以及生產過程中不加入危害他人的原料，如開設賭場、生產毒品，二〇一〇年轟動臺灣的塑化劑事件、二〇一二年的瘦肉精事件等均屬之。三是不採用破壞大自然環境、剝削勞工、違反人道的生產過程，例如高山之濫墾，包括大量建築民宿、種植經濟作物、開發產業道路，導致水土保持破壞，而造成土石流；海邊水產養殖業的發展，造成地層下陷，水患成災。四是賺取合理的利潤，以利他為生產的目的，而不是以最大利潤為目的。「四福」中的知福、惜福，亦能引導生產者合理的降低生產成本，並視生產為培福、種福的工作，成為一種以利他為導向的良性經濟活動循環。

　　若能知福、惜福，便不貪求；若能培福、種福，便能夠布施。四福可以說是善欲，啟動利他的心念與行為，不僅是追求個人的幸福，而是為社會大眾謀福祉，如聖嚴法師在《自家寶藏——如來藏經語體譯釋》所言：

　　　　以「四福」來莊嚴人間社會是：「知福才能知足常樂，惜福才能經常擁有，培福才會增長幸福，種福才會人人有福。」[104]

　　從經濟的角度而言，四福包含精神及物質的財富，強調少欲知足的物質消費、節約簡樸的生活方式，更強調布施、

---

[104]《自家寶藏——如來藏經語體譯釋》，頁63。

利他的生活態度。由於長期以來，消費主義（Consumerism）主張刺激消費以增加生產，而帶動經濟成長，而造成對自然資源的破壞及貧富懸殊之擴大，四福之經濟主張，正如歐洲經濟學者Bouckaert, Opdebeeck, Zsolnai等所提倡的節儉生活（*Frugality*），⑩是一種減緩發展、尊重生態、重視精神生活，主張物質與精神平衡的經濟生活，並朝向永續發展的經濟策略。

4.「四安」分配

佛教經濟體系以「利和同均」為分配制度，乃基於少欲及利他的原則，並以布施為實踐方法，達到和平分配之境界。聖嚴法師以「四安：安心、安身、安家、安業」的原則，運用在慈善救濟上，正可以達到平等、和諧與利他的「利和同均」分配制度。

一九九九年臺灣發生九一一大地震後，法鼓山在主要災區成立「安心服務站」，對受災戶提供長期、持續的服務，協助災區民眾重建。二〇〇一年法鼓山正式成立「法鼓山社會福利慈善事業基金會」，以四安為軸心，落實急難救援與慈善關懷工作。多年來慈基會參與緊急救援，逐步展開三階段式的「四安工程」，工作內容重點如表五：

---

⑩ *Frugality: Rebalancing Material and Spiritual Values in Economic Life*, edited by Luk Bouckaert, Hendrik Opdebeeck, Laszlo Zsolnai, Peter Lang AG, International Academic Publishers, 2008.

表五：「四安」工程之工作內容

	階段	工作內容
第一階段	緊急救援——安心、安身工程。	派醫療團到災區，協助醫療及發放各項急需的物資。
第二階段	家園重建——安心、安家、安業工程。	硬體重建，包括：校園、家園、醫院及各種設施重建。
第三階段	心靈重建——安心、安業工程。	心靈的重建、學業的重建以及職業的重建。

當重大災難發生時，法鼓山首先是派救援團及醫療團前往災區，並發放急需之物資；盡快設立「安心服務站」，協助災區民眾將身、心安頓下來。接著評估、規畫第二階段家園重建工程，包括校園、家園、醫院及各種設施之重建可行性，同時規畫就業能力之協助與培養。第三階段心靈重建是在第一、二階段逐步上軌道時，提供給災區民眾最重要的服務，協助受到重大心靈創傷的災區民眾們，能逐漸地恢復正常的生活，以及走出傷痛的陰霾。

四安重建工程，全賴大眾們的布施，包括善款、物資、人力、專業、時間、心力等的布施，將物質及心靈的財富做了最佳的統整及和平的分配。

5.「四感」財富

主流經濟學所謂的財富，指的是金錢、物質；經濟體系是建構在可以量化的物質金錢之上，以追求最大的物質財富為目標。然而，物質財富的累積並不一定帶來真正的幸福、快樂，反而可能會帶來煩惱。「心靈環保」經濟學及佛教經濟學，則探討物質及心靈的財富，認為心靈的財富才是真正

的財富,能帶給人類真正的幸福快樂,聖嚴法師說明如下:

> 真正的財富不一定是金錢買得到,真正的財富在於我們
> 內心世界的寬廣、豁達與包容。如能心包宇宙,財富即等
> 同宇宙;如果能以大慈悲心對待一切眾生,一切眾生的財
> 富,就等於是自己的財富了,全宇宙的財富也等於是自家
> 的寶藏了。⑩

　　落實「心五四」經濟生活,正可以「四感:感化、感動、感恩、感謝」,來對治恚毒,開展慈悲心、擴大心量。無論遇到任何的境界,都能以「四感」來包容、化解:「感恩順逆因緣使我們成長,感謝給我們奉獻服務的機會。用佛法及倫理的軌範感化自己,以謙虛、尊重、友善的行為感動他人。」⑩如此,將能成為世上最富足的人了。

(三)當代經濟生活體系比對

　　無論佛陀時代或現代,出家或在家,無論外在環境如何變遷,追求快樂是不變的人生目標。然對人生目標──快樂詮釋的不同、就核心問題的掌握與處理不同,開展了全然不同的經濟思想與實踐方式。表六就本文所論述之經濟行為模式,將「心靈環保」經濟學對照於佛教經濟學及主流的新古典經濟學:

---

⑩ 《人間世》,頁186。
⑩ 《自家寶藏──如來藏經語體譯釋》,頁62。

表六：主流經濟學、佛教與「心靈環保」經濟學之經濟行為模式比較

經濟活動	主流經濟學	佛教經濟學	「心靈環保」經濟學
核心思想	最適選擇、資本主義。	般若主義。	心靈環保。
人生目標	最大欲望滿足。	涅槃、離苦得樂。	自己及他人「快樂、平安、健康、幸福」。
消費方式	最大化效用。（欲望無窮）	正念消費：少欲、知足。	四要消費：需要、想要、能要、該要。
生產方式	最大化利潤。	正命生產：正命、利他。	四福生產：知福、惜福、培福、種福。
所得分配	均衡。	利和同均：利他、布施。	四安分配：安心、安身、安家、安業。
財產／財富	累積最大資本財富。	心靈財富：物質、心靈財富。	四感財富：感化、感動、感恩、感謝、物質、心靈財富。
時間分配	工作、休閒。	工作／義工、修行、休閒／休息。	工作／義工、修行、休閒／休息。
生活態度／道德價值	合法。	戒律、倫理、環保。	四它生活：面對它、接受它、處理它、放下它。心六倫、四環。

　　主流經濟學所探討的經濟行為，乃基於追求最大欲望滿足之下的快樂，並僅就資本、物質的層面探討之，朝向物質最大化的方向，消費者追求最大的效用、生產者追求最大的利潤、累積最大的物質財富；經濟活動的過程中，並未涉及人類道德、品質的層面。此物質面向思考模式及價值觀，使

得人類無法看清人的身與心之間、人與人之間、人與社會之間、人與自然之間乃息息相關，而不斷地以暴力傷害他人或破壞環境。二十世紀的經濟行為，已造成二十一世紀地球的災難。

「心靈環保」經濟學則與佛教經濟學一致，均以幫助眾生減少貪欲、增長善欲的經濟行為指導，透過四要消費（正念消費）、四福生產（正命生產）、四安分配（利和同均），而擁有最大的心靈財富。提出「心靈環保」經濟學或佛教經濟學，則是希望更多的人能開始體會心與宇宙間的因緣觀，而能思考從心著手來改變經濟觀念、經濟行為的重要性與迫切性。如同聖嚴法師在二〇〇六年法鼓山所舉辦的「經濟與環保的創新作為——臺灣青年領袖促進和平論壇」中提出，全球經濟的平衡、發展以及環保問題，必須要回歸到心靈環保，從內心去實踐。並提出心靈環保的衡量方式：「讓自己快樂、平安、健康、幸福，讓他人也能快樂、平安、健康、幸福。」⑩故以此為人生的目標，這個目標亦引領大眾走上少欲、利他的經濟生活，朝向涅槃、離苦得樂之方向；此為重視精神層面的快樂，而非資本主義經濟社會追求物質欲望的最大化。

「心靈環保」經濟學雖採用了現代的語言，實則具與佛教經濟學一致的價值觀，亦可說明「心靈環保」經濟學是以佛教思想為本體，漢傳禪法為法門，指導大眾以「心五四」

---

⑩《經濟與環保的創新作為——聖嚴法師與蕭萬長、施振榮、朱雲鵬、張祖恩的對話》，法鼓山智慧隨身書，財團法人聖嚴教育基金會，2008年。

為方便，過著「少欲」、「利他」的「心」經濟生活。⑩

四、「心靈環保」經濟學的時代意義

從上述經濟思想與生活實踐之論述，可以總結出「心靈環保」對當代「倫理」及「環保」的影響與意義，包含「心六倫」與「四種環保」之職場倫理／禮儀環保、生活倫理／生活環保、及自然倫理／自然環保。實踐此三種倫理／環保，並不僅是道德規範的建立，還必須涉及態度的轉變或心的轉化，聖嚴法師因而稱之為「心」的倫理。

（一）職場倫理／禮儀環保

職場倫理涵蓋當今備受矚目的經濟倫理、企業倫理、市場倫理等議題，並可融合禮儀環保之精神；亦即包含了人與人之間、人與商品或服務之間的關係。如同《市場中之正念：慈悲回應消費主義》（*Mindfulness in the Marketplace: Compassionate Responses to Consumerism, 2002*）一書，探討消費主義引發的問題，並主張隨時隨地維持正念消費，自會減少身、心、環境的負擔，使心淨化、單純，生活得更平安、快樂。⑩「心五四」的經濟生活，正可以引導大眾在市場

---

⑩ 徐偉初教授在二〇一二年六月三日聖嚴思想研討會中回應：「對一般經濟學而言，『心靈環保經濟學』直接碰觸到兩個常被正統（orthodox）經濟學忽視的基本議題：1. 設定消費者效用函數時是否應更重視納入『利他原則』（altruism），2. 以及在生產函數中必須加入長期被遺棄的『環境財』（environmental goods）。」

⑩ Allan Hunt Badiner edited, *Mindfulness in the Marketplace: Compassionate Responses to Consumerism*, 2002.

上練習四要消費、四福生產、四安分配、四感財富，而達到「正念消費」、「正命生產」、「利和同均」，並獲得豐富的「心靈財富」。此外，禮儀環保不僅是在職場上人與人互動之間的禮儀有度，也強調各種消費行為的簡約、樸實，可融入各項經濟活動。例如，法鼓山提倡的佛化婚禮、聯合祝壽、佛化奠祭、自然植存等，均是重視倫理與環保的活動。

就職場中，對於工作的態度而言，Schumacher認為是：1. 提供人類一個利用及開發其才能的機會，2. 藉由與他人共同進行一項任務而去我執，3. 為適當的存在帶來所需的物品及勞務。聖嚴法師也提到：一是為磨鍊自己而工作，二是有利他人就是好工作，三是工作好修行。換言之，工作最主要的目的在於奉獻、修行、開發潛能。此種工作態度，亦能帶給職場良好的倫理與適度的禮儀。

而在全球經濟景氣低迷、失業率增高的情況下，法師提出面對失業，應做心理調適，首先將失業的逆境視為助緣，是一種重新出發的契機，並給予自己一個希望，不向命運妥協。在態度上，則應務實的嘗試任何正當的工作，無論是以勞力、腦力、或技術維生；暫時還未能找到適當的工作時，可先到非營利組織、道場當義工，培養不同的工作能力，也廣結善緣。更重要的是要過著簡樸、節約的生活，將生活支出降到最低，以度過難關。

（二）生活倫理／生活環保

心靈環保的生活型態可以很輕易地與生活倫理相應，這意味著：

　　生活，是指一個人生命的活動，包括食、衣、住、行等各種面向，最低限度則是呼吸。而生活倫理的主體價值是節約、簡樸、少浪費，能不浪費就更好了……。生活倫理的落實，除了從我們每一個人開始，珍惜善用生活中的各種資源外，也要對環境給予愛護及尊重，給自己方便，也要尊重其他使用者的權益。⓫

　　由此，法師教導大家隨時隨地於生活當中實踐環保，呼籲每個人都能過著簡樸、整潔、節約的生活，透過「四要」的需要、想要思維及「四福」的惜福作為，從用水、用電、用油等生活點滴落實；生活環保的行動，一方面替自己惜福，同時也是為後代子孫著想。法鼓山不斷地透過一些活動及理念的宣導來落實生活倫理及環保，例如：充分利用大眾交通工具、垃圾分類分級、資源回收、廢棄物再利用、避免製造噪音，亦推廣環保餐具、環保購物袋、兒童玩具及書籍交換等，來珍惜並分享我們有限的資源。

（三）自然倫理／自然環保

　　以一種自然、儉樸的方式生活，即是在遵循自然倫理。這指的是以「四福」來保護及保育自然環境的倫理原則，將有助於維護自然生態系統，如法師所言：

⓫《心六倫》，2011年，頁21。

　　自然倫理的關懷主體是自然生態，包括生物與非生物
的資源和環境。非生物的資源，例如金屬、石油、煤等礦
藏，雖不是生命，但與生態有關。因此，這裡所說的自然
倫理關懷，除了直接保護有機生態之外，還包括間接保持
各種資源之間的平衡與永續，凡是自然界的一草一木、一
塊石頭，都跟人類的生存有關，人類使用它們，就應該珍
惜它們、保護它們。⑫

　　我們應該透過我們的行動，像是少砍樹、多種樹、美化
環境、保護水資源及重視水土保持等，來珍惜我們唯一且僅
有的地球。

　　總體而言，本篇論文是以直探當今世界經濟活動的根
源：「欲望」，而開展之「心靈環保」經濟學。由於人類對
物質生活的貪欲，導致人的身心之間、人與人之間、人與社
會之間、人與自然之間的種種衝突而形成生死流轉之苦。
二十世紀以來，主流經濟學所探討的範圍，是在有限的物質
及時間資源下，為滿足無窮的欲望，所做的經濟行為選擇；
卻忽略了經濟行為對身心、社會、環境所產生的問題，也是
導致今日世界性災難的關鍵。面對當前的局面，聖嚴法師提
出蘊含著佛法思想與禪修方法的「心靈環保」理念，並提出
二十一世紀的生活主張——心五四運動。本文論述以解決困
境之「四它」，來因應世界經濟情勢的不安；以對治貪欲之

---

⑫ 《心六倫》，2011年，頁36-37。

「四要」，來引導少欲知足的生活智慧；以增長善欲之「四福」，來開發利他的慈悲行；以和平分配之「四安」，來消彌世間的貧富不均；以開闊心量之「四感」，來增長世人的心靈財富。「心靈環保」經濟學是從「心」出發的經濟學，幫助人類由自私的貪欲轉向無我的利他，所提倡的觀念與心法，涵蓋人的身心、家庭、社會、環境之平衡，足以使世界朝向心靈富足、環境永續、及社會和諧的方向發展，達到真正的「快樂、平安、健康、幸福」，實踐「提昇人的品質，建設人間淨土」理念，這正是二十一世紀的契機。

附錄

附表：法鼓山理念體系

項目		內容
使命		以心靈環保為核心，弘揚漢傳禪佛教，透過三大教育，達成世界淨化。
共識	理念	提昇人的品質，建設人間淨土。
	精神	奉獻我們自己，成就社會大眾。
	方針	回歸佛陀本懷，推動世界淨化。
	方法	提倡全面教育，落實整體關懷。
方法	三大教育	大學院教育、大普化教育、大關懷教育。
實踐	四種環保	心靈環保、禮儀環保、生活環保、自然環保。
	心五四	四安：安心、安身、安家、安業。 四它：面對它、接受它、處理它、放下它。 四要：需要、想要、能要、該要。 四感：感恩、感謝、感化、感動。 四福：知福、惜福、培福、種福。
	心六倫	職場倫理、校園倫理、生活倫理、 自然倫理、家庭倫理、族群倫理。
	四眾佛子共勉語	信佛學法敬僧，三寶萬世明燈； 提昇人的品質，建設人間淨土。 知恩報恩為先，利人便是利己； 盡心盡力第一，不爭你我多少。 慈悲沒有敵人，智慧不起煩惱； 忙人時間最多，勤勞健康最好。 為了廣種福田，那怕任怨任勞； 布施的人有福，行善的人快樂。 時時心有法喜，念念不離禪悅； 處處觀音菩薩，聲聲阿彌陀佛。

引用文獻

佛教藏經或原典文獻

1. 《長阿含經》卷十一。CBETA, T01, no. 1。

2. 《中阿含經》〈舍梨子相應品〉。CBETA, T01, no. 26。

3. 《雜阿含經》。CBETA, T02, no. 99。

4. 《大般涅槃經》卷三十八〈12迦葉菩薩品〉。CBETA, T12, no. 374。

5. 《佛垂般涅槃略說教誡經》。CBETA, T12, no. 389。

6. 《摩訶僧祇律》。CBETA, T22, no. 1425。

7. 《四分律》。CBETA, T22, no. 1428。

8. 《十誦律》。CBETA, T23, no.1435。

9. 《瑜伽師地論》卷八十八。CBETA, T30, no. 1579。

10. 《漢譯南傳大藏經》，臺灣元亨寺版。

11. *Tipitaka: The Pali Canon*, 2012。http://www.accesstoinsight.org/ tipitaka/index.html。

聖嚴法師專書、論文

法鼓全集

1. 《戒律學綱要》，第一輯，第三冊。

2. 《印度佛教史》，第二輯，第一冊。

3. 《學術論考II》，第三輯，第九冊。

4. 《佛教入門》，第五輯，第一冊。

5. 《兩千年行腳》，第六輯，第十一冊。

6. 《抱疾遊高峰》，第六輯，第十二冊。

7. 《自家寶藏——如來藏經語體譯釋》，第七輯，第十冊。

8. 《聖嚴法師心靈環保》，第八輯，第一冊。

9. 《平安的人間》，第八輯，第五冊。

10. 《法鼓山的方向》，第八輯，第六冊。

11. 《工作好修行——聖嚴法師的38則職場智慧》，第十輯，第四冊。

12. 《放下的幸福——聖嚴法師的47則情緒管理智慧》，第十輯，第七冊。

法鼓山智慧隨身書系列

13. 《心靈環保：法鼓山的核心主軸》（《法鼓法音1》），臺北：法鼓山文化中心。

14. 《四種環保：法鼓山的實踐》（《法鼓法音3》），臺北：法鼓山文化中心。

15. 《心五四運動：法鼓山的行動方針》（《法鼓法音4》），臺北：法鼓山文化中心。

16. 《心六倫：法鼓山的新時代倫理》（《法鼓法音7》），臺北：法鼓山文化中心。

17. 《經濟與環保的創新作為——聖嚴法師與蕭萬長、施振榮、朱雲鵬、張祖恩的對話》，財團法人聖嚴教育基金會，2008年。

18. 《建立全球倫理——聖嚴法師宗教和平講錄》，財團法人聖嚴教育基金會，2006年。

其他著作

19. 聖嚴法師（2011），《三十七道品講記》，臺北：法鼓文化。

20. 聖嚴法師（2012），《好心・好世界》，臺北：法鼓文化。

中、英文專書、論文

1. 印順法師（1992），《學佛三要》（《妙雲集15》），臺北：正

聞出版社。

2. 淨因法師（1993），〈論佛教的財富觀〉，《法音論壇》第一
○二、一○四、一○六期。http://www.longyuan.net/fxwz38/wz38/
wz13.htm, 2012年05月31日。

3. 繼雄法師（1994），〈初期佛教的經濟倫理〉，《諦觀》第
七十八期，頁23-67。

4. 星雲法師（2006），〈佛教對「經濟問題」的看法〉，《人間佛
教小叢刊22——當代佛教問題紀實座談11》，臺北：香海文化。

5. 菩提比丘著、何蕙儀譯（2011），〈佛教對經濟與社會發展
的態度〉，《香光莊嚴》第一○四期。http://www.gaya.org.tw/
magazine/article.php?aid=98, 2012年05月31日。

6. 林朝成（2005），〈消費倫理與佛教新戒律〉，《第一屆應用倫
理學術會議：宗教哲學與環境倫理》，玄奘大學。

7. 吳永猛（1975），《中國佛教經濟發展之研究》，臺北：文津出
版社

8. 吳永猛（1985），〈佛教經濟研究的回顧〉，《華岡佛學學報》
卷四，頁274-283，臺北：中華學術院佛學研究所。

9. 高明道，〈從善法欲談起〉，國立臺灣大學數位學習圖書館，
http://enlight.lib.ntu. edu.tw/FULLTEXT/JR-BJ013/bj013372537.pdf,
2012年05月31日。

10. 陳兵（2001），〈佛教的人生欲望觀〉，《禪》第四、五期。
http://www.360doc.com/content/06/1009/21/2311_226503.shtml,
2012年05月31日。

11. 黃建森（2005），〈佛教觀點的經濟財富思考模式——淨土五經
啟示錄〉，《信用合作季刊》第八十六期，頁16-24。

12. 黃建森（2006），〈佛教觀點的經濟財富思考模式——因果經啟
示錄〉，《信用合作季刊》第八十七期，頁30-37。

13. 黃建森（2008），〈《達賴喇嘛禪思365》中之經濟思維〉，

《信用合作季刊》第九十六期，頁26-36。

14. 黃建森（2011），〈《金剛經》中含經濟財富思維之研究——佛學與經濟學之對話〉。《信用合作季刊》第一〇八期，頁3-11。

15. 黃建森（2012），〈佛教經濟財富思維之研究——聖嚴法師與星雲法師觀點試析〉，《信用合作季刊》第一一三期，頁13-20。

16. 張李玲麗（2010），《初期佛教財富觀研究》，南華大學宗教學研究所，碩士論文。

17. 張曼濤編（1978），《佛教經濟研究論集》，臺北：大乘文化出版社。

18. 嚴文志（2010），《達賴喇嘛經濟思維之研究》，銘傳大學經濟系碩士在職專班，碩士論文。

19. Development Policy and Analysis Division, United Nations, 2011, *World Economic Situation and Prospects 2012*. http://www.un.org/en/development/desa/policy/wesp/index.shtml, 2012/05/31。

20. Badiner, Allan Hunt edited, 2002, *Mindfulness in the Marketplace: Compassionate Responses to Consumerism*, Parallax Press.

21. Bouckaert, Luk and Hendrik Opdebeeck, Laszlo Zsolnai eds., 2008, *Frugality: Rebalancing Material and Spiritual Values in Economic Life*, Peter Lang AG, International Academic Publishers.

22. Calkins, Peter and Anh-Thu Ngo, Jan. 2, 2010, "Theravada Macroeconomics", Institute for Sufficiency Economy and Promotion, Chiang Mai University, Thailand. http://www.docstoc.com/docs/21053962/Theravada-macroeconomics,2013/10/13。

23. Guruge, Ananda W. P., 2006, *Buddhist Economics – Myth and Reality*, Hsi Lai Journal of Humanistic Buddhism, Vol. 7, University of the West.

24. Harvey, Peter, 2000, *An Introduction to Buddhist Ethics: Foundations, Values and Issues*, U. K., Cambridge University Press.

25. Inoue, Shinichi, Translated by Duncan Ryuken Williams, 1997, *Putting Buddhism to Work: A New Approach to Management and Business*, Kodansha International Ltd..

26. Payutto, Prayudh A., Translated by Dhammavijaya and Bruce Evans, 1994, *Buddhist Economics: A Middle Way for the Market Place*, Bangkok, Buddhadamma Foundation Publications. (First Printed as *Buddhist Economics*, 1992; Second Edition: Revised and Enlarged, 1994) http://www.urbandharma.org/pdf/Buddhist_Economics.pdf, 2012/04/30。

27. Piboolsravut, Priyanut, 1997, *An Outline of Buddhist Economic Theory and System*, Thesis of Ph. D. degree, Department of Economics, Simon Fraser University.

28. Pryor, F. L., "A Buddhist Economic System – In Principle: Non-attachment to Worldly Thing is Dominant But the Way of the Law is Held Profitable", *American Journal of Economics and Sociology*, Vol. 49, No. 3, 1990, pp. 339-351. "A Buddhist Economic System – In Practice: The Rules of State Policy Making of the Ideal Kings Sought a "Middle Way" Between Right and Left", *American Journal of Economics and Sociology*, Vol. 50, No. 1, 1991, pp. 17-33.

29. Puntasen, Apichai, 2008, *Buddhist Economics: Evolution, Theories and Its Application to Various Economic Subjects*, A translated version of selected chapters from Thai original ([3rd] Ed.), Amarin Press, Bangkok, 2004. (First published in 2001.) http://buddhist-economics. info/documents/puntasen.pdf, 2012/04/30。

30. Schumacher, E. F., 1973, *Small is Beautiful: Economics as if People Mattered*, London, Blond & Briggs Ltd.; First Harper Perennial edition published 2010.

31. Sivaraksa, Sulak, 2009, *The Wisdom of Sustainability: Buddhist*

Economics for the 21ˢᵗ Century, Kihei, Hawaii: Koa Books.

32. Wiese, Harald, Aug. 2011, "Moderation, Contentment, Work, and Alms – a Buddhist Household Theory", *Journal of Socio-Economics*, Vol. 40, Issue 6, December 2011, pp. 909-918. http://www.wifa. uni-leipzig.de/fileadmin/user_upload/itvwl-vwl/MIKRO/Papers/ Wiese/buddhisthouseholdtheory_socio_economics_website.pdf, 2012/05/31。

33. Woo, K. I. "Buddhist Economics – From Schumacher to Payutto", *GH Bank Housing Journal*, Published by Governmental Housing Bank, Thailand. http://www.ghbhomecenter.com/journal/download. php?file=1805Apr10KVIfkXi.pdf, 2012/05/31。

34. Zsolnai, Laszlo, 2009, "Buddhist Economics for Business", in *Ethical Prospects: Economy, Society and Environment*, eds. Laszlo Zsolnai, Zsolt Boda, and Laszlo Fekete, Springer.

"PSE Economics" :
From Inner Peace to World Peace

Guo-Guang Shi
Assistant professor, Dharma Drum Sangha University

▌ Abstract

Facing the problems of a global economic crisis, imbalance of production and consumption, financial market volatility, ecological destruction, degradation of the natural environment, climate change, increasing poverty, and social injustice, mainstream economists advocating capitalism confront many challenges today.

In an attempt to address the contemporary world situation, Master Sheng Yen (1930-2009), founder of the Dharma Drum Mountain (DDM) organization, introduced the concept of Protecting the Spiritual Environment (PSE) in 1992. More than just a religious concept or movement, PSE also provides practical ideas and methods to help face the world's economic dilemmas. I therefore call this new approach to economics "PSE Economics", as it is clearly different from other economic theories and approaches.

In its discussion of PSE Economics, this paper raises several questions. What are the Buddha's teachings to address economic situations? Are the principles of PSE consistent with that of economic life that the Buddha taught? Can we resolve our economic problems and environmental crisis using PSE?

In an attempt to find answers to these questions, this paper develops the economic system guided by Protecting the Spiritual Environment, addressing the root of world economic problems: desire. The key issue in PSE Economics is determining how to deal with our desires while mainstream economics predominately ignores this issue. PSE Economics can be applied using two methods. The traditional approach applies Buddha's teachings and seeks Contentment with Fewer Desires, Right Livelihood, Altruism, and Cordiality in Sharing. The second, practical approach guided by the Fivefold Spiritual Renaissance Campaign carefully and conscientiously regulates one's production, consumption, and distribution. These actions lead the world toward Protecting the Four Environments and the Six Ethics of the Mind campaign. The principles and approaches of PSE Economics were instilled by the Master providing our contemporary world with solutions that are environmentally sustainable, socially just, and globally peaceful. Perhaps this will open a window to a beautiful vista that is also pleasing to the eyes of mainstream economists.

Key words： Protecting the Spiritual Environment, PSE Economics, Buddhist Economics, Protecting the Four Environments, Fivefold Spiritual Renaissance Campaign, Six Ethics of the Mind

A Study on the Phenomenon of "Sweating All Over" and the Process during Chan (Zen) Enlightenment:
Historical Examples and the Case of Master Sheng Yen's Meditation Experience

Guo-huei Shi
Associate Professor, Dharma Drum Buddhist College

▌ Abstract

The practice and cultivation of the Traditional Chan (Zen) School emphasizes "Mind-to-Mind Transmission" in which the teaching is passed from a Chan master to their disciples and heirs as an unbroken lineage of teacher and disciple relationship. In the golden age of Chan , practitioners can easily find a Chan master, or even many, to learn and practice Chan to achieve enlightenment. For those without a master, if they can seize and follow through the correct concepts and methods of Chan practice and finally awaken to the truth, they can also find a teacher—one called "the experienced"—to examine and corroborate if they are truly enlightened. In addition, the other important principle of Chinese Chan School is to "pursue seeing the nature, not meditative liberation." This illustrates that Chan practice focuses much more on seizing the grand principle of the realization of wisdom, than on the reaction to one's body and mentality during the practice.

The Industrial Revolution, which started from the later part of the 18th century, produced the greatest advances in technology and engineering for the modern civilization. Rationalism arose consequentially, asserting that in the field of humanistic studies, including religion, the truth should be explained and determined by scientific methods and factual analysis. In Zen Buddhist practice nowadays, the popularity of the study of topics such as "Zen and the Brain" and "Enlightenment" among international scholars and researchers growing trend attempting to view and explore Zen meditation and its effects on the human body in a scientific way.

In the historical literature of the Chinese Chan School, many episodes and cases have been documented regarding the phenomenon of Chan Enlightenment. A conspicuous occurrence noted in this literature is "sweating all over". Obviously what is being referred to here is the physical and psychological reaction the practitioners experienced while becoming enlightened, not the sweating due to the heat of the weather, which can easily happen during retreat in the summer. So far, we don't have any counter-evidence to show that if a practitioner does not "sweat all over," he is surely not yet enlightened. On the other hand, we can also assume that not all the practitioners who had the experience of "sweating all over" during enlightenment did indeed mention this to others and/or have it documented, in order to become part of the historical record.

However, the traditional Chan School uses "mind-sealing-the-mind", an intuitive method independent of the spoken or written word, to evaluate and corroborate whether the practitioner is already enlightened. The single physical phenomenon of "sweating all over" during enlightenment can hardly be a criterion for this corroboration. Furthermore, there is no record in the Chan School literature indicating that such a criterion was ever used. But the author shows many exemplary cases documented in the Chan School scriptures and literatures, as well as the case of the Chan meditation experience of Master Sheng Yen himself. It is worthy to explore the mystery with further studies from an interdisciplinary approach, such research based on Chan meditation and Neurophysiology or psychobiology.

In addition, from childhood, Master witnessed numerous natural and man-made disasters which inspired him to explore the predicament of life and death. Although there was no one to guide him to practice Koan or Huatou, due to his own good merits, innumerable inner doubts naturally converged to his inner issue—a doubt sensation of life. He broke through the traditional practice formula of Huatou, and could more profoundly grasp the connotation and meaning of Zen Meditation—from "doubt" to "Enlightenment." This influenced him to employ more flexible kinds of Zen teaching methods in the East and West for decades.

In 1957, which is the year prior to his meeting with Master Ling Yuan, Master Sheng Yen wrote many Buddhist articles. His thoughts on Buddhism flowed very smoothly, and could converge to his inner Buddhist ideology, which made many people think he was enlightened. By the spring of 1958, when he met with Master Ling Yuan, Master Sheng Yen's doubt sensation (or doubt mass) had already lasted for three months. From "thinking" to "practicing," this clearly a common course for practicing Zen Buddhism.

It could be said that Master Sheng Yen and Master Tai Xu shared a kind of similar practice and enlightenment course. When Master Tai Xu, at the age of 19, reading *Prajñāpāramitā-sūtra*, he experienced a Samādhi experience and then could "write down extreme quickly, feel free to express his Buddhist thought." In the second Samādhi meditation, at the age of 28, he went into a profound enlightenment. Obviously, there are the same practice processes for the two Masters: from "thinking" to "practicing" and from "practicing" to "enlightenment." Even Chinese Buddhism carried out such a kind of Zen meditation practice different from the Buddhism of India, but each Buddhism keep the common course containing four processes: "hearing, thinking, practicing and enlightenment."

Key words ： process, Chan (Zen) enlightenment, doubt sensation, sweating all over, interdisciplinary

1. The Phenomenon of "Sweating All Over" during Chan (Zen) Enlightenment

1.1 Sweating all over: A Body-mind Reaction from Chan Meditation

The practice and cultivation of the traditional Zen School in China emphasizes a "mind-to-mind transmission" in which the teaching is passed from Zen masters to their disciples and heirs in an unbroken lineage of teacher and disciple relationship. In the golden age of Zen,[1] practitioners could easily find a Zen master, or even many, to guide them to practice Zen and achieve enlightenment. On the other hand, some unique practitioners, without a master, could discover and achieve/fulfill the right view of the Dharma and methods of Zen practice themselves. During their practice careers, when they awoke to truth, they usually would find at least one Zen master that would be able to certify their attainment of enlightenment. Another important principle of the Chinese Zen School is, "Only evaluate if one sees (one's true) nature or not; don't comment on their meditation or liberation."[2] This illustrates that Zen practice focuses much more on seizing the grand principle of the realization of wisdom, rather than focuses on the response of one's body and mind during practice,[3] especially during meditation.

The Industrial Revolution, which started from the later part of the 18th century, produced the greatest advances in technology

---

[1] for example, the Tang Dynasty.

[2] *The Platform Sutra of the Sixth Patriarch* 六祖大師法寶壇經, T48, no. 2008, p. 349 c18.

[3] Of course, Master Zhe Ze's (Zhiyi, 538-597) *Shichanboluomi* 釋禪波羅蜜 and *Concise Śamatha-vipaśyanā* 小止觀 had mentioned this. Yet they're of the Tian-Tai School, not Zen School.

and engineering for modern civilization. Consequently, rationalism raised its head, asserting that in the field of humanistic studies, including religion, the truth should be explained and determined by scientific methods and factual analysis, rather than through mystical or revelatory experience. In recent decades, popular studies in the practice of Zen Buddhism among international scholars and researchers❹ represent a growing trend that attempts to view and explore Zen meditation and its effects on the human body and mind in a scientific way.

In the historical literature of the Chinese Zen School, many episodes and cases have been documented regarding the physical and mental phenomena of Zen Enlightenment. A conspicuous one sometimes noted is "sweating all over." ❺ Obviously what we're discussing here is the physical and psychological reaction the practitioners experienced while attaining enlightenment, not the sweating due to the heat of the weather, etc.

However, the traditional Zen School uses "mind-sealing-the-mind", an intuitive method independent of the spoken or written word, to evaluate and corroborate if the practitioner has become enlightened. The single external phenomenon of "sweating all over heavily" during the experience of enlightenment can hardly be an adequate criterion by itself for the confirmation of enlightenment. And there is no record in the Zen School literature that it is used as a criterion by any Zen Master. However, we do have many exemplary cases documented in the Zen School scriptures and

---

❹ such as *Zen and the Brain* (1998) and *Zen Brain Reflections* (2006) by James H. Austin.

❺ The expression of "sweating all over" used above literally means "the whole body covered with big drops of perspiration." The author, here, indicates an example of several synonymous phrases, such as: "tongshenhanliou 通身汗流", which was used by Master Han Shan in giving a dharma talk to laypeople about an enlightenment experience. Please see *A Collection of Sleepwalking by Han Shan Old Man* 憨山老人夢遊集, X73, no. 1456, p. 524a24-b1.

literature in which this is perceived as the same phenomenon as the experience of enlightenment. Therefore, these cases can be used as a basis for further study.❻

So far, we do not have any counter-evidence to show that if a practitioner does not sweat all over, he is surely not yet enlightened. On the other hand, we can also assume that not all the practitioners who had the experience of "sweating all over" during enlightenment have described it to others and/or documented it, such that it became part of the historical record.

In his book *Chan Experience Chan Talk*, Venerable Master Sheng Yen 聖嚴法師 (1930-2009) mentioned:

> So, as we know, what's really important is to achieve the goal of sudden enlightenment. To go through a long-term meditation practice or not, is not the key. Therefore, implementing the stick and shout to give sharp warnings, or the so-called "Bang he", or sitting in meditation and concentrating on a "Huatou" (a critical phrase or punch line), or studying and pondering a "Koan" (kung-an) in order to gain a sudden breakthrough of insight—these are all lively methods, or special avenues, facilitated to inspire, motivate and clarify the practitioners' minds and dispositions, and to spread the light of wisdom to them through this sudden approach.
>
> And, when effectively touched and inspired by the approach, the practitioners would usually experience joy with **sweat pouring all over** (emphasis added), or feel shocked overwhelmingly like impacting from a great earthquake or lightning...... It is indeed a very proactive, direct and speedy approach of Zen practice.❼

---

❻ A detailed study with Quantitative Analysis in this subject will be discussed in another paper.

❼ Master Sheng Yen, *Chan Experience Chan Talk* 禪的體驗・禪的開示 (Taipei: Dharma Drum Pub. Corp., 1980), p. 92.

Thus we know that Venerable Master Sheng Yen also acknowledged that **sweat pouring all over** (emphasis added) is a usual body-and-mind phenomenon of the experience of enlightenment for practitioners. Moreover, we also find that the Master also had the same experience when he had his first enlightenment experience:

> The night when I met with my late teacher, Master Ling Yuan 靈源老和尚(1902-1988), ... we stayed at a monastery and shared the same sleeping platform that night. Desperately burdened with many questions, I approached him for answers. Continuously I talked about my problems and doubts, yet not a word was uttered from him. Then, abruptly and heavily, he slapped the bed "pa!"[8] That got me shocked and startled, with **sweat beading from my whole body** (emphasis added). He then fell asleep. That was it. And that made me put aside all my questions and fall asleep as well. When we let go of everything and return to the emptiness of the true nature of our mind, there's no question that needs to be raised.[9]

In another book, Venerable Master explained his experience in more detail:

> These words struck me like lightning. **My body poured sweat** (emphasis added); I felt like I had been instantly cured of a bad cold. I felt a great weight being suddenly lifted from me. It was a very comfortable and soothing feeling. We just sat there, not speaking a word. I was extremely happy. It was one of the most pleasant nights of my life. The next day I continued to experience great happiness. The whole world was fresh, as

---

[8] This refers to the sleeping platform (Zen bed) that Master Sheng Yen and Master Ling Yuan shared.

[9] Master Sheng Yen, *The Enlightened State of Zen Master Heze Shenhui* 神會禪師的悟境 (Taipei: Dharma Drum Pub. Corp., 1998), p. 33.

though I was seeing it for the first time.[10]

The expression of "sweating all over," in this paper, is a natural reaction of the practitioner's physical and mental condition at that very moment of being enlightened. The earliest recorded event regarding this can be traced back to the era of Master Hui Neng 惠能 (638-713), the Sixth Patriarch of Zen Buddhism. This event occurred after Hui Neng's first experience of enlightenment, while he was still a layman named Lu Xing Zhe ("Xing Zhe" means "dharma practitioner"). Another one disciple of the Fifth Patriarch, called Hui Ming, had been searching and chasing Lu Xing Zhe vigilantly for the robe (the insignia of the Patriarchate) given to Lu Xing Zhe by the Fifth Patriarch. When Hui Ming had caught up with Lu Xing Zhe, Lu Xing Zhe put the robe on a rock and asked Hui Ming to ponder: "Without thinking of good, without thinking of bad, what is your original face here and now?"...... Hui Ming got enlightened right at that moment with **sweat pouring all over** (emphasis added).[11] Master Hui Ming later changed his name to "Dao Ming 道明" (?-?).[12]

The case of Master Dao Ming's enlightenment took place during the Tang Dynasty. We can also find many other examples in the Song, Yuan, and Ming to Qing dynasties that show the phenomenon of **sweating all over** (emphasis added) during the experience of enlightenment.

Here is one case from the famous Koan Master, Dahui Zonggao 大慧宗杲 (1089-1163) in the Song Dynasty. From his *Dahui Pujue*

---

[10] Master Sheng Yen with Dan Stevenson, *Hoofprint of the Ox* (New York: Oxford Univ. Press, 2001), p. 6.

[11] *The Transmission of the Lamp* 景德傳燈錄, T51, no. 2076, p. 232 a10 and 11.

[12] "First named Hui Ming. To respect the first character of his teacher's name, he changed it to Dao Ming". Master Sheng Yen, *The 111 Zen Masters in History* 禪門驪珠集 (Taipei: Dharma Drum Pub. Corp., 1984), p. 97.

Chanshi Yulu,⓭ we can see his enlightenment experience below:

......(Though, as an) old man, I (originally) started Chan practice when I was seventeen, and had reached some understanding of it, yet it was in odd pieces. I had spent some time studying Yunmen's 雲門 (864-946) concepts and methods, as well as Caodong's 曹洞 [the teachings of Caosan (807-869) and Dongsan (840-901)], but I could not cut the back-and-forth existing mind. Later on, I went to the capital city to attend the Old Master's [KeqingYuanwu 克勤圜悟 (1063-1135)] lecture at Tian-ning monastery. He said, "Once a monk asked Yunmen: 'Where do all the Buddhas come from?' Yunmen answered: 'The East Mountain walks over the water.' If I (Yuanwu) were asked the question: 'Where do all the Buddhas come from?' I wouldn't answer that way but would say, 'A gentle warm breeze comes from the south; a slight coolness permeates the palace pavilion.' " Upon hearing these words, I (Zonggao) suddenly penetrated the back-and-forth existing mind; my entangled thoughts were as snarled hemp being cut off in pieces. Meanwhile, **I sweated throughout my body** (emphasis added). Though my mind abided nowhere at that moment and reached a state of equanimity and emptiness, I found myself dwelling in that state of emptiness which is alike to getting enlightenment. When I came to Master Yuanwu for approval of my experience, he said: "It wasn't easy for you to get to this stage......."

In this case, Dahui Zonggao had attained his first initial enlightenment experience, but was not completely enlightened. Master Yuanwu urged him to persist using his Koan method. After half a year, he attained full enlightenment and was confirmed by

---

⓭ *The Recorded Sayings by Chan Master Dahui Pujue* 大慧普覺禪師語錄, T47, no. 1998A, p. 883 a12-21.

Master Yuanwu.

There is also the case of Master Wu Yun's 無慍 (1308-1386) enlightenment with Master Zhu Yuan 竺元道公 (1257-1345):❹

......Puzzled for years by the Huatou, "Why does a dog not have Buddha-nature?"❺ Wu Yun went to see Master Zhu Yuan for an answer. While about to speak out, Zhu Yuan shouted him down. Wu Yun suddenly got enlightened at that moment with **sweat pouring all over** (emphasis added). He then presented an appreciatory verse to Zhu Yuan: *"No Buddha-nature a dog has. The beauties of spring the capital's covered with. In the eastern court of Zhao-Zhou's house, a gourd-bottle on the wall hangs."*...

Yet another case is of Master Ningran Gaifa's 凝然改法 (凝然了改，1334-1421) enlightenment with Master Wanan Songting 萬安松庭 (萬安子嚴，1323-1392):❻

Ning Ran stated to Master Song Ting a Koan: "When you meet a dead snake on the road, don't beat it to death," and then asked: "Does it imply no opposing and no ignoring it, Master?" Master Song Ting said, "Laughing so hard, my jaw drops." Ning Ran felt disconcerted. Master Song Ting said again, "What are you bringing a begging bowl into the ghosts' grotto for?" Ning Ran felt even more disquieted in mind. One day later, Master Song Ting entered the hall to give a dharma talk.

---

❹ *The Biographies of the Buddhist Patriarchs since the Birth of Shakyamuni up to 1383CE* 佛祖綱目, X1594, no. 1594, p. 806b5-7.

❺ Once a monk asked Master Zhao Zhou (778–897), "Does a dog have Buddha-nature or not?" Master only replied, "No." See: 佛祖綱目, X1594, no. 1594, p. 654a7-9.

❻ *Zhong Tong Bian Nian* 宗統編年, X86, no. 1600, p. 274a24-b3.

At that moment, Ning Ran **broke out in a whole-body sweat**
(emphasis added), and his doubts were dissolved. Master Song
Ting hence validated his enlightenment and took him as his
heir.

"When you meet a dead snake on the road, don't beat it to
death," is just a Koan.❼ A dead snake is a dead snake. Why is it
a question whether or not to try and beat the dead snake to death
again? In the original Chinese text of the Koan, "beichu 背觸"
appears, which was often used to describe a situation in which to
do or not to do something are both incorrect. "bei 背" means *to
leave it*, and "chu 觸" means *to touch it*. These characters "bei 背"
and "chu 觸" were frequently used in Koans. Just like a dog staring
at delicious sausages in a boiling pan, it can neither lick it nor
leave it. In Zen practice, practitioners need to leave any concepts
behind, even the concepts of "existing" or "non-existing". This also
what "beichubude 背觸不得" implies: "Without thinking of good,
without thinking of bad," as the Sixth Patriarch asked Hui Ming.
　　Still, using logical and deliberate thinking, Ning Ran answered
Master Song Ting's question with "no opposing and no ignoring
it", instead of relying upon empirical experience. This is why Ning
Ran felt disconcerted and disquieted about Master Song Ting's
reply: "What are you bringing a begging bowl into the ghosts'
grotto for?" It was not until one day later when Master Song Ting
went to the Dharma hall that Ning Ran suddenly **sweated all over**
and finally realized the true meaning of this Koan. This implied
Master Song Ting's reply evoked within Ning Ran a great and
serious sensation of doubt, which resulted in deep meditative
concentration, where his mind abided nowhere, allowing him to
properly ponder this Koan. Finally, he penetrated it, experienced

---

❼ This Koan was first seen in Master Dahui Zhonggao's (1089-1163). See: *The
Recorded Sayings by Chan Master Dahui Pujue* 大慧普覺禪師語錄, T47, no.
1998A, p. 840, b5; 876a15-21.

enlightenment, and received validation from his teacher, Master Song Ting.

We can look at one more case, that of Master Yinyuan Longqi 隱元隆崎 (1592-1673) of the Ming Dynasty from *Yinyuan Chanshi Yulu*[18] below:

> ......Master Yinyuan came to Jinsu Monastery to pay respects to Master Miyun Yuanwu 密雲圓悟 (1566-1642). Yinyuan said, "As a novice in Chan practice, I'm here to ask Master's advice and guidance on how to work on the practice." Miyun replied, "I've got nothing for you to work on here. Walk, sit or lie down, as you like." Yinyuan asked, "What if there are lots of mosquitoes and I am unable to lie down?" Miyun replied, "A spank." Puzzled with the answer, Yinyuan bowed and retired. For the next seven days and nights, Yinyuan walked, sat and lay in deep contemplation over the Master's replies without any break. On the afternoon of the seventh day, when Master Miyun passed through the front of the Kang[19] ancestral hall, Yinyuan raised his head and looked. Suddenly awakened, he bowed to Master Miyun and said, "I have finally come to realize Master's teaching with that spank."...... In the winter of 1626,[20] Master Wufeng Ruxue 五峰如學 (1585-1633) acted as the assistant abbot of Jinsu monastery. Yinyuan came to him with his fists raised and said: "If you know this, the world's in peace; if you know this, the world's in conflict. How are you going to settle

---

[18] *The Recorded Sayings by Chan Master Yinyuan* 隱元禪師語錄, J27, no. B193, p. 274 b27-c15.

[19] Kang, Senghui 康僧會 (fl. 247-280 CE), the founder of Jinsu Monastery. Kang was a Sogdian monk who came to China during the Three Kingdoms period and contributed to the diffusion and translation of Buddhist sutras into the Chinese language.

[20] This was two years after Yinyuan came to Jinsu Monastery.

this?" Wufeng asked, "Where did you get this from?" Yinyuan shouted out loud. Wufeng asked again, "Where did you learn this?" Yinyuan shouted again. Wufeng then hit him...... After that, Yinyuan could not sit or lie down but walked around with endeavored power❹ with his eyes looking straight ahead, without noticing any single thing around, not even noticing his own body moving. On the next day, while the brass bowl-chime sounded during the morning service, Yinyuan suddenly came to and sensed his body standing there. Yet, after the service, he kept walking around as before, quietly and slowly. People said that Yinyuan had been bewitched.❷ In the forenoon of the third day, when Yinyuan was deep in meditation, a gust of wind suddenly blew in through the window. That made Yinyuan chill with body hair erect, and he started **to sweat all over** (emphasis added). He then finally penetrated through his Koan and achieved sudden enlightenment.

In the practice of Chinese Chan Buddhism, little emphasis is placed on physical and mental reactions. However, from the literature, we know that many Chan masters did "perspire greatly" right before or upon their enlightenment. In the future this interesting phenomenon can be integrated with other related research results in human medicine, physiology and psychology. The explorations and studies of the "phenomenon of

---

❹ Here "with endeavored power" comes from its original Chinese term: 氣噴噴 地 (氣憤憤地).

❷ Here the words "zhaoyao 著藥" should be a local spoken language. From the story, it means: when a practitioner goes into a "doubt mass" situation, his behavior can become very strange, just like one who is suffering from dementia and in a "vegetative state." See: *Chan Smile* 拈花微笑 (Taipei: The Complete Collection of Dharma Drum, 1986), p. 132.

Zen Enlightenment" can then be extended further.❷ In the next part of this paper, we will examine the meditation methods and experiences of Master Sheng Yen, which parallel the enlightenment process described in the above Chan stories.

2. The Process during Chan Enlightenment

2.1 The Major Meditation Methods and Experiences of Master Sheng Yen

The fourth autobiography of Master Sheng Yen, *Footprints in the Snow*, which was published in New York in 2008, contains several of the Master's Zen meditation experiences as detailed in interviews with his Taiwanese and American disciples. It is a book with abundant resources for studying the Master's meditation experiences.

Unforgettable experience of impermanence

Only a few months after the Master's birth, his family's house by the estuary of the Yangtze River was swept away in a devastating flood. The water washed away all the property and fields, leaving only his family.

> I have no memory of the place because a few months after I came into the world, a flood washed everything away, not just our home but our fields, too. Everything we owned ended up in the middle of the river.❷

---

❷ A study by Shi, Huimin said: A phenomenon, body hair to stand erect 身毛為豎 which serving as causes conducive to liberation, can be seen in the texts of Abhidharma Buddhism. See: "A Study of Body-Mind Philosophy in Buddhist Practice System" 佛教修行體系之身心觀, *Dharma Drum journal of humanities* 2, pp. 57-96.

Seven years later, his family moved upstream to a riverside village across the river from Nan Tong Harbor. However, an even more devastating flood than the previous one hit their village. Struck by the sight of countless people drowned in the flood, Master realized that whoever you are, death may come to you at any moment.

> Seven years after we moved to Chang-yin-sha I saw for myself what a flood can do......, and waves of stench (from corpses) drifted off the river...... (W)atching the corpses drift by, I had a sudden realization that any of us can die at any time.[25]

The Master, even at such a young age, had already realized that life is impermanent and no one can do anything but accept it. Apart from the flood, war, famine and disease were also causes of death in his childhood. At the age of eight, the realization of the impermanence of life became deeply and forever rooted in his mind.

> Seeing so many corpses, the impermanence of life was driven home to me....... At a young age, I knew that when death comes there is nothing we can do; we have to accept it.
> I have seen much death in my lifetime—war, famine, disease....... The lesson of the flood is still with me, and I know that there is no use worrying about death.[26]

During his study at Jing An Buddhist Seminary, the Master attended Chan meditation activities, but never received any guidance in a systematic way. From this stage on, doubts about life's problems from his numerous experiences of disasters were

---

[24] Chan Master Sheng Yen, *Footprints in the Snow* (New York: Doubleday Publishing Group, 2008), p. 1.

[25] *Footprints in the Snow*, pp. 4-5.

[26] *Footprints in the Snow*, p. 5.

transformed into a doubt sensation in practice, which formed the great doubt, after years of accumulation.

> Sometimes, while sitting, I thought, "What should I be doing? Should I be reciting Buddha's name? Should I be doing something else? What really is meditation?" I kept asking myself these questions until I became a big ball of doubt. However, during studying at this seminary, my doubts never got resolved.**㉗**

After coming to Taiwan from mainland China, he kept practicing while serving in the army. However, there was no way he could find answers to his doubts, and more and more doubts arose in his mind. While he was at work, those "doubts about life and death" deep in his mind seemed to disappear for a while, but whenever he began to practice again, those doubts would once again occur to him.

> Eventually, I left mainland China for Taiwan, where I was conscripted into army service. Despite my duties as a soldier, I took time to meditate every day. My doubts, still unresolved, caused all kinds of questions to come up....... This underlying doubt was always there. When I was working it would disappear, but when I practiced, this suffocating doubt would often return.**㉘**

He had been practicing for fifteen years**㉙** since becoming a

---

㉗ Master Sheng Yen, *Getting the Buddha Mind* (New York: Dharma Drum Publications, 1982), p. 4; A similar narrative is also seen in *Footprints in the Snow*, 2008, p. 59.

㉘ *Getting the Buddha Mind*, p. 4.

㉙ "From the time I left home (to become a novice) I spent fifteen years in my practice." See: *Getting the Buddha Mind*, p. 5.

novice monk❸ at the age of fourteen at Guang-jiao Monastery, Wolf Hill. The Master mustered out from the army at the age of twenty-eight. In 1958, which is the year prior to his discharge from the army, he finally attained a major breakthrough in practice, due to a life-changing encounter with a Zen Master.

While listening to the Master's doubts and problems, Master Ling Yuan did not give any answer at all. Instead, he just asked, "Any more?" At this time, the Master continued to pour out all his doubts out for two to three hours. In *Footprints in the Snow*,❹ the Master gives a more detailed description of his doubts:

> Would I be able to become a monk again? How would I be able to do that? Which teacher should I go to? What should I do after I become a monk? What kind of monk did I want to become? How would I be able to benefit others, as well as myself, as a monk? With Buddhist teachings as deep and vast as the ocean, where should I start? With innumerable methods of practice, which method should I choose?❺

After the second tonsure and becoming a monk again, Master Sheng Yen went to southern Taiwan for a six-year solitary retreat. During the retreat, he not only read the entire Buddhist Tripitaka and wrote several famous books on Chan, but also practiced very ardently. By himself, he revived the Chan method of Mozhao (Silent Illumination), which had fallen out of use for several

---

❸ Lin, Qixian, *Master Sheng Yen's Chronicle till the Age of 70* 聖嚴法師七十年譜 (Taipei: Dharma Drum Pub. Corp., 2000), Vol. 1, p. 52.

❹ This is the fourth autobiography on the Master and is written in English. Numerous paragraphs were compiled from transcripts of his interviews, including many Chan experiences narrated by himself. This is hard to find in other books.

❺ *Footprints in the Snow*, p.85.

hundred years since its development in the Song Dynasty. Later, while studying in Japan for his doctoral degree, he participated in many retreats with famous Japanese Zen Masters.[33] As the decades passed, the Master not only integrated *Huatou* and Silent Illumination of Chinese Chan Buddhism into his teaching, but also adopted several methods from Japanese Zen and even Theravadan and Tibetan Buddhism. He then founded the Dharma Drum Lineage of Chan Buddhism with a broad perspective.[34] He created a new Chan meditation system different from traditional Chinese Chan, one that was highly relevant to his own Chan meditation experience.

It's widely known that the Chan School reached its peak in the Tang Dynasty and gradually languished after the Five Dynasties period. It was not until Dahui Zonggao advocated Huatou, and Hongzhi Zhengjue created Mozhao in the Song Dynasty, that the lifeless Chinese Chan was eventually revived.[35]

2.2 Master Sheng Yen investigated a number of questions

A Brief History of Koan and Huatou in Chinese Chan Buddhism

In *Chan and Enlightenment*,[36] Master Sheng Yen basically agrees with how Kaiten Nukariya (1867-1934)[37] divides Chinese

---

[33] Such as: Tetsugyu Ban 伴鐵牛 (1910-1996), a Japanese Zen Master.

[34] See 'A brief history of Chan style of Dharma Drum Lineage', "The Contemporary Practice of Chinese Chan Buddhism: Master Sheng Yen's 'Protecting the Spiritual Environment'", *Studies on Master Sheng Yen* (Taipei: Dharma Drum Pub. Corp., 2011), Vol. 2, pp. 268-280.

[35] "In the history of Chinese Chan, Master Dahui Zonggao is an important figure who revived the Chan School from its previous state of lifelessness." See: *Work Prologues* 書序 (Taipei: Dharma Drum Pub. Corp., 2005), p. 43.

[36] Master Sheng Yen, *Chan and Enlightenment* 禪與悟 (Taipei: Dharma Drum Pub. Corp., 1991), pp. 31-32.

[37] Dr. Kaiten Nukariya, *Zengakushisōshi* (Tokyo: Meichokankōkai, 1969), Vol. 1 and 2.

Chan history. With the arrival of Bodhidharma (?-535) as the very beginning, Nukariya divides Chinese Chan history into three stages—The Pure Chan Era, The Chan Opportunity Era, and The Maturity Era. The Pure Chan Era covers 190 years, from the arrival of Bodhidharma in the Southern and Northern Dynasties (420-589) till the decease of the Sixth Patriarch Hui Neng (638-713) in the mid-Tang Dynasty (618-907). The Chan Opportunity Era refers to the period of 250 years after the decease of the Sixth Patriarch Hui Neng to the end of the Five Dynasties (907-959). The Maturity Era came during the Northern and Southern Song Dynasties (960-1279), lasting about 300 years. Later on, during the Yuan (1279-1368), Ming (1368-1644), and Qing Dynasties (1644-1911), Chinese Chan gradually declined and was finally revived by Master Xu Yun (1840-1959) during the late Qing and early Republic periods.

During the period when Chan was prevailing, masters dexterously employed means such as "bang and bawl" to help disciples let go of their self-attachment so as to attain enlightenment. At this time, the investigation of Koan had not yet become prevalent. From the Five Dynasties till the Northern Song Dynasty (960-1126), a span of nearly two hundred years, talents in the Chan School were scarce. It was not until Dahui Zonggao(1089-1163), who advocated Huatou and helped several people attain enlightenment, that the method of investigating Koan was finally formed.

......During that time, no one used it repeatedly, so there was no need to investigate Koans. Afterwards, some people attained enlightenment through repeatedly investigating those cases, thus forming the method of investigating Koans.❸❸

---

❸❸ Master Sheng Yen, *The World of Chan* 禪的世界 (Taipei: Dharma Drum Pub. Corp.,1994), pp. 41-42.

Master Xu Yun pointed out that after the Song Dynasty, due to people's inferior ability, masters were forced to teach disciples to investigate Koans, like fighting fire with fire.

> Prior to the Tang and Song Dynasty, Chan masters more often than not attained enlightenment upon a couple of words. The transmission of Dharma was merely verifying the disciple's mind; there was no real Dharma at all....... Masters cannot help but teach disciples to investigate Koans so as to fight fire with fire.❸❾

Master Sheng Yen's particular way of investigating Chan: Investigating multiple questions at a time

Master Sheng Yen mentioned that during his twenties,❹⓪ he practiced very hard. Once, he met Master Ling Yuan and asked him countless questions. When Master Ling Yuan finally commanded "Put them down!" all his doubt was at once swept away and he saw his original face.

> When I was in my twenties, I practiced very diligently. I always had many ideas and plans, as well as lots of doubts. How should I practice? What would I be in the future? **There were so many questions in my mind.......I then asked a second question, a third, a fourth.......** (emphasis added). I thought that he (Master Ling Yuan) would answer all this at the very end. At that time, my mind was bombarded with so many questions, always thinking, "What would I be in the future? What if......." He just listened patiently till I forgot how many

---

❸❾ Master Sheng Yen, *Guidance to Chan Practice* 禪門修證指要 (Taipei: Dharma Drum Pub. Corp., 1980), p. 231.

❹⓪ According to *Master Sheng Yen's Chronicle till the Age of 70* by Lin Qixian, he was 29 at that time. See: pp. 102-108.

questions I'd asked.**❹**

From Master Ling Yuan's replies, such as "Just go ahead and ask," "Any more?" and "How come you have so many questions?" we can be sure that Master Sheng Yen did ask a lot of questions. According to his own admission, at that time, he asked "a basket of questions." It once again confirmed that what he had asked was not only one Koan or Huatou.

After a short while, the young man could not help but start to complain how upset and anxious he was, how he was troubled by all kinds of questions. Master Ling Yuan said, "Just go ahead and tell me your problem......" "Oh, any more? **Do you have any more questions?......," "How come you have so many questions?** (emphasis added) Put them all down, I'm going to sleep!" After such scolding, all of Master Sheng Yen's problems suddenly dispersed.**❷**

From the above mentioned information, we can say that as Master Sheng Yen had experienced many disasters, the deep doubt about life arose at a very young age. He also figured out his own way of practice as he could not find anyone to guide him. According to his own words, his great doubt once lasted for a period of three months. During that time, instead of one Koan or Huatou, he asked many different questions, but all were related to the same doubt sensation—life and death.

My doubt once lasted for three months. During those three

---

❹ *Master Sheng Yen's Teachings on Silent Illumination* 聖嚴法師教默照禪 (Taipei: Dharma Drum Pub. Corp., 2004), pp. 98-99.

❷ Master Sheng Yen, *The Journey Towards Home* 歸程 (Taipei: Dharma Drum Pub. Corp., 1968), pp. 291-292 (Appendix 3: "Forty Years in a Blink of an Eye" by Huijian Chen).

months, I was constantly enveloped by doubt, doubt and doubt. Lots of questions arose in my mind, though I did not use the same Huatou. **Those questions were all related to one theme, that is, the question of life and death** (emphasis added), such as what is life and death? What is life indeed?[43]

Therefore, the purpose of Huatou is to trigger our doubt. Huatou was not so popular until Dahui Zonggao propagated it. According to the records, though, Zonggao used both Koan and Huatou.[44] Actually, Huatou is the key phrase in a Koan, and an access to the door of Chan. No matter whether practitioners use the method of Koan or Huatou, the only purpose remains the same, that is, to trigger their own doubt.

Only when you can master this method (Huatou), will your doubt sensation arise; when you make progress in practice, your doubt will develop into great doubt. Under such circumstances, you will not be aware of your own body, the outside world or anything else. **Only one thing would remain, that is your question, the great doubt** (emphasis added).[45]

Be it Koan or Huatou, both more-or-less pertain to the form of language or word. They are just an external symbol, a saying from a Chan Master in the past. But the doubt aroused by Koan or Huatou is an internal consciousness and frees the practitioner from any constraint of language or word. Thus, both experienced Chan Masters and practitioners need to understand these methods very

---

[43] Master Sheng Yen, *Master Sheng Yen's Teachings on Huatou* 聖嚴法師教話頭禪 (Taipei: Dharma Drum Pub. Corp., 2009), p. 159.

[44] In *The Recorded Sayings by Chan Master Dahui Pujue* 大慧普覺禪師語錄, T47, no. 1998A, there are 37 entries of Koans and 40 Huatous.

[45] Master Sheng Yen, *Chan Experience Chan Talk* 禪的體驗・禪的開示 (Taipei: Dharma Drum Pub. Corp., 1980), p. 139.

well and transcend language or word so as to attain enlightenment or enlighten others.

In fact, key words that may provide an access to Chan are not always necessary. More often than not, disciples get enlightened upon some words without fixed form from their master.❹❻
......(Zonggao's use of Huatou) also makes it clear why the Chan School insists on being independent from words. The key is to remain doubtful about "What is it like before birth and what is it like after death?" and give rise to it constantly when causes and conditions are ripe. Arouse your doubt with your own Huatou at any given time.❹❼

Hence, what matters most is not the Koan or Huatou itself, for they are restricted by the form of language or word. Though the questions that Master Sheng Yen asked seem different, they were all connected to the same theme—investigating the doubt hidden deep in his mind.

Actually, the key does not lie in the Koan or Huatou itself. That you keep using a certain method on and on and on is most important.❹❽

Apparently, his way of investigating Chan was greatly different from the conventional method of Koan or Huatou. In the latter case method, practitioners can only investigate one question at a time.

---

❹❻ Master Sheng Yen, *Master Sheng Yen's Chan Talk* 聖嚴說禪, p. 200.

❹❼ Master Sheng Yen, *Master Sheng Yen's Teachings on Huatou* 聖嚴法師教話頭 禪, p. 266.

❹❽ Master Sheng Yen, *Life of Chan* 禪的生活 (Taipei: Dharma Drum Pub. Corp., 1984), p. 133.

2.3 The Process of Enlightenment

Beginning in childhood, Master Sheng Yen witnessed numerous natural and man-made disasters which inspired him to explore the predicament of life and death. Although there was no one to guide him to practice Koan or Huatou, due to his own good merits, innumerable inner doubts naturally converged to his inner issue—a doubt sensation of life and death. That is to say: He broke through the traditional practice formula of Huatou,❹ and could more profoundly grasp the essence and meaning of Zen Meditation—from "doubt" to "Enlightenment." This influenced him to employ more flexible kinds of Zen teaching methods in the East and West for decades.

In 1957, which is the year prior to his meeting with Master Ling Yuan, Master Sheng Yen wrote many Buddhist articles. During that year, his thoughts on Buddhism flowed very smoothly and merged to form his own Buddhist ideology, which made many people think he was enlightened.

> My mind opened up, thoughts cleared up accordingly and I just couldn't stop writing....... No matter what books I read, what kind of knowledge I had learned, it would naturally converge onto my main idea....... However, this kind of thought did not become active until the 46th year of the Republic of China, i.e.1957. It was just that I had found a thin ray of light within the door of knowledge......but many people thought that I had become enlightened.❺

By the spring of 1958, when he met with Master Ling Yuan,

---

❹ For example, Laiguo 來果 (1881-1953), a famous Chan Master of modern times, advocated only one Huatou: "Who is reciting the Buddha's name?"

❺ Master Sheng Yen, *The Journey Towards Home* 歸程, pp. 200-201.

Master Sheng Yen's doubt sensation (or doubt mass) had already lasted for three months, from "thinking" to "practicing."[51] It is very possible that the Master kept his doubt sensation for a longer time than other Chan practitioners. But regardless whether the time period is long or short, investigating the doubt sensation itself is the indispensable same process for practicing Huatou.

A small doubt would last for hours or days while a great doubt would remain ten days or even half a month. The stronger the doubt, the more profound the enlightenment would probably be.......[52]

Though till now, we can't find any writings on his Samādhi experiences prior to his being mustered out from the army, we do know that he still kept practicing through prostrations with all those doubts in his mind.

At that time, he (ps. Master Sheng Yen) was still serving in the Communication Division, Ministry of National Defense in Xindian. Right in front of his dormitory was the gigantic Amitābha rock statue at Guangming Rock. Being "depressed" from his unresolved doubts as well, he prostrated to Amitābha two kilometers away every day. There were so many problems that could not be solved.[53]

It can be said that Master Sheng Yen and Master Tai Xu shared a kind of similar practice and enlightenment process. When Master

---

[51] Here, the author uses "three kinds of wisdom (śruta-cintā-bhāvanā)" to describe three stages of wisdom. In English, they are: Hearing the Buddha's teaching, giving it deep thought, and practicing it.
[52] *Chan Smile* 拈花微笑 (Taipei: Dharma Drum Pub. Corp., 2005), p. 132.
[53] Master Sheng Yen, *The Journey Towards Home* 歸程, p. 291.

Tai Xu, at the age of 19, was reading the *Mahāprajñāpāramitā-sūtra*, he had a Samādhi experience❺❹ and then could "write down extremely quickly and freely express his Buddhist thought."❺❺ In his second Samādhi experience, at the age of 28, he attained profound enlightenment.❺❻ Obviously, the two Masters, Tai Xu and Sheng Yen, underwent the same practice processes: from "thinking" to "practice" and from "practice" to "enlightenment." Even though Chinese Buddhism has developed a Zen meditation practice different from that of Buddhism in India, both forms of Buddhism have kept the same process containing four steps: "hearing, thinking, practice, and enlightenment."❺❼

3. Conclusion

In the practice of Chinese Chan Buddhism, little emphasis is placed on physical and mental reactions. However, from the literature, we know that many Chan masters did "perspire greatly" right before or upon their enlightenment. This article discusses some examples from the Tang, Song, Yuan and Ming Dynasties, as well as that of Master Sheng Yen. There are many similar cases to be found in the historical Zen literature. This paper simply aims to present an aspect of the "phenomenon of Zen Enlightenment" —sweating all over—and show the existence of the cases in the historical Zen literature. Further, it is hoped that the terse

---

❺❹ "In his first enlightenment.......Master Tai Xu attains the state of one mind and is unmoving." See: Master Sheng Yen, *Chan Experience Chan Talk* 禪的體驗・禪的開示, pp. 109-110.

❺❺ Master Sheng Yen, *Chan Experience Chan Talk* 禪的體驗・禪的開示, p. 108.

❺❻ "In second enlightenment......he sees his nature and attains 'no-mind.'" See: Master Sheng Yen, *Chan Experience Chan Talk* 禪的體驗・禪的開示, p. 110.

❺❼ There are several Sanskrit words to indicate the last step, such as samudāgama (or adhigama), which means "the realization resultant of practice" or "to be fully enlightened."

remarks here may draw forth more attention to this particular phenomenon. For practitioners hoping to attain enlightenment, this kind of reaction may be ignored. But for those interested in doing interdisciplinary research that combines religious experiences and body-mind science, this may be a topic worth investigating further.

Without any formal training in Chan, Master Sheng Yen still savored the taste of Chan through his own practice method, which was different from the conventional. In addition, the whole process was in a certain way quite similar to that of Master Tai Xu. Master Sheng Yen's special experience in Chan practice sheds light on the process as well as the real meaning of proceeding from Koan or Huatou to doubt, and from doubt to enlightenment. Chinese Buddhist Schools, the Chan School in particular, have developed distinctive ways of practice and have adapted to Confucianism in Chinese tradition. However, regarding the whole process, the path to wisdom still involves the gradual stages of "hearing, thinking, practice and enlightenment" as in Indian Buddhism.

References

Chinese Buddhist Electronic Text Association (CBETA), V. 2011

Concise Śamatha-vipaśyanā 修習止觀坐禪法要, T46, no. 1915.

Shichanboluomi 釋禪波羅蜜次第法門, T46, no. 1916.

The Recorded Sayings by Chan Master Dahui Pujue 大慧普覺禪師語錄, T47, no. 1998A.

The Platform Sutra of the Sixth Patriarch 六祖大師法寶壇經, T48, no. 2008.

The Transmission of the Lamp 景德傳燈錄, T51, no. 2076.

A Collection of Sleepwalking by Han Shan Old Man 憨山老人夢遊集, X73, no. 1456.

The Biographies of the Buddhist Patriarchs since the Birth of Shakyamuni up to 1383CE 佛祖綱目, X85, no. 1594.

Zhong Tong Bian Nian 宗統編年, X86, no. 1600.

The Recorded Sayings by Chan Master Yinyuan 隱元禪師語錄, J27, no. B193.

The Complete Collection of Dharma Drum (CCDD), V. 2005 (website:http://ddc.shengyen.org/pc.htm, v. 2011.10.6)

Master Sheng Yen (1968). *The Journey Towards Home* 歸程 (CCDD, Series VI, Vol. 1). Taipei: Dharma Drum Pub. Corp.

Master Sheng Yen (1980). *Guidance to Chan Practice* 禪門修證指要 (CCDD, Series IV, Vol. 1). Taipei: Dharma Drum Pub. Corp.

Master Sheng Yen (1980). *Chan Experience Chan Talk* 禪的體驗 · 禪的開示 (CCDD, Series IV, Vol. 3). Taipei: Dharma Drum Pub. Corp.

Master Sheng Yen (1984). *Life of Chan* 禪的生活 (CCDD, Series IV, Vol. 4). Taipei: Dharma Drum Pub. Corp.

Master Sheng Yen (1984). *The 111 Zen Masters in History* 禪門驪珠集 (CCDD, Series IV, Vol. 2). Taipei: Dharma Drum Pub. Corp.

Master Sheng Yen (2005). *Chan Smile* 拈花微笑 (CCDD, Series IV, Vol. 5). Taipei: Dharma Drum Pub. Corp.

Master Sheng Yen (1991). *Chan and Enlightenment* 禪與悟 (CCDD,

Series IV, Vol. 6). Taipei: Dharma Drum Pub. Corp.

Master Sheng Yen (1994). *The World of Chan* 禪的世界 (CCDD, Series IV, Vol. 8). Taipei: Dharma Drum Pub. Corp.

Master Sheng Yen (1998). *The Enlightened State of Zen Master Heze Shenhui* 神會禪師的悟境 (CCDD, Series IV, Vol. 16). Taipei: Dharma Drum Pub. Corp.

Master Sheng Yen (2004).*Master Sheng Yen's Teachings on Silent Illumination* 聖嚴法師教默照禪 (CCDD, Series IV, Vol. 14). Taipei: Dharma Drum Pub. Corp.

Master Sheng Yen (2005). *Work Prologues* 書序 (CCDD, Series III, Vol. 5). Taipei: Dharma Drum Pub. Corp.

Master Sheng Yen (2009). *Master Sheng Yen's Teachings on Huatou* 聖嚴法師教話頭禪 (CCDD, Series X, Vol. 6). Taipei: Dharma Drum Pub. Corp.

Other Chinese Material

Lin, Qixian(2000), *Master Sheng Yen's Chronicle till the Age of 70* 聖嚴法師七十年譜, Vol. 1, Taipei: Dharma Drum Pub. Corp.

Shi, Guo-Guang and Shi, Chang-Sheng (2011), "The Contemporary Practice of Chinese Chan Buddhism: Master Sheng Yen's 'Protecting the Spiritual Environment.'"*Studies on Master Sheng Yen* 聖嚴研究第二輯, Vol. 2, Taipei: Dharma Drum Pub. Corp.

Shi, Huimin (2005), "A Study of Body-Mind Philosophy in Buddhist Practice System 佛教修行體系之身心觀", *Dharma Drum journal of humanities* 2, Taipei: Dharma Drum College of Humanities and Social Sciences.

English Materal

James H. Austin (1998), *Zen and the Brain*, Massachusetts: MIT Press.

James H. Austin (2006), *Zen-Brain Reflections*, Massachusetts: MIT Press.

Master Sheng Yen (1982), *Getting the Buddha Mind*, New York: Dharma Drum Publications.

Master Sheng Yen with Dan Stevenson (2001), *Hoofprint of the Ox*, New

York: Oxford Univ. Press.

Master Sheng Yen (2008), *Footprints in the Snow*, New York: Doubleday
Publishing Group.

Japanese Material

Kaiten Nukariya 忽滑谷快天 (1969), *Zengakushisōshi* 禅学思想史, Vol.
1 and 2. *Tokyo: Meichokankōkai* 名著刊行会.

禪修「通身汗流」現象與禪悟過程之探討
——以禪史文獻及聖嚴法師禪修經驗為例

釋果暉

法鼓佛教學院副教授

▌摘要

　　傳統禪宗的修行重視「以心傳心」，也就是師師傳承的關係。在禪法興盛的時代，禪修者通常能很幸運地在一位乃至數位大禪師座下修行到禪悟的發生。另外，有一些禪修者也能把握正確的禪修方法與觀念，當修行到開悟，再找所謂的過來人來勘驗印證自己的悟境。此外中國禪宗的另外一個重要原則是：「唯論見性，不論禪定解脫。」這都說明禪的修行重視於把握「禪慧」的大原則；相對的，對於禪修過程中的身心反應並沒有那麼重視。

　　十八世紀後半工業革命的發生，人類在科技文明有著空前的進展，理性主義隨之抬頭，人們也要求從事人文精神領域的工作者，用各種科學方式來提出合理說明，包括宗教也不例外。以佛教之禪修而言，近年來國際上對「禪與腦」或「開悟」的研究絡繹不絕，正是代表在這一大環境下所產生的趨勢。

　　我們可以看到歷代禪宗文獻中記載著頗多有關開悟的例子，而其中一個很明顯的身心反應是：禪修者禪悟的當下，

會有「通身汗流」現象。若是夏天的禪期，禪修的人要流汗太容易了，但是本文所探討的，並非是因天氣熱而汗流滿身，而是一種禪修者在發生禪悟時所產生的身心反應現象。的確，到目前為止我們尚無法提出反證來說：若禪修者沒有汗流滿身的話，他就一定尚未發生禪悟。但從另外一方面說，我們也可提出另一種可能性：有禪悟而汗流滿身的禪修者，並不一定將此經驗說出來而被記錄於後世的文獻之中。

當然，只因禪修而發生了汗流滿身現象這一點而言，是不能夠拿來做為禪悟時「心印心」的勘驗標準，因為在禪宗紀錄中，並沒有看到用「滿身大汗」來驗證禪修者是否達到禪悟境界。然而，禪宗的典籍或當代資料中的確留下非常多如此事例的記載——包括聖嚴法師的禪修經驗在內，這值得將來進一步從跨領域研究中來探索它的奧祕，比如禪修與神經心理學或心理生理學等領域。

此外，聖嚴法師從小就親歷無數天災人禍之痛，而激發一究生死迷惑之問題。雖然無人指導他去參一個公案或話頭，卻也憑一己之善根，自然地將許多內心的疑問匯歸到同一個中心問題上去——生命的疑情。這突破了傳統參話頭的型式，讓他更深刻地掌握到從「疑」到「悟」——從「修」到「證」的內涵與意義，此後數十年中，於東方與西方開展出更靈活的各式禪的教學方法。

法師在見到靈源老和尚的前一年（1957）之中，他寫了許多佛教文章；文思暢通無礙，並都能匯歸到自己的中心思想上，這讓很多人以為他是開悟了。又在一九五八年春天，

也就是在見到靈源老和尚的前三個月之中，都保持在疑（疑情、疑團）的狀態，這明顯地是從「思」到「修」的歷程。

　　聖嚴法師與太虛大師可說有相似的修證歷程。我們看到太虛大師在十九歲時，閱讀《般若經》而發生第一次禪悟體驗後，也有「伸紙飛筆，隨意抒發」的狀況；其後在二十八歲時的第二次禪觀中就開悟了。可見兩位大師的禪悟中也都有明顯的思、修、證之歷程。中國禪宗雖開展出不同於印度佛教的修行方法，但有聞、思、修、證的共通歷程上，仍然與印度佛教是一致的。

關鍵詞：過程、開悟、疑情、通身汗流、跨領域

再探聖嚴法師的淨土思想
——有無二相的念佛觀

釋果鏡

法鼓佛教學院助理教授

▌摘要

聖嚴法師的淨土思想的淵源與要義，筆者在《聖嚴研究》第一輯拙作中結論出：聖嚴法師依般若空思想為中心的《維摩經》，提倡心淨則國土淨，以華嚴宗「一念成佛」的思想發展出「一念相應一念佛，一日相應一日佛，念念相應念念佛」的念佛觀。

本篇再探聖嚴法師的淨土思想，筆者擬著重在聖嚴法師如何把看似矛盾的「有相念佛」與「無相念佛」，透過《阿彌陀經》、《無量壽經》、《觀無量壽經》、《楞嚴經》、《般舟三昧經》、《文殊師利所說摩訶般若波羅蜜經》六種文獻的思想要義，提出念佛法門即是禪觀法門的立場，融攝通達有無二相的相即性與相入性。

本文之內容分為三大部分：第一部分討論聖嚴法師如何詮釋有無二相念佛觀。第二部分著重於聖嚴法師如何運用六種文獻的思想要義處理有無二相的矛盾。第三部分探討聖嚴法師提倡念佛即是禪觀的念佛思想。筆者擬透過上述三部分的論述，反映出聖嚴法師的淨土思想在念佛法門上有著時代的貢獻。

關鍵字：聖嚴法師、念佛禪、念佛觀、有相、無相、一念不生

一、前言

筆者於二〇〇八年發表過聖嚴法師淨土思想的研究論文，於其總結上將聖嚴法師的淨土思想大致分了四大重點，可參閱拙作，此處不再贅述。筆者雖然已做了聖嚴法師淨土思想的結論，但仍覺得有未盡之處，故擬再深入探究聖嚴法師的淨土思想。於二〇一〇年新出版的《聖嚴法師教淨土法門》中言及：

> 念佛通常被認為是淨土法門，為什麼變成禪了呢？其實沒有一樣特定的東西或法門叫作禪，因為中國禪宗是「以無門為法門」，而念佛根本就是禪法中的一個項目，所以不需要特別把淨土法門獨立出來。❶

因此本篇擬以「念佛法門即是禪法」為中心切入點，來探討聖嚴法師如何詮釋有相與無相的念佛觀？如何融攝通達有相與無相的矛盾？如何界定念佛法門即是禪觀法門？

二、有相與無相的詮釋

「有相」在中國的定義，指「有貴相」之意。見於漢·王充（27～97）《論衡·命義》：「猶高祖初起，相工入豐沛之邦，多封侯之人矣，未必老少男女俱貴而有相也。」❷而「無相」的定義，指「無人扶助」之意。如《左傳·僖公

---

❶ 釋聖嚴，《聖嚴法師教淨土法門》，法鼓文化，2010年，頁187。
❷ 王充，《論衡》，中華書局，1990年，頁45。

十五年》：「〈歸妹〉之〈睽〉，猶無相也。」杜預（222～
285）註：「〈歸妹〉，女嫁之卦，〈睽〉，乖離之象，故曰
無相。相，助也。」❸晉・干寶《搜神記》卷十九：「父母無
相，惟生六女，無有一男。」❹因此在印度佛教尚未傳至中國
之前，中國雖然已有「有相」與「無相」之詞，但是定義與
詞意是有別於印度佛教。

在印度「有相」的梵語 "sākāra"，是有形相之意。而「無
相」的梵語 "ānimitta"，是無形相之意。「相」指事物的形象
狀態。在漢譯經典中出現「有相」、「無相」之詞，可以推
溯到劉宋・求那跋陀羅（394～468）所譯的《雜阿含經》卷
二十一，質多羅長者回答尊者那伽達多之間的對話：

> 尊者！謂貪有量，若無諍者第一無量，謂貪者是有相，
> 恚、癡者是有相，無諍者是無相。❺

因此佛教傳入中國之後，「有相」與「無相」對中國人
在意義上的認知，新增加了佛教的詞義。

（一）祖師的詮釋

在歷代祖師、高僧對「有相」與「無相」的詮釋可以分
為幾種類別來探討：依「教」、「行」、「觀」、「土」、

---

❸ 左丘明撰、杜預註，〈僖公十五年〉，《左傳》，北京大學出版社，
　1999年，頁380。
❹ 干寶，《搜神記》，里仁書局，1999年，頁231。
❺ 《大正大藏經》第二冊，《雜阿含經》，第九十九經，頁150上6-8。

「念佛」等。以下一一論述之。

就「教」而言：在佛教經典的判釋上，將佛陀說法從淺入深，分為五個階段，稱作五時教。「有相教」與「無相教」是劉宋・慧觀（366～436）與南齊・劉虬（438～495）所主張的五時教之兩種教。「有相教」指的是《阿含經》，「無相教」指的是《般若經》。

就「行」而言：分為「有相行」與「無相行」。此種「行」可詳見於陳・慧思（515～577）依據《法華經・安樂行品》所撰《法華經安樂行義》，其中有云：

> 菩薩學法華，具足二種行，一者無相行，二者有相行。❻

將修行分成兩種：一是無相行，二是有相行。又進一步解釋：

> 無相行者，即是安樂行。一切諸法中，心相寂滅，畢竟不生，故名為無相行也。❼

認為無相行即是安樂行，因為一般人不容易修成就，所以再說明有相行：

---

❻ 《大正大藏經》第四十六冊，《法華經安樂行義》，第一九二六經，頁698上20-21。

❼ 《大正大藏經》第四十六冊，《法華經安樂行義》，第一九二六經，頁700上19-20。

復次有相行，此是〈普賢勸發品〉中。誦《法華經》，散心精進，知是等人不修禪定，不入三昧。若坐、若立、若行，一心專念法華文字，精進不臥如救頭然，是名文字有相行。❽

此乃引用《法華經・普賢菩薩勸發品》中一心精進專念《法華經》的文字，來解釋有相行的修行方法。

就「觀」而言：分為「有相觀」與「無相觀」。在隋・智顗（538～597）《修習止觀坐禪法要》云：

修觀，有二種：一者、對治觀：如不淨觀對治貪欲，慈心觀對治瞋恚，界分別觀對治著我，數息觀對治多尋思等，此不分別也。二者、正觀：觀諸法無相，並是因緣所生；因緣無性，即是實相。先了所觀之境一切皆空，能觀之心自然不起。❾

將「觀」分成「對治觀」與「正觀」。「對治觀」是有對治對象的觀，也就是「有相觀」，「正觀」是觀諸法無相，也就是「無相觀」。又唐・玄奘（602～664）譯《成唯識論》卷九記載：

---

❽ 《大正大藏經》第四十六冊，《法華經安樂行義》，第一九二六經，頁700上29～中4。

❾ 《大正大藏經》第四十六冊，《修習止觀坐禪法要》，第一九一五經，頁467中1-6。

前之五地，有相觀多，無相觀少。於第六地，有相觀
少，無相觀多。第七地中，純無相觀。雖恆相續，而有加
行，由無相中，有加行故，未能任運現相及土。❿

文中說明在前五地的修行狀態，是有相觀多無相觀少，
而第六地的修行狀態，是無相觀多有相觀少，第七地是屬於
純無相觀，但是因為還有加行，所以不能出現化他的佛身相
及佛國土。

在禪宗語錄中，祖師們常會運用「有相觀」、「無相
觀」，來接引化導禪眾。如宋・李遵勗（988～1038）編《天
聖廣燈錄》中有泉州靈台山令岑禪師（生卒年不詳）的陞座
開示：

初陞座，維那白槌云：「法筵龍象眾，當觀第一義。」
師云：「第一義見成，本無異說。大眾且作麼生觀？作有
相觀？作無相觀？若作有相觀，即是邪見。若作無相觀，
即是斷見。不有不無，且作麼生觀？直饒恁麼會得去，亦
是迂遮。然雖如此，今日豈無方便。」乃陞座。⓫

令岑禪師指導弟子時，將「觀」分為「有相觀」與「無
相觀」。認為觀第一義時，如果做有相觀是邪見，做無相觀
是斷見，做非有相觀非無相觀亦是囉嗦嘮叨多餘。又如宋・

❿ 《大正大藏經》第三十一冊，《成唯識論》，第一五八五經，頁53中16-19。
⓫ 《卍續大藏經》第七十八冊，《天聖廣燈錄》，第一五五三經，頁565上
8-13。

師明（生卒年不詳）集《續古尊宿語要》中有〈別峯雲和尚語〉的「秉拂小參」：

> 冬夜。我宗無語句，亦無一法與人，更教秉拂上座，向這裡如何啟口。假饒說得天雨四花，地搖六震，在諸人分上，總沒交涉。何以？欲得親切，當須自觀。若此觀者，名為正觀；若他觀者，名為邪觀。諸人且作麼生觀？為作有相觀？作無相觀？作不有不無相觀？作亦有亦無相觀？直饒總不恁麼，也是扶籬摸壁。所以道：「欲知佛性義，當觀時節因緣。」莫有知時別宜底麼。❷

雲和尚（生卒年不詳）更進一步指出，「觀」可分為有相觀、無相觀、不有相觀不無相觀、亦有相觀亦無相觀，但是無論做哪一種觀，皆只是摸到邊際而已。若是想見證佛性，觀法雖然重要，但仍需注意時節因緣。又如明・洪蓮（1366～1456）編《金剛經註解》中有記載李文會（1100～1165）云：

> 若作有相觀，即是一邊見；若作無相觀，亦是一邊見；若不作有無觀，即是斷滅法。故知真如法性，不是有、不是無，湛然不動。觀與不觀，皆是生滅。❸

---

❷ 《卍續大藏經》第六十八冊，《續古尊宿語要》，第一三一八經，頁518中10-16。

❸ 《卍續大藏經》第二十四冊，《金剛經註解》，第四六八經，頁811下15-18。

　　李文會主張真如法性不是做有相觀也不是做無相觀，它是湛然不動的，無論做觀或不做觀都是生滅法。

　　就「土」而言：分為「有相淨土」與「無相淨土」。在中國出現最早的淨土分類法，是隋・淨影慧遠（523～592）《大乘義章》：

> 　　為明佛土兼辨餘義。分別有三：一事淨土；二相淨土；三真淨土。❹

　　慧遠把淨土分三類：「事淨土」、「相淨土」、「真淨土」。其中的兩類「事淨土」、「相淨土」就是「有相淨土」，而「真淨土」也就是「無相淨土」。

　　又就「念佛」而言，唐・懷感（？～699）《釋淨土群疑論》中云：

> 　　問曰：「念佛三昧，所見之佛，三身之中，為見何身也？」釋曰：「通論念佛，三身俱念。得無相念佛三昧，念法身佛；得有相念佛三昧，念報化身佛。」❺

　　認為有相念佛所念的是報化身佛，無相念佛念的是法身佛。

---

❹ 《大正大藏經》第四十四冊，《大乘義章》，第一八五一經，頁834上25-26。

❺ 《大正大藏經》第四十七冊，《釋淨土群疑論》，第一九六〇經，頁73下27～74上1。

（二）聖嚴法師的詮釋

聖嚴法師就「行」詮釋「有相行」與「無相行」，在其《禪鑰》中認為菩提達摩「二入四行」的修行方法：

> 四行的一二行，明因果因緣，是初機的有相行；三四行，則進入無相行，明與理入分開，實與理入相應。初心的禪者，宜從行入漸進。❶

聖嚴法師把二入四行標為修行次第，認為初心的禪者要從行入漸進，並將四行的「報冤行」與「隨緣行」列入有相行，「無所求行」與「稱法行」列入無相行。又在其所著《大乘止觀法門之研究》第二章節中，探討《大乘止觀法門》真偽及其作者時，詳細地研究過南岳慧思禪師及其著作，主張：

> 縱觀他的一生，也以禪觀之行持與弘揚，為其徹始徹終的思想中心。特別根據他所著《法華經安樂行義》可以明白，在「有相行」及「無相行」的兩者之中，以「無相行」為畢竟究極之禪觀的根本。❷

認為慧思是一位以禪觀行持與弘揚為思想中心的禪師，雖然提出「有相行」與「無相行」的修行內涵，其實根本是

❶ 釋聖嚴，《禪鑰》，法鼓文化，1999年，頁55。
❷ 釋聖嚴，《大乘止觀法門之研究》，法鼓文化，1999年，頁84。

以「無相行」為禪觀的畢竟究極。聖嚴法師又提出天台智顗撰寫《法華三昧懺儀》的目的：

> 隋之智顗禪師，依〈普賢菩薩勸發品〉撰《法華三昧懺儀》，目的是為了從有相行而進入無相行。⓲

認為智顗的法華三昧主要是從有相行進入無相行的一種修行法門。

聖嚴法師就「觀」詮釋「有相觀」與「無相觀」，在《禪鑰》中介紹五停心觀的修行方法時，於後記云：

> 中國天台智顗禪師的《修習止觀坐禪法要》即說，修觀有二種，一者對治觀，即用五停心觀的不淨、慈心、界分別、數息的四項；二者正觀，即觀諸法無相，皆從因緣生，因緣無性，即是實相。然此五停心觀，能使行者從有相觀進入無相觀，從有我的執著進入無我的解脫，乃是大小乘共通的禪修基礎。⓳

認為五停心觀可以使禪修者從有相觀進入到無相觀，也就是說從有我的執著進入到無我的解脫。主張「數息觀」、「不淨觀」、「慈悲觀」、「界分別觀」四項是屬於「有相觀」，而「因緣觀」則屬於「無相觀」。

⓲ 釋聖嚴，《學術論考》，法鼓文化，1999年，頁190。
⓳ 釋聖嚴，《禪鑰》，法鼓文化，1999年，頁45。

又就「土」詮釋「有相土」與「無相土」，在《慈雲懺主淨土文講記》云：

> 以信心所生的淨土是九品蓮花化身，是有形相的；到了最高的實相、實報淨土，亦即自性法身所居的淨土，那便是無相、無形的，既是在自己的心中，也是到處都在，或處處不在。此處所指的淨土，是指凡夫所生的九品蓮花的淨土。往生彼國淨土之後，見佛、見菩薩，聞法開悟，得無生法忍，才證初地聖菩薩位，而得不退轉。因此不要好高騖遠，不要自認為了不起，一定要證得法身，生到無相土。我輩業深障重的凡夫，還是以求生九品蓮花的有相淨土比較可靠。❷⓪

可以清楚地窺知聖嚴法師對淨土的修行態度，認為九品蓮花化身的有相淨土是凡夫眾生所生的，他勸進我輩不要好高騖遠，一下子就想進入自性法身的無相淨土，要老實地求生九品蓮花的有相淨土之後，按部就班地見佛、見菩薩，聞法開悟，得無生法忍，才證初地聖菩薩位，而得不退轉。因此聖嚴法師主張往生淨土是先求得有相淨土，然後再修得無相淨土。

就「念佛」詮釋的「有相念佛」、「無相念佛」，是此篇小論的中心，因此筆者擬以聖嚴法師引用六種文獻的著重點來論述其有無二相的念佛觀。

---

❷⓪ 釋聖嚴，《慈雲懺主淨土文講記》，法鼓文化，1999年，頁27-28。

三、有相與無相的著重點

聖嚴法師在詮釋「念佛」，認為：「念佛」法門，本係「六念」的觀法之一，**㉑**主張「念佛」本來就是一種觀門。又解釋「念佛」時，經常把「念」拆開成「今心」，也就是「現在的心」，以現在的心在佛號上，稱為念佛。又將「念佛」分為兩種：

> 所謂「念佛」也有兩種方法：1. 用口出聲念，是有相念佛；2. 用心思惟念，時時刻刻與佛的慈悲和智慧相應。不論出聲不出聲念佛，念念與佛相應，方謂之真念佛；工夫深了即成實相念佛、無相念佛。**㉒**

以下擬就聖嚴法師對此兩種方法「有相念佛」與「無相念佛」的著重點來論述其淨土思想的特質。

（一）有相念佛

聖嚴法師在詮釋「有相念佛」的著重點，筆者整理出以下兩項：

1. 重視善根福德

聖嚴法師在淨土法門上經常提到蓮池大師（1535～1615）與蕅益大師（1599～1655），在講說《阿彌陀經》常引用兩位大師的觀點與思想，來做為自己的依準方向。但兩

㉑ 釋聖嚴，《慈雲懺主淨土文講記》，法鼓文化，1999年，頁34。
㉒ 釋聖嚴，《念佛生淨土》，法鼓文化，1999年，頁64。

位大師在觀點上有時會有相異處，例如在《阿彌陀經講記》中對善根福德的看法如下：

> 什麼是善根？什麼是福德？根據蓮池大師的說法，凡是念佛念得少的人就是少善根、少福德。因為不念佛，所以善根不夠；不念佛，所以福德也不夠。❷❸

聖嚴法師引用蓮池大師所著《阿彌陀經疏鈔》中例舉了《大悲經》、《大莊嚴經論》、《華嚴第十迴向》等明證持名念佛為多善根；也例舉了《大品般若經》、《大智度論》、《增一阿含經》等明證持名念佛為多福德。❷❹聖嚴法師接著又云：

> 可是根據蕅益大師的說法，善根是修三十七道品，福德是布施、持戒、忍辱等；三十七道品是正道，福德就是助道的因緣。❷❺

提出蕅益大師在定義善根福德的觀點不同於蓮池大師，又云：

---

❷❸ 釋聖嚴，《聖嚴法師教淨土法門》，法鼓文化，2010年，頁341。

❷❹ 《卍續大藏經》第二十二冊，《阿彌陀經疏鈔》，第四二四經，頁658中3-22。

❷❺ 釋聖嚴，《聖嚴法師教淨土法門》，法鼓文化，2010年，頁341。《阿彌陀經要解便蒙鈔》：「善根者，謂菩提正道。菩提，即能修道品之智，故曰正道。」「福德者，即種種助道六度也，即助緣者。」（《卍續大藏經》第二十二冊，第四三〇經，頁866中1-2。）

正、助二道加起來就是淨土資糧，如果所有一切善行我們都做了的話，就能因此因緣而往生極樂世界。❷❻

蕅益大師的主張是往生極樂世界的淨土資糧，是正道的三十七道品再加上助緣的六度萬行才能如願。因此，聖嚴法師依據《阿彌陀經》的經文內意，認為善根福德是往生極樂世界不可欠缺的資糧，其內容有持名念佛、三十七道品、六度等。

聖嚴法師歸納《無量壽經》中往生極樂世界的四種條件為：第一，發心出家為沙門；第二，發無上菩提心；第三，修一切功德；第四，一向專念阿彌陀佛。❷❼聖嚴法師詮釋：「功德是修種種善行，心有所得。」❷❽並引用吉藏（此為筆誤應是隋‧智顗）所著《仁王般若經疏》：「施物名功，歸己曰德。」❷❾又引用慧遠所著《維摩經義記》：「功德者，亦名福德。」❸⓿也就是說聖嚴法師把《無量壽經》中往生極樂世界的條件中之修一切功德，與《阿彌陀經》的往生極樂世界之條件：善根、福德同等看待。他又將功德分成有漏和無漏，而人天善行歸屬有漏功德，修三十七道品、六度萬行歸屬無

<hr>

❷❻ 釋聖嚴，《聖嚴法師教淨土法門》，法鼓文化，2010年，頁341。
❷❼ 釋聖嚴，《聖嚴法師教淨土法門》，法鼓文化，2010年，頁113。
❷❽ 釋聖嚴，《無量壽經講記》，法鼓文化，1999年，頁89。
❷❾ 隋智顗，《仁王護國般若經疏》，《大正大藏經》第三十三冊，第一七〇五經，頁258下18-19。
❸⓿ 隋慧遠，《維摩經義記》，《大正大藏經》第三十八冊，第一七七六經，頁429上4-5。

漏功德。由此可以得知聖嚴法師將往生極樂世界的淨土資糧
三十七道品、六度萬行視為無漏功德，是往生極樂世界不可
欠缺的條件。這種觀點可以從他認為往生極樂世界的三輩往
生的資格條件得知：

> 上輩往生的人必須具足四種條件，中輩往生的人可以不
> 出家，但須具足其他條件。而下輩往生則至少要有第三和
> 第四個條件，否則生不了西方極樂世界。❸

根據以上所述，能清楚地知道聖嚴法師對修三十七道品
及六度萬行的重視。

又聖嚴法師指出《觀無量壽經》中說往生極樂世界應當
修三福：

> 欲生彼國者，當修三福：一者孝養父母，奉事師長，
> 慈心不殺，修十善業。二者受持三歸，具足眾戒，不犯威
> 儀。三者發菩提心，深信因果，讀誦大乘，勸進行者。❷

言稱此三福是「淨業正因」，❸在講說此三福的「深信
因果」，將因果分有漏與無漏，認為修人天善法得人天的果
報，是有漏因果；修四聖諦、八正道、三十七道品、六度四

---

❸ 釋聖嚴，《聖嚴法師教淨土法門》，法鼓文化，2010年，頁113。
❷ 劉宋・彊良耶舍譯，《佛說觀無量壽經》，《大正大藏經》第十二冊，
　　第三六五經，頁341下8-12。
❸ 釋聖嚴，《聖嚴法師教淨土法門》，法鼓文化，2010年，頁119。

攝，得解脫果、無上菩提果，是無漏因果。❸❹

綜合以上《阿彌陀經》、《無量壽經》、《觀無量壽經》三經中，聖嚴法師重視持名念佛、修三十七道品及六度萬行的觀點，可以說是受到蓮池大師與藕益大師的影響。

2. 重視現在心

在有相念佛的立場上，聖嚴法師解釋「繫」：

> 繫是繫緊，用帶子綁起來的意思。念佛就像用繩子把心和佛號綁在一起，或是用佛號把心和阿彌陀佛綁在一起。❸❺

強調將心綁在佛號上是念佛的基本原則。聖嚴法師所說的「心」指的是哪個或哪種？他在解釋「念」中言及：

> 「念」的寫法是上「今」下「心」，今是現在的意思，今心就是現在心，每一個現在的念頭都不離現在的心就叫作「念」。❸❻

也就是念佛要用現在心。然而「心」中有種種不同的念頭：

> 現在的心可能是雜念、邪念、惡念、妄念，但我們用的

---

❸❹ 釋聖嚴，《聖嚴法師教淨土法門》，法鼓文化，2010年，頁128-129。
❸❺ 釋聖嚴，《聖嚴法師教淨土法門》，法鼓文化，2010年，頁94。
❸❻ 釋聖嚴，《聖嚴法師教淨土法門》，法鼓文化，2010年，頁94。

是淨念或正念，就是佛號。**㊲**

指出現在心的念頭用的是「佛號」，佛號的念頭是淨念、正念。因此聖嚴法師對「繫念」的詮釋是「把淨念的佛號綁緊在現在心上」，或是「用現在心把淨念的佛號綁在一起」。

又聖嚴法師在有相的念佛立場上對「一心」的解釋，把《阿彌陀經》中所說的「一心不亂」等同於《無量壽經》中所講的「一向專念」。**㊳**又在解釋「一心不亂」時引用蓮池大師對一心的看法，把一心分為「事一心」和「理一心」：

> 蓮池大師將一心念佛，也就是念佛三昧，依程度的深淺分成兩個階段或兩種層次，一種是「事一心」，另一種是「理一心」。**㊴**

又說明為什麼要相信念佛有事與理的原因：

> 事是一心一意持名念佛，到達身心合一、身心一致，身、心、口三業相應，最後再念到念念是佛號，就可以斷煩惱，而見到理。理是眾生或十方一切諸佛所共有，可以稱作佛性，也可以稱為清淨心、智慧心；持名念佛的目的就是希望能達成與諸佛相同的目的，而這就是理。如果不

㊲ 釋聖嚴，《聖嚴法師教淨土法門》，法鼓文化，2010年，頁94。
㊳ 釋聖嚴，《聖嚴法師教淨土法門》，法鼓文化，2010年，頁112。
㊴ 釋聖嚴，《聖嚴法師教淨土法門》，法鼓文化，2010年，頁207。

　　相信有「事」，就沒有方法，也根本沒有念佛這樁事；如果不相信有「理」，即使念佛也不能成佛，也不相信自己跟諸佛相同，要成就就更不容易了。❹

　　他把一心一意持名念佛稱為「事一心」。又進一步解釋「事一心」即是「一心不亂」：

　　　如果念到忘掉了自己的身心和環境，只有佛號，此時即是「事一心」。「事一心」即一心不亂，心很安靜，很安定，沒有雜念、沒有妄想，念念是佛號，但還有一「心」不亂。這是最淺的念佛三昧。❹

　　認為此「事一心」的「一心不亂」，因為還有一個「心」的存在，所以是有心念佛。又聖嚴法師在調心的層次上，把心分為：散亂心、集中心、統一心、無心的四種階段，❹他把「事一心」的「一心不亂」列為「統一心」，❹認為進入統一心時定境會現前，也已經入定了。因為還有「心」可入定境，聖嚴法師把此種「可入定的心」視為有心、有相的念佛。這種有心、有相念佛是最淺的念佛三昧，不是我們的目標，因此還要精進努力進入「理一心」，也就是深的念佛三昧。

❹ 釋聖嚴，《聖嚴法師教淨土法門》，法鼓文化，2010年，頁88。
❹ 釋聖嚴，《聖嚴法師教淨土法門》，法鼓文化，2010年，頁207。
❹ 釋聖嚴，《聖嚴法師教話頭禪》，法鼓文化，2009年，頁189。
❹ 釋聖嚴，《聖嚴法師教淨土法門》，法鼓文化，2010年，頁204。

（二）無相念佛

聖嚴法師針對無相念佛所引用的三種文獻中云：

> 不論是《楞嚴經》的〈大勢至菩薩念佛圓通章〉，或是
> 《般舟三昧經》的般舟三昧以及《文殊師利所說摩訶般若
> 波羅蜜經》所說的一行三昧，都是以有相為著力點，但是
> 方向、目標是無相。**❹**

認為修行無相念佛時，應該以有相為著力的觀點，強調
了無相念佛是從有相念佛的方法著手。以下依聖嚴法師所引
用的三種文獻做為探討的對象。

1. 重視著力處的念佛

聖嚴法師在有相念佛之中主張持名念佛，在無相念佛之
中依然重視持名念佛，這兩種持名念佛有什麼相異處？聖嚴
法師引用蓮池大師在《阿彌陀經疏鈔》中將持名念佛分為事
持、理持兩種：

> 事持是念心外的阿彌陀佛，理持則是念我們本具的清淨
> 佛性。念佛若能從「事持」進入「理持」，當清淨的佛性
> 與阿彌陀佛的法身完全相應時，即一心不亂、明心見性，
> 就與禪宗的開悟完全相同。**❺**

---

❹ 釋聖嚴，《聖嚴法師教淨土法門》，法鼓文化，2010年，頁282-283。

聖嚴法師認為念心外的阿彌陀佛是事持；而念清淨的佛性是理持。又強調：

> 見佛性叫作「理」，入定叫作「事」，有定可入不是真正見到佛性、法身。**❹**

理持必須要見到阿彌陀佛的佛性、法身，才是「一心不亂」，等同於禪宗的明心見性，這是「理一心」的「一心不亂」，上述言及過「事一心」的「一心不亂」是淺的念佛三昧，而「理一心」的「一心不亂」，聖嚴法師解釋：

> 深的念佛三昧就是「理一心」，是念到無佛可念，親見佛的法身，即見空性，也就是見佛性。**❹**

總言之，有心可念、有佛可持是事持；無心可念、無佛可持是理持。聖嚴法師在解釋〈大勢至菩薩念佛圓通章〉中「都攝六根，淨念相繼」時說：

> 念佛應該是用心念，六根要怎麼念呢？其實就是把六根收攝在阿彌陀佛的佛號上，使眼、耳、鼻、舌、身、意六根不要到處攀緣。**❹**

---

❹ 釋聖嚴，《聖嚴法師教淨土法門》，法鼓文化，2010年，頁194。
❹ 釋聖嚴，《聖嚴法師教淨土法門》，法鼓文化，2010年，頁204。
❹ 釋聖嚴，《聖嚴法師教淨土法門》，法鼓文化，2010年，頁208。
❹ 釋聖嚴，《聖嚴法師教淨土法門》，法鼓文化，2010年，頁239。

認為修念佛三昧是持佛名號。也在解釋《般舟三昧經》中「如法行，持戒完具，獨一處止，念西方阿彌陀佛」時說：

> 若具足了持戒的條件之後，就單獨一人在一個地方一心一意地念阿彌陀佛，這個念是心繫念、口稱念，這是修成般舟三昧的最後一個條件。㊾

認為修行般舟三昧的條件之一，為一心一意口稱念佛號。在《文殊師利所說摩訶般若波羅蜜經》中明確地提出：「繫心一佛，專稱名字。」雖未明示是何尊佛號，但是已經說明了修行一行三昧是要把心繫在一尊佛號上的。

聖嚴法師在無相念佛所引用的三種文獻，皆是重視持名念佛的修行，可以窺知他所主張的無相念佛的著力處，是從持名念佛開始的。

2. 重視見佛而不執著

聖嚴法師在無相念佛所引用的三種文獻中，都是重視見佛經驗的典籍，例如《楞嚴經》中〈大勢至菩薩念佛圓通章〉：

> 若眾生心，憶佛念佛，現前當來必定見佛，去佛不遠，不假方便，自得心開。㊿

㊾ 釋聖嚴，《聖嚴法師教淨土法門》，法鼓文化，2010年，頁246。
㊿ 《大正大藏經》第十九冊，《楞嚴經》，第九四五經，頁128上29～中2。

又《般舟三昧經》上卷第二品中：

> 菩薩如是持佛威神力，於三昧中立，在所欲見何方佛，欲見即見。……於三昧中立者，有三事，持佛威神力，持佛三昧力，持本功德力。用是三事故，得見佛。❺❶

又《文殊師利所說摩訶般若波羅蜜經》中：

> 善男子、善女人，欲入一行三昧，應處空閑，捨諸亂意，不取相貌，繫心一佛，專稱名字。隨佛方所，端身正向，能於一佛念念相續，即是念中，能見過去、未來、現在諸佛。❺❷

以上三種經文內容皆認為見佛是一種修行的必然性，而且視為修行成就的標竿。聖嚴法師認為：

> 如果徹悟，見的是法身佛；如果沒有徹悟，是有相的，見的是報身佛。❺❸

主張徹悟的人所見的佛身是法身，沒有徹悟的人見的是

---

❺❶ 《大正大藏經》第十三冊，《般舟三昧經》，第四一八經，頁905下13-18。

❺❷ 《大正大藏經》第八冊，《文殊師利所說摩訶般若波羅蜜經》，第二三二經，頁731中1-5。

❺❸ 釋聖嚴，《聖嚴法師教淨土法門》，法鼓文化，2010年，頁231-232。

有相的報身佛。聖嚴法師又進一步解釋：

> 「報身」是佛修行的功德所成的身體，是福德智慧莊嚴
> 身；它不是人間父母所生的身體，而是一種功能所產生的
> 現象身。佛在他願力所成就的佛國淨土說法度眾時，用的
> 就是報身，超凡入聖的菩薩們所見、所觸的也是報身。❺

　　從此段文可以知道聖嚴法師在詮釋佛身、佛土的思想，
是認為極樂世界是屬於有相的報身土，而在極樂世界的菩薩
們所見的是報身佛。對法身的見解：

> 法身無身、法身無相，它是實相，遍於一切而不等於一
> 切處、一切時。什麼人才能見得到呢？法身即法性身，法
> 性是一切法的自性，一切法的自性就是空性，見到法身其
> 實就是見到空性，原則上要初地以上的菩薩，已經破一分
> 無明，才能見到一分法身。❺

　　聖嚴法師認為要破一分無明的初地以上的菩薩，才能見
到一分法身佛。雖然三種文獻都強調見佛的重要性，但是也
都主張必須要不執著，他在講解〈大勢至菩薩念佛圓通章〉
中的「必定見佛」時說：

---

❺ 釋聖嚴，《聖嚴法師教淨土法門》，法鼓文化，2010年，頁152。
❺ 釋聖嚴，《聖嚴法師教淨土法門》，法鼓文化，2010年，頁153。

　　若以念佛為禪修方法，當見到佛時，請不要執著，否則
會被佛的形象分了心神。……本來見到佛的相好是好事，
可是如果因此而散心念佛，那就變成干擾了。因此，念佛
時見到佛出現或放光，不要在乎它，還是繼續念佛。❺❻

　　勸告念佛見到佛時應該要有不執著的正確心態，才不會
被干擾。又在講解《般舟三昧經》的〈無著品〉中，提出見
佛的兩種解釋：

　　這有兩種解釋，一是我們自心中的佛現前，這是自己內
心的佛；另外則是幻想之中的佛，是心不清淨、心有所執
著而出現的佛。後者佛雖有出現，但這是因執著心而出現
的佛，不是真佛。真的佛是從我們自己內心顯現的，是沒
有執著的。沒有執著而見佛，那是見的真佛，這樣很快就
能得到般舟三昧。❺❼

　　認為修成般舟三昧所見到的佛，是自己內心中沒有執著
的狀態下所顯現的佛，才是真佛。又在講解《文殊師利所說
摩訶般若波羅蜜經》中「法界一相，繫緣法界」時說：

　　真正的一行三昧是以法界為緣。法界是一相無相，也就
是直接緣無相，這才真的能進入一行三昧。……如果欲修

---

❺❻ 釋聖嚴，《聖嚴法師教淨土法門》，法鼓文化，2010年，頁232。
❺❼ 釋聖嚴，《聖嚴法師教淨土法門》，法鼓文化，2010年，頁271。

一行三昧，應該先聽聞般若波羅蜜多，才能以無相、無我的心來修行，也就是不要執著有相可取、有相可得，不要有差別相。❺❽

因此修一行三昧所見的佛是無相的，既然是無相，所以過去、現在、未來佛都可以見到，因為眾生與佛平等無差別。

總之，聖嚴法師在無相念佛的立場，重視見佛而不執著的實相念佛之修行觀。

（三）從有相念佛到無相念佛

聖嚴法師對「有相」與「無相」的看法，並不是用對立的角度，而認為是一種過程且以層次、階段來詮釋：

有相念佛到無相念佛有一定的過程，禪修、念佛都是相同的，就是從散心念佛、專心念佛，到一心念佛。❺❾

認為從有相念佛到無相念佛是有散心、專心、一心的層次及階段的過程，過程中散心進入到專心念佛時，他是主張以持名念佛開端，當專心進入一心念佛時，如果有妄想出現或瞌睡則往往以印光大師的「數數念佛」來幫助念佛者攝心，達到一心的層次。而他對於一心的主張則以蓮池大師的

---

❺❽ 釋聖嚴，《聖嚴法師教淨土法門》，法鼓文化，2010年，頁276。
❺❾ 釋聖嚴，《聖嚴法師教淨土法門》，法鼓文化，2010年，頁213。

觀點：「念而無念，是名一心。」、⑥「一心不亂，不異一念不生，焉得非頓。」⑥強調念佛念到一心不亂就是一念不生，認為一念不生就是無相念佛，⑥也就是將「一念不生」視為無相念佛的層次。因此「一念不生」可以視為是聖嚴法師把有相念佛過渡到無相念佛的重要轉依。⑥筆者在下文有針對「一念不生」做了一些探討的論述。

四、念佛即是禪觀的念佛思想

筆者擬先探討聖嚴法師站在中國禪宗的立場如何看待「有相」、「無相」？他在《漢藏佛學同異答問》中，曾與喇嘛丹增諦深對話「禪修方法的著相與不著相」時認為：

> 禪的修行，如果完全不著相，根本就無從下手了，一定先要有個下手處，所以初開始時是有相的，再從有相到無相。有相是方便，無相是目的。如果一下子就不著相，那就無法開始修行了。⑥

對有相與無相的主張是：有相是方便，無相是目的。又以禪宗祖師訓練弟子時所使用的手段方法來說明禪宗的主

---

⑥ 《卍續大藏經》第二十二冊，《阿彌陀經疏鈔》，第四二四經，頁614上1。

⑥ 《卍續大藏經》第二十二冊，《阿彌陀經疏鈔》，第四二四經，頁614上3。

⑥ 釋聖嚴，《聖嚴法師教淨土法門》，法鼓文化，2010年，頁206。

⑥ 陳劍鍠教授曾經在《聖嚴研究》第二輯〈聖嚴法師「建設人間淨土」與「一念心淨」之要義〉中對聖嚴法師所建設人間淨土的思想，認為直接跟「一念心淨」有關係（頁201）。

⑥ 釋聖嚴，《漢藏佛學同異答問》，法鼓文化，1999年，頁18。

張：

禪宗祖師在訓練弟子時，仍是以有相的方法來達到無相的目的。譬如有禪師要弟子不准說有，亦不准說無，且必須道出一句來；說「有」不行，說「無」也錯，那還能說什麼呢？不說也不行，「有」、「無」都是有相，離此二邊而說一句，依舊落於有相的層次。在這種情境下，有人說話、有人不說話，或用拳打、或用腳踢，或用手做個圓相再作勢丟掉，或在地上畫圓圈再作勢踩掉。這些都還是用有相來表示無相的。所以實踐本身，一定是有相的。但是實踐的目的，則是要達到無相的境地。(65)

因此可以窺知聖嚴法師站在禪宗的立場，對有相與無相的態度，是以有相的實踐方法來達到無相的境地。聖嚴法師從禪宗的立場如何看待念佛？從他著作的《聖嚴法師教淨土法門》經常引用雲棲袾宏與蕅益智旭的觀點來說明他的念佛觀，而且在說明為什麼蓮池大師的想法不同於曇鸞（476～542）等大師時，提出是明末時主張禪淨雙修、禪淨合流的潮流所致。聖嚴法師對這兩位大師所提出的念佛主張，可見於《明末佛教研究》中：

雲棲袾宏依《文殊說般若經》，用華嚴教判，弘揚禪淨一致的體究念佛說；蕅益智旭依《念佛三昧寶王論》，用

(65) 釋聖嚴，《漢藏佛學同異答問》，法鼓文化，1999年，頁18。

天台教判，弘揚現前一念相應說的稱名念佛三昧。❻❻

　說明蓮池大師提倡的是禪淨一致的體究念佛說，蕅益大師弘揚的是稱名念佛三昧的現前一念相應說。因此聖嚴法師的念佛思想是主張「念佛即禪觀」，這種思想可以從他在《明末佛教研究》中引用蕅益智旭的著作《靈峰蕅益大師宗論》：「念佛即禪觀論」❻❼中得知，也就是說聖嚴法師所主張的「念佛即禪觀」的思想，其中有部分是受到蕅益智旭的影響。聖嚴法師在《明末佛教研究》中說：

> 　念佛法門，本係禪觀行的一支，所以在中國早期弘揚淨土教的大師，如東晉的廬山慧遠（西元三三四～四一六年），主張念佛三昧定的實踐，於阿彌陀佛像前，做專思寂想、智寂一致的修法。北魏的曇鸞則以「眾生是不生不滅義」，又說：「明彼淨土，是阿彌陀如來，清淨本願，無生之生也。」然其雖以無生為生，又依「清淨本願」而展開了他力救濟的淨土思想之強調。嗣後，即以曇鸞的淨土思想為主流，而有道綽、善導、懷感、慈愍、法照等諸師的弘通，將凡夫願生之有相淨土，與無生無相的理體，結合並行，從有相的實踐，求生淨土，達於無念離相，莊嚴法身。❻❽

❻❻ 釋聖嚴，《明末佛教研究》，法鼓文化，1999年，頁96。
❻❼ 《嘉興大藏經》第三十六冊，《靈峰蕅益大師宗論》，第B三四八經，頁345中15～下17。
❻❽ 釋聖嚴，《明末佛教研究》，法鼓文化，1999年，頁95。

　　他試圖探究「念佛即禪觀」的思想源頭，推究到東晉盧山慧遠的念佛三昧及北魏曇鸞的無生之生。但是曇鸞系統雖是站在無念離相、生即無生的立場，仍以有事相的念佛願生為其實踐的著力處，因此聖嚴法師認為曇鸞等大師的思想，是以有相念佛來修念佛三昧的，是有別於蓮池、澫益兩位大師的思想。

　　聖嚴法師在主張「念佛根本就是禪法」的立場上，將有相無相的思想融入念佛之中，如同他自己說的是一種時代潮流。因此聖嚴法師將念佛法門也分為「有相」和「無相」兩種。❻❾他又舉蓮池大師為例，強調修念佛三昧是從持名念佛自然而然完成了明心見性的目的，❼❶來支持他的「念佛根本就是禪法」思想。一般學者將念佛的方法分為觀想、觀像、持名、實相四種，而聖嚴法師認為前三種都是有相的。所以持名念佛即是有相念佛，而明心見性即是無相、實相的境地。聖嚴法師在念佛方法的著手處是主張持名念佛的：

　　　無相還是必須從有相的方法著手，否則沒有著力點。有相念佛是有阿彌陀佛的聖號，以西方極樂世界為方向，有阿彌陀佛的依正莊嚴為目標。我們修念佛禪，則是從念阿彌陀佛名號開始，但是念的時候不要觀想佛的模樣，只是不斷地持名，慢慢就能進步到達無相念佛，修成念佛三昧。❼❶

---

❻❾ 釋聖嚴，《聖嚴法師教淨土法門》，法鼓文化，2010年，頁209。
❼❶ 釋聖嚴，《聖嚴法師教淨土法門》，法鼓文化，2010年，頁194。
❼❶ 釋聖嚴，《聖嚴法師教淨土法門》，法鼓文化，2010年，頁210-211。

　　也就是說聖嚴法師主張無相念佛必須從有相的持名念佛開始修行，而且不主張觀想佛的三十二相。其中「慢慢就能進步到達」的文辭裡，可以窺知聖嚴法師認為：從有相念佛到達無相念佛是有漸次性、層次性。聖嚴法師對無相念佛主張：

> 念佛法門是所有法門之中的一種，而又涵蓋著一切法門；菩提達摩的禪宗其實就是念佛法門裡的無相（或者實相）念佛。⓻

　　認為念佛方法中的實相念佛就是無相念佛，而無相念佛並不背馳《六祖大師法寶壇經》中的念佛法門，⓽因此聖嚴法師所認為的無相念佛即是實相念佛。又認為無相念佛是有層次的：

> 無相念佛有兩個層次，第一，有佛號，但不執著、不期求、不等待，就是念念念佛；此時不生妄想心，即一念不生。第二，不一定還有佛號，不需要出聲念，心中也不需有什麼六字洪名或四字佛號，可是心與佛的心是相應的，念念跟佛相應。佛的心是智慧心、慈悲心；無緣大慈、同體大悲，還有無我的智慧，能念念與這三種相應，就是無

⓻ 釋聖嚴，《聖嚴法師教淨土法門》，法鼓文化，2010年，頁194。
⓽ 《大正大藏經》第四十八冊，《六祖大師法寶壇經》，第二〇〇八經，頁352上19～下7。

相念佛。❼

無相念佛有一念不生與心佛相應的兩種層次。而這兩種層次的第一種「一念不生」，在上文中提過即是聖嚴法師把有相念佛過渡到無相念佛的重要轉依。然而他以禪的立場解釋：

一念不生，就是「絕言絕慮」的境界。❼

又有解釋為：

「無生」的意思是一念不生，心中不起與任何染心相應的意念叫無生。❼

認為「一念不生」是「無生」，不與染污心相應，也即是與清淨心相應。又提出蓮池大師的念佛法：

明末蓮池的雲棲袾宏，提倡參究念佛，念佛念到一念不生，人我雙忘，猛然提起話頭反問：「念佛是誰？」這是參究念佛。❼

---

❼ 釋聖嚴，《聖嚴法師教淨土法門》，法鼓文化，2010年，頁206-207。
❼ 釋聖嚴，《信心銘講錄》，法鼓文化，1999年，頁41。
❼ 釋聖嚴，《神會禪師的悟境》，法鼓文化，1999年，頁40。
❼ 釋聖嚴，《禪的生活》，法鼓文化，1999年，頁70。

　　蓮池大師的參究念佛思想，是念佛念到「一念不生，人我雙忘」的境地時，提起話頭參究。此種參究念佛雖為蕅益大師所反對，但是聖嚴法師為蓮池大師提出辯正，**⑦⑧**認為參究念佛其實是體究念佛，審察能念的心與所念的佛。聖嚴法師在提倡人間淨土時，運用蓮池大師「體究念佛」的禪淨一致思想在「一念相應一念佛，念念相應念念佛」，主張：「念念都與佛號相應，念念都與佛的慈悲、智慧相應，你就是佛。」**⑦⑨**這也是《華嚴經》中「一念成佛」的思想。然而聖嚴法師對「一念不生」有著批判的態度：

　　　　僅僅是一念不起或執著一念不生則可能變成唯物主義、
　　　　自然主義或虛無主義的哲學或宗教，不是佛教所講的不生
　　　　不滅的涅槃。……如果一念不生是指妄念不生，那麼還有
　　　　一念是「定」，不是一念不生。**⑧⓪**

　　他一方面強調「一念不生」的重要性，卻又針對無相念佛的「一念不生」的層次，認為執著「一念不生」，不是佛教的不生不滅的涅槃境界，因為執著「一念不生」容易使人停止不前、不願繼續努力的「禪病」發生，這種看似矛盾的態度，其實是強調無執著的態度。另一方面以站在無執著的立場強調無相念佛的「心佛相應」的層次，才是真正的無相念佛，必須與佛的無緣大慈、同體大悲、無我智慧三種心相

---

⑦⑧ 釋聖嚴，《明末佛教研究》，法鼓文化，1999年，頁185。
⑦⑨ 釋聖嚴，《聖嚴法師教淨土法門》，法鼓文化，2010年，頁207。
⑧⓪ 釋聖嚴，《聖嚴說禪》，法鼓文化，1999年，頁204。

應。

聖嚴法師在解釋《觀無量壽經》第八觀的「遍入一切眾生心想中」時，以蕅益大師所弘揚的「現前一念心」，來說明「心佛相應」的不可思議功德，甚至主張「現前一念心」可以通達阿彌陀佛的無上菩提心，也就是說眾生的現前一念妄想心，並沒有離開佛的法身，而眾生的煩惱心與佛的心、佛的法身相同。(81)這種眾生與佛體性相同相即、相攝相融是蕅益大師的思想特色，而聖嚴法師運用這種思想來詮釋他所推行「一念相應一念佛，念念相應念念佛」，即是天台「一念三千」的論說。(82)因此依上述，聖嚴法師所推行的「一念相應一念佛，念念相應念念佛」，是融合蓮池、蕅益兩位大師的觀點，具有華嚴的「一念成佛」及天台的「一念三千」的人間淨土思想。

「念佛即禪觀」可以細分為「念佛禪」與「念佛觀」兩種來論述，而「念佛禪」是否可以說是「念佛觀」？在古印度「禪」：梵語Dhyāna／「禪那」，中文義譯為靜慮或思惟修。而「觀」：梵語Vipaśyanā／「毘婆舍那」，在《深密解脫經》中指出有三種毘婆舍那：相毘婆舍那、修行毘婆舍那、觀毘婆舍那。(83)因此「禪」與「觀」其意義應是不同的，其修行方法也應是不同。筆者擬先追溯「念佛禪」一詞與「念佛觀」一詞的文獻起源，再探討聖嚴法師對其之定義及

---

(81) 釋聖嚴，《聖嚴法師教淨土法門》，法鼓文化，2010年，頁178。

(82) 釋聖嚴，《明末佛教研究》，法鼓文化，1999年，頁186。

(83) 《大正大藏經》第十六冊，《深密解脫經》，第六七五經，頁675上24～中1。

弘揚。

（一）念佛禪

筆者探究「念佛禪」一詞出現最早的文獻，可以追溯到元・普度（？～1330）《廬山蓮宗寶鑑》、明・袁宏道（1568～1610）《西方合論》、明・雲棲袾宏（1535～1615）《淨土資糧全集》、明・成時（？～1678）《淨土十要》(84)等所記載陳隋・闍那崛多（523～600）譯《大集經賢護分》云：「求無上菩提者，應修念佛禪三昧」(85)的「念佛禪三昧」。然而進一步追查《大集經賢護分》之後，文中並無記載「念佛禪三昧」之字句，但是全文處處記載著「念佛三昧」等文字，筆者推測可能是「念佛三昧」的筆誤。而黃國清在其研究〈憨山大師的念佛禪思想〉中認為普度改動了原來的經文，「念佛禪」一詞，在中國祖師的撰文出現最早的是元代普度《廬山蓮宗寶鑑》。(86)又宋・宗曉（1151～1214）《樂邦遺稿》記載著：「智者大師念佛禪門四教離念」等，(87)其中「念佛禪門」四字已

(84) 《大正大藏經》第四十七冊，《廬山蓮宗寶鑑》，第一九七三經，頁312上15-16。《西方合論》，第一九七六經，頁396中24-25。《卍續大藏經》第六十一冊，《淨土資糧全集》，第一一六二經，頁611上10-11。《淨土十要》，第一一六四經，頁758中8-9。

(85) 《大正大藏經》第十三冊，《大集經賢護分》，第四一六經。內文無有相對句。

(86) 黃國清著，〈憨山大師的念佛禪思想〉，《國立中央大學中國文學研究所論文集刊》第五期，1998年。

(87) 《大正大藏經》第四十七冊，《樂邦遺稿》，第一九六九B經，頁232下21。

經清楚地標示「念佛禪」之門的意思。又唐・湛然（711～782）《止觀輔行搜要記》：「次念佛禪發者，今辨發相，未暇辨其往生。」等，(88)其中「念佛禪發」在湛然《止觀輔行傳弘決》有著兩種意味：「念佛發諸禪」(89)與「諸禪發念佛」。(90)這兩種解釋有「念佛禪」之發相的意思。依上述可知「念佛禪」的文字出現，應可追溯到唐・湛然的「念佛發諸禪」與「諸禪發念佛」。(91)

然而「念佛禪」思想何時出現？在龔雋《念佛禪——一種思想史的讀解》中：「道安（312～385）所行之禪，遠非禪宗意義上的禪，而是小乘禪數之學。但我們仍可以從較廣義的禪學背景來加以讀解。在道安思想中，彌勒往生的觀念，是結合了禪的實行才能完成的。因此，他可以說開啟了中國念佛禪的濫觴。」認為道安是中國念佛禪的始祖，把念佛禪思想出現於中國的年代，向上推溯到魏晉南北朝。在印度佛教是否就有「念佛禪」的思想？在洪修平《關於念佛與禪以及念佛禪》文中：「小乘佛教所說的佛一般僅指釋迦牟尼佛，且不承認有佛的形相出現，而大乘佛教則認為三世十方有無數佛，通過念佛，不但可見到佛的形相，死後還可往

---

(88) 《卍續大藏經》第五十五冊，《止觀輔行搜要記》，第九一九經，頁855中3。

(89) 《大正大藏經》第四十六冊，《止觀輔行傳弘決》，第一九一二經，頁431上10。

(90) 《大正大藏經》第四十六冊，《止觀輔行傳弘決》，第一九一二經，頁431上13。

(91) 龔雋著，〈念佛禪——一種思想史的讀解〉，《普門學報》第七期，2002年1月。

生佛國，因此，大乘佛教的念佛，無論是念的方法，還是所念的對象，都有許多種。專心念佛與禪觀相結合，並以各種大乘思想為指導，就形成了大乘佛教中的一種重要禪觀——念佛禪。」[92]也就是說「念佛禪」的思想，在印度大乘佛教之中已經結合了念佛與禪觀，因此此種思想的歷史是悠久的。

聖嚴法師最早使用「念佛禪」的字詞，是在他西元一九七一年尚在日本求學所翻譯日文版《中國佛教史概說》中，所探討南宋的佛教時，提到禪與諸宗融合之後，產生了天台禪、華嚴禪、念佛禪的流行。[93]他在臺灣最早推行的念佛法門是屬一般有相的佛七，雖要求感應但不強調感應，也要求迴向願生西方淨土，隨著時代的潮流，於西元二〇〇〇年七月在農禪寺舉辦第一次的「念佛禪七」。《抱疾遊高峰》中說：

> 七月二十四日至三十一日之間，舉辦了第一屆的念佛禪七，過去只有禪七和佛七，也用禪修的方法在輔助念佛的功能，還沒有正式把念佛算作是禪七。這回是把念佛的淨土法門，回歸於禪修的一項活動，念佛本是六念之一，也是禪觀的一種，念佛禪七的目的不在求感應，不求見瑞相，不求見佛國淨土依正莊嚴，而在達成《楞嚴經・大勢至菩薩圓通章》所說的：「都攝六根，淨念相繼。」然後

---

[92] 洪修平著，〈關於念佛與禪以及念佛禪〉，《佛藏》第十五期，1999年10月。

[93] 釋聖嚴譯，《中國佛教史概說》，法鼓文化，1999年，頁167。

把「淨念」二字分成專念、一念、無念三個層次，目的是
能夠在修行念佛法門的當下，見到自心淨土及自性彌陀，
就能心淨國土淨而體現人間淨土。❾❹

從此段文可以窺知聖嚴法師試圖將念佛法門回歸到禪修
的用心，目的是使念佛人能在念佛的當下，見到自心淨土與
自性彌陀，體現心淨國土淨的人間淨土。

（二）念佛觀

「念佛觀」一詞最早記載的文獻資料，可見於隋·吉藏
（549～623）《觀無量壽經義疏》：「問何言作念佛觀耶？
解云念佛三昧遍一切故作此觀也。」❾❺又智顗《摩訶止觀》：
「若睡障道罪起，即用念佛觀治之。」❾❻此二位即是隋朝三論
宗與天台宗的高僧，吉藏指「念佛觀」是修念佛三昧，而智
顗指「念佛觀」是用來對治睡障。兩者對「念佛觀」的不同
詮釋：一者念佛是修行的方法；一者念佛是對治的方法。

聖嚴法師認為「念佛觀」是屬於五停心觀的一種。❾❼指出
姚秦·鳩摩羅什（344～413）譯《坐禪三昧經》卷上：「第
五治等分法門」，❾❽即是念佛觀，是教人一心修念佛三昧的觀

---

❾❹ 釋聖嚴，《抱疾遊高峰》，法鼓文化，1999年，頁249。

❾❺ 《大正大藏經》第三十七冊，《觀無量壽經義疏》，第一七五二經，頁
238下12-13。

❾❻ 《大正大藏經》第四十六冊，《摩訶止觀》，第一九一一經，頁93上29。

❾❼ 釋聖嚴，《禪鑰》，法鼓文化，1999年，頁40。

❾❽ 《大正大藏經》第十五冊，《坐禪三昧經》，第六一四經，頁276上6。

門。又引用劉宋・曇摩蜜多（356～442）譯《五門禪經要用法》：「坐禪之要法有五門：一者安般；二不淨；三慈心；四觀緣；五念佛。」❾說明其中的第五門就是「念佛觀」。此二譯本雖有念佛觀的意涵，但皆未標明「念佛觀」之文字用法。聖嚴法師在《慈雲懺主淨土文講記》明確地指出：

> 「十念」有三種：1. 有十念之間念念憶念相續不斷，無有他想。2. 也可有一心專志稱名十聲，即為十念。3. 更有連續十口氣，專心不斷不散之意。這三類十念法，若能勤加練習，攝心正念，是可以做得到的；也是修習禪觀的基礎法門，稱為「念佛觀」。❿

把以上三種「十念」的方法，認為是修習禪觀的基礎法門，也都稱這三種方法為「念佛觀」。又在《禪鑰》中指出：

> 念佛觀是從觀像觀想的有相念佛而進入空、無相、無願（又云無作）之三解脫門的初門。若能做如此說明，五停心觀，豈不正是大乘佛法人人必修的功課？總括言之，五停心觀，便是以數息來安心，以觀不淨來淨心，以慈悲觀生慈悲心，以修因緣觀、界分別觀、念佛觀發起智慧心。⓫

❾ 《大正大藏經》第十五冊，《五門禪經要用法》，第六一九經，頁325下11-12。
❿ 釋聖嚴，《慈雲懺主淨土文講記》，法鼓文化，1999年，頁32。
⓫ 釋聖嚴，《禪鑰》，法鼓文化，1999年，頁46。

　　他認為有相念佛可以分觀像與觀想兩種的念佛觀，主張有相念佛的念佛觀是三解脫門的初門，而且修念佛觀是發起智慧心的法門，也就是無相念佛。然而他在有相念佛的念佛觀是主張以持名念佛，而不主張觀想或觀像，原因是不容易觀成，需要具備禪定的基礎工夫，所以認為持名念佛是最容易入手，並且主張要從有相念佛著手，然後達到無相念佛的目標。

　　「念佛禪」與「念佛觀」在意義上、方法上是否等同？依前所述洪修平的研究觀點「念佛禪」就是大乘佛教的「念佛觀」，可以說「念佛禪」就是「念佛觀」。從以上所述聖嚴法師認為修「念佛禪」或「念佛觀」都是從有相念佛到無相念佛的方法論上，可以說他是等同看待的，但是與他在未推行「念佛禪七」之前，說明念佛方法時經常是使用「念佛觀」從未用過「念佛禪」，大都只是提起有此禪淨雙修的「念佛禪」，並未詳細介紹如何修行「念佛禪」。他認為「念佛禪」來自印度大乘佛教的「念佛觀」，但是不等同於印度大乘佛教的「念佛觀」。

五、結語

　　此篇小論使用六種文獻，探討聖嚴法師對有相念佛與無相念佛的觀點，並追溯他所推動的「一念相應一念佛，念念相應念念佛」是具有蓮池大師的體究念佛、蕅益大師的稱名念佛思想，又耙梳出他從有相念佛過渡到無相念佛，是可以將「一念」視為轉依，這「一念」融合了弘揚一念妄想心的天台「一念三千」思想，弘揚一念清淨心的華嚴「一念成

佛」思想，這兩者看似矛盾其實是相即相同、相融相攝的念佛思想。

聖嚴法師雖然推行「念佛禪七」，但也未因此而廢除一般的「念佛七」，主要是為了讓不同根機的人都可使用念佛法門之故。並且把念佛分為淺與深，淺的是指事一心、有相、持名念佛；深的是指理一心、無相、實相念佛。而高僧之中同樣把念佛分淺與深的還有印順法師，他在《淨土與禪》〈東山法門的念佛禪〉中說：

> 四祖、五祖、六祖，凡自認達摩系的禪，「念佛」、「淨心」的方便，極為普遍，也有「不念佛」、「不看心」、「不看淨」的。然有一共同點，即從自心中自淨成佛道。「念佛」，淺的是稱念佛名（一字佛），深的是離念或無念，就是佛。「念佛」是自力，而不是仰憑佛力以求往生淨土的。⓲

認為念佛淺的是稱名念佛也就是有相，深的是離念或無念也就是無相，而且主張念佛是自力非仗佛力而往生淨土。在聖嚴法師所推行的「念佛禪七」是屬自力，但必須心佛相應；而一般「念佛七」則雖屬仰憑佛力但仍須自力，方能往生淨土。

在中國淨土思想與修行方法的演變過程，念佛與禪的關

⓲ 釋印順，《淨土與禪》，妙雲集下篇之四，頁211。

係，經常會因當時代的潮流，被視為禪淨一致或禪淨不一。
有如聖嚴法師在《禪門修證指要》中說：

> 淨土的念佛法門，即是禪觀方法的一種，如予排斥，就
> 像有人用右腳踢左腳，舉左手打右手，豈非愚不可及！⑩

　　強調念佛法門即是禪觀方法，如果視兩者為互相矛盾或
排斥的話，是一種愚昧的行為！聖嚴法師不只是用現在人可
以理解的用詞講演此種觀念，他還將修行方法與過程步驟詳
細地解說，讓修行者可以依循與實踐，達到體證從有相進入
無相的境界。

---

⑩ 釋聖嚴，《禪門修證指要》，法鼓文化，1999年，頁8。

引用文獻

佛教藏經或原典文獻（依經號排列）

大正大藏經：

《增一阿含經》，《大正藏》第二冊，第一二五經。

《大莊嚴經論》，《大正藏》第四冊，第二〇一經。

《大品般若經》，《大正藏》第八冊，第二二三經。

《文殊師利所說摩訶般若波羅蜜經》，《大正藏》第八冊，第二三二經。

《法華經》，《大正藏》第九冊，第二六二經。

《大方廣佛華嚴經》，《大正藏》第十冊，第二七九經。

《無量壽經》，《大正藏》第十二冊，第三六〇經。

《觀無量壽經》，《大正藏》第十二冊，第三六五經。

《阿彌陀經》，《大正藏》第十二冊，第三六六經。

《大悲經》，《大正藏》第十二冊，第三八〇經。

《大集經賢護分》，《大正藏》第十三冊，第四一六經。

《般舟三昧經》，《大正藏》第十三冊，第四一八經。

《維摩經》，《大正藏》第十四冊，第四七五經。

《坐禪三昧經》，《大正藏》第十五冊，第六一四經。

《五門禪經要用法》，《大正藏》第十五冊，第六一九經。

《深密解脫經》，《大正藏》第十六冊，第六七五經。

《楞嚴經》，《大正藏》第十九冊，第九四五經。

《大智度論》，《大正藏》第二十五冊，第一五〇九經。

《成唯識論》，《大正藏》第三十一冊，第一五八五經。

《仁王般若經疏》，《大正藏》第三十三冊，第一七〇五經。

《新華嚴經論》，《大正藏》第三十六冊，第一七三九經。

《觀無量壽經義疏》，《大正藏》第三十七冊，第一七五二經。

《維摩經義記》，《大正藏》第三十八冊，第一七七六經。

《大乘義章》，《大正藏》第四十四冊，第一八五一經。

《摩訶止觀》，《大正藏》第四十六冊，第一九一一經。

《止觀輔行傳弘決》，《大正藏》第四十六冊，第一九一二經。

《修習止觀坐禪法要》，《大正藏》第四十六冊，第一九一五經。

《法華經安樂行義》，《大正藏》第四十六冊，第一九二六經。

《法華三昧懺儀》，《大正藏》第四十六冊，第一九四一經。

《釋淨土群疑論》，《大正藏》第四十七冊，第一九六〇經。

《念佛三昧寶王論》，《大正藏》第四十七冊，第一九六七經。

《樂邦遺稿》，《大正藏》第四十七冊，第一九六九B經。

《廬山蓮宗寶鑑》，《大正藏》第四十七冊，第一九七三經。

《西方合論》，《大正藏》第四十七冊，第一九七六經。

《六祖大師法寶壇經》，《大正藏》第四十八冊，第二〇〇八經。

卍續大藏經：

《阿彌陀佛疏鈔》，《卍續藏》第二十二冊，第四二四經。

《阿彌陀經要解便蒙鈔》，《卍續藏》第二十二冊，第四三〇經。

《金剛經註解》，《卍續藏》第二十四冊，第四六八經。

《止觀輔行搜要記》，《卍續藏》第五十五冊，第九一九經。

《淨土資糧全集》，《卍續藏》第六十一冊，第一一六二經。

《淨土十要》，《卍續藏》第六十一冊，第一一六四經。

《續古尊宿語要》，《卍續藏》第六十八冊，第一三一八經。

《天聖廣燈錄》，《卍續藏》第七十八冊，第一五五三經。

嘉興大藏經：

《靈峰蕅益大師宗論》，《嘉興藏》第三十六冊，第B三四八經。

漢籍文獻

《論衡》，中華書局，1990年。

《左傳》，北京大學出版，1999年。

《搜神記》，里仁書局，1999年。

法鼓全集
《明末佛教研究》，一之一。
《大乘止觀法門之研究》，一之二。
《中國佛教史概說》，二之一。
《漢藏佛學同異答問》，二之四。
《學術論考》，三之一。
《禪門修證指要》，四之一。
《禪的生活》，四之四。
《信心銘講錄》，四之七。
《禪鑰》，四之十。
《聖嚴說禪》，四之十二。
《神會禪師的悟境》，四之十六。
《念佛生淨土》，五之八。
《慈雲懺主淨土文講記》，七之四。
《無量壽經講記》，七之六。

專書
印順法師（1981年），《淨土與禪》，妙雲集下篇之四，臺北：正聞出版。
聖嚴法師（2009年），《聖嚴法師教話頭禪》，臺北：法鼓文化。
聖嚴法師（2010年），《聖嚴法師教淨土法門》，臺北：法鼓文化。

期刊
洪修平：〈關於念佛與禪以及念佛禪〉，《佛藏》第十五期，1999年10月。

黃國清：〈憨山大師的念佛禪思想〉，《國立中央大學中國文學研究所論文集刊》第五期，1998年。

龔雋：〈念佛禪──一種思想史的讀解〉，《普門學報》第七期，2002年1月。

釋果鏡：〈聖嚴法師淨土思想之研究──以人間淨土為中心〉，《聖嚴研究》第一輯，2010年3月。

陳劍鍠：〈聖嚴法師「建設人間淨土」與「一念心淨」之要義〉，《聖嚴研究》第二輯，2011年7月。

網路電子版

2010《中華電子佛典》網路版。

《法鼓全集》網路版。

《佛光大辭典》電子版二版。

《漢語大詞典》電子版二版。

《漢籍》電子文獻。

Re-Examining Venerable Sheng Yen's Pure Land Thought:
Form and Formless Recitation of the Buddha's Name

Guo-Jin Shi

Assistant Professor, Dharma Drum Buddhist College

▌ Abstract

In my earlier study, published in *Studies on Sheng Yen*, vol. 1, I concluded that Venerable Sheng Yen's Pure Land thought can be traced back to two scriptural sources. His advocacy that "when the mind is pure, one's abode is pure" comes from the doctrinal position of *prajñā* or emptiness in *Vimalakīrti-nirdeśa-sūtra*. His contention that "if for a single thought-moment one accords with Buddha, then in that instant one is a Buddha; if one accords with Buddha for a day, then for that day one is a Buddha; if one's successive thought-moments accord with Buddha, then every moment one is a Buddha" can be traced back to the Huayan (華嚴) doctrine.

In this paper, I re-examine Venerable Sheng Yen's Pure Land thought on the apparent contradiction between form and formless recitation of Buddha's name practice. I examine the essential doctrine contained in the following six scriptures: *Amitābha-sūtra, Sūtra on the Buddha of Immeasurable Life, Sūtra of Visualization of Amitāyus Buddha, Śurangama-samādhi-sūtra, Pratyutpanna-buddha-saṃmukhāvathita-samādhi-sūtra*, and the *Saptaśatikāprajñāpāramitā-sūtra*. I observe that the two types of recitation methods correlate with the general methods of meditative contemplation, and that they are expressions of the identity and interpenetration of phenomenal reality and essential nature.

The paper is divided into three main actions: The first section discusses Venerable Sheng Yen's interpretation of form and formless recitation methods. The second section examines how Sheng Yen resolves the apparent contradiction between these two types of recitation practice in his commentaries of the above mentioned six scriptures. The third section highlights what Sheng Yen's Pure Land thought has to offer to contemporary practices of Buddha's name recitation.

Keywords：Venerable Sheng yen, pure land, reciting the Buddha's name (nian-fo), form, formless, two aspects of form and formless

智旭《四書解》與儒佛關係論*
——從聖嚴法師的《明末中國佛教之研究》說起

龔 雋

中國廣州中山大學哲學系教授

▌摘要

　　本文由聖嚴法師之《明末中國佛教之研究》一書所引發
的蕅益智旭研究為中心，以蕅益之註解《四書》為案例，較
細緻地探究了蕅益儒佛關係的思想。全文共分三部分，第一
部分從學界有關明末佛教史之研究來分析與闡釋聖嚴法師
《明末中國佛教之研究》一書之特色與貢獻，並由此而引出
新的研究議題。第二部分把蕅益《四書解》的思想形成，放
到晚明儒家朱子學為一統的脈絡中來加以分析，闡明其作
《四書解》乃是出於護教的目的，而意欲消解朱子學思想中
的反佛論影響。第三部分詳細分析了蕅益一方面藉陽明以及
陽明後學之思想資源來與朱學相抗衡，成為晚明佛學思想中
之陽明學法流；同時又把對《四書》的疏解巧妙地安置在佛
教思想的系統中來加以融合，試圖以儒佛互釋的方式建立佛
教法流的正統性與合法性。

關鍵詞：聖嚴、智旭、《明末中國佛教之研究》、《四
　　　　　書》、陽明學

---

* 本文係屬「聖嚴思想學術研究計畫」之支助項目。

一、前言

聖嚴法師於上個世紀七〇年代所發表的《明末中國佛教の研究》，以晚明佛教高僧智旭為中心，系統探究了智旭思想所產生的時代脈絡，考察了智旭的生平、著述及思想的各方面，成為近代學術史上最早系統性研究智旭的重要著述。該書不僅成為智旭研究不可不讀的一部名著，也是明代佛教史研究中的一部典範之作。該書的中文譯本，由釋會靖（關世謙）譯出，並由法鼓文化在二〇〇九年出版。中譯本的出版，將對漢語佛學界更細密深入地了解與研究智旭思想產生重要的影響。本人對智旭儒釋關係的討論，就多少受到此書之啟發，而就其中之若干問題鉤深致遠，試圖通過智旭之《四書解》一書，來具體而微地闡明其佛教解經學中的許多隱而未發的問題。故此，本文主要以智旭《四書解》、聖嚴法師《明末中國佛教之研究》（中譯本）相關論述為基礎，而開展出自己的一些論述。

二、《明末中國佛教之研究》與智旭儒佛關係論

明末佛教在中國佛教史的發展中具有重要的典範意義，其不僅是傳統中國佛教學發展的延續，也同時表現出近代佛教典範的某些轉移特徵。因此，對這一時期佛教，特別是佛教思想史做出深入全面的探討，無論對中古佛教史，還是近代佛教史研究來說，都是不可能繞過去避而不談的一個議題。做為明代佛教史的研究，早已經在中國史學研究的論述中展開，如在一九四〇年代，陳垣先生就發表了非常見功力

的《明季滇黔佛教考》，只是這些研究最初還處於伏流，並未成為中國思想史和佛教史研究的顯學。而從東亞的學術背景看，自二十世紀初以來，日本學界一直就有關於明末佛教史的零星研究，散見於不同學刊及著述當中。如著名禪史學者忽滑谷快天就於一九二五年出版的《禪學思想史》裡，對明代禪學做了較系統的論述。而二十世紀中葉以來，日本學界關於明末佛教的研究又有新的進展，其中尤其以荒木見悟與長谷部幽蹊等學人的明末佛教史研究最具有代表性。如荒木在一九七〇年代，即聖嚴法師發表其博士論文之前，就以陽明學為中心而涉入到對明代佛教的討論，他特別重視以儒佛關係的論述來展開論述。此外，他對明代的袾宏、智旭及明末禪僧湛然圓澄等也進行過資料和思想的整理研究，這些都應該間接和直接對聖嚴法師以明末佛教為中心來考察中國佛教思想史產生過一定的影響。❶

　　有趣的是，英文世界關於明末佛教研究的博士論文也大都蘊釀並開展於二十世紀六〇年代末到七〇年代這一時段，如徐頌鵬就在一九七〇年代完成了他以明末德清為中心的佛教史研究的博士論文。于君方受教於美國哥倫比亞大學，在狄百瑞（Wm. Theodore de Bary）教授以明代思想史為主軸的研究背景下，她也選擇了以袾宏為中心來開展她關於明末佛教的博士論文。可以說，六〇年代到七〇年代，關於明末佛教的研究議題，特別是以明末四大師為中心的課題，儼然

---

❶ 有關日本學界近代以來關於明末佛教史研究之情形，可以參考岡部和雄、田中良昭編，《中國仏教研究入門》，大藏出版社，2006年，頁299-305。

成為國際中國佛教學研究領域中一個重要的方向。❷而近來
西方學界相關研究，則運用新的學術史方式來重新論述晚明
佛教。比較有代表性的如歷史學家樸正民（Timothy Brook）
從社會史的角度，討論了晚明佛教與紳士社會的關係。而吳
江則把晚明以後中國佛教所興起的禪學運動做為中國禪學繼
唐、宋之後的第三序「黃金時代」，並對活躍於晚明以後佛
教界許多重要人物的思想、材料以及明清之際佛教內部的教
義、法統之爭等進行了新的分析考察，提出超出晚明四大師
的範圍來論究晚明後之中國佛教，可以發現中國佛教再一次
的「創造傳統」。這些研究可以說又把晚明佛教提昇到一個
更廣闊的視域裡來進行論述了。❸

　　聖嚴法師選擇明末佛教史研究做為博士論文選題，雖然
最初是處於自己的佛教信仰與佛學傾向上的考慮，並得到他
的指導教授坂本幸男的提示而展開的。❹不過，該論文的完成
與出版卻無意中對推動國際學界關於晚明佛教學的研究起了
很重要的作用。特別對於漢語佛學研究圈來說，《明末中國

---

❷ 分別參考：Sung-Peng Hsu, *A Buddhist Leader in Ming China: the Life and Thought of Han-Shan Te-Ch'ing*, The Pennsylvania State University Press,1970. Chun-Fang Yu, *The Renewal of Buddhism in China: Chu-Hung and the Late Ming Synthesis*, Columbia University Press, 1981.

❸ 分別參考：Timothy Brook, *Praying for Power: Buddhism and the Formation of Gentry Society in Late-Ming China*, the Council on East Asian Studies of Harvard University, 1993. Jiang Wu, *Enlightenment in Dispute: the Reinvention of Chan Buddhism in Seventeenth-Century China*, Oxford University Press, 2008.

❹ 關於此，參考《聖嚴法師學思歷程》，《法鼓全集》三之八，臺北：法鼓文化事業股份有限公司，1999年，頁113。

佛教の研究》的出版是一樁具有標誌性意義的學術史事件。
從當時漢語佛教學研究脈絡來看，確如聖嚴法師所說，當時
學界對明末佛教研究「尚是一塊等待開發的處女地」。❺因
此，他從一九七五年發表題為《明末中國佛教の研究》博士
論文，到一九八〇年代出版《明末佛教研究》專書，則較為
系統地對整個明末佛教做一較全面的通觀統攝。他對藏經內
外有關明末佛教史料的部分進行了充分的整理歸類，對明末
佛教各宗派的譜系也做了細密系統的論述，這些都為明末佛
教史的研究奠定了堅實的基礎，功不可沒。此後漢語世界有
關晚明佛教史的研究，大都受此澤被。一九八〇年代以來，
漢語學界對晚明佛教史的研究又走入新的階段，無論從研究
議題、材料和研究方法方面，學界對晚明佛教思想都有了更
深入全面的把握。臺灣學者江燦騰、廖肇亨，大陸學界的郭
朋、周齊、陳永革等，都陸續從不同層面和視角論述了明代
佛教的思想。可以說，聖嚴法師的明末佛教史論述對推動漢
語佛學界研究明末佛教史起了重要的作用，後續漢語佛學界
關於明末佛教史之探究，都程度不同地受惠於他的相關研
究。

　　聖嚴法師之有關明末佛教的討論，最重要之貢獻還是在
對智旭的研究方面。他的《明末中國佛教之研究》把智旭的
時代脈絡、生平傳記、宗教實踐、著述考訂及思想演變等諸
多方面，加以系統探究，成為佛教學術史上最早也最是完整
的有關智旭研究的著述。該著述在研究的方法上面受到日本

---

❺ 聖嚴，〈自序〉，《明末佛教研究》，臺北：東初出版社，1992年。

佛教學風的影響，對智旭的著作進行了比較細緻與嚴密的考訂，用書誌學的方式把智旭作品做了系統的整理與分判。而對智旭佛教思想與實踐之論究，聖嚴法師則傾向於從佛教思想內部來重新釐定智旭思想的性質。關於此，他的論述也是多有發明，提出了許多自己的獨得之見。如歷來佛教學界都判釋智旭思想為天台之取向，而聖嚴之研究則否定了這一意見。他通過對智旭思想與文獻的細緻分析，發現智旭雖然重視天台教觀，而其思想的基礎則並非天台教義，而恰恰是以《楞嚴》的要旨為基礎的。❻該書中類似的創見還不少，限於篇幅，我在此並不準備一一詳論。本文特別把研究聚焦在儒佛關係此一論述主題上面。

　　聖嚴法師之以智旭為中心而開展的論述，對於智旭思想中的儒佛關係有特別的重視與討論。《明末中國佛教之研究》有設專節討論宋明以來儒佛關係，並在此脈絡下來分析智旭的思想與儒家之應對。❼此前，關於明代佛教中的儒佛關係論，學界已經有些研究成果。如在日本近代佛學研究界，不少學者都就此問題做過探究，而最為重要，也對聖嚴法師相關論述發生過影響力的則是荒木見悟。荒木於《明代思想研究》一書第十二章中，專門就智旭與陽明學派的關係做了討論，這一點啟發了聖嚴法師的研究。不過，聖嚴法師並不同意荒木以一念心之天台教觀去解讀智旭的哲學與陽明學的聯繫，而主張智旭乃是本承《楞嚴經》的思想來融貫諸家之

---

❻ 聖嚴，《明末中國佛教之研究》，〈自序〉，釋會靖譯，臺北：法鼓文化事業股份有限公司，2009年，頁16。

❼ 聖嚴，《明末中國佛教之研究》，第一章，第二節。

說的。以《楞嚴經》思想為主軸來通攝一切法，正是聖嚴對智旭研究中非常鮮明的一個看法。❽

在中國佛教思想史上，儒佛之辨幾乎伴隨著佛教在中國發展之始終。早在漢末佛教剛傳入中國時，儒佛關係就在三教論辯中表現出來，這一點，我們只要從《弘明集》、《廣弘明集》等有關材料中就可以找到明證。唐宋以來，在儒家士大夫排佛的聲浪中，佛教內部更不乏從不同方面來試圖融貫儒佛的，最重要的如唐之圭峰宗密以佛教特有的判教形式來進行所謂「二教（儒、道）惟權，佛兼權實」的論述，而宋代的贊寧、智圓和契嵩等也都力主調和儒釋而「急欲解當世儒者之訾佛」論。❾更有意味者，天台智圓與禪門契嵩還結合了儒門之《中庸》來闡解玄義，並反過來影響了宋代儒學《四書》學傳統的形成。❿

沿此餘緒，晚明佛教學界出現了明顯的三教融合趨勢，這些在學界都是早已經成為定案的事，不煩在這裡複論。不過，不同時代儒佛關係的論述，雖然都凸顯了融合論的基調，而因著時代脈絡的變化，儒佛關係的論述也表現了深刻的歷史性特點，就是說，不同時代的儒佛融貫還是具有不同的思想與論述策略在其中。要照察這一變化，我們在學術史

❽ 聖嚴，《明末中國佛教之研究》，頁49。

❾ 分別見宗密，《原人論‧序》，《大正藏》第四十五冊，頁707下；契嵩，《鐔津文集‧廣原教》，《大正藏》第五十二冊，頁654中。

❿ 依陳寅恪和余英時先生的看法，宋代佛教學者智圓和契嵩的《中庸》論述曾經影響了宋代理學家的論學。參見余英時，〈緒說〉，《朱熹的歷史世界：宋代士大夫政治文化的研究》（上篇），（四），臺北：允晨文化實業股份有限公司，2003年。

的研究方法方面，不能夠僅從文本思想的表面去理解，而必須對不同時代儒佛觀背後的論述策略做更細密的譜系學分析。智旭的儒佛關係論是在晚明特定的時代脈絡中發展出來的，形式上看，他與傳統佛教義學一樣，以佛解儒，而通貫二學，主張儒佛不二。實際上，他具體融合儒佛的方式已經有了明確的變化，特別是儒學本身在明代所發生的變化，也直接影響了智旭儒佛論述的方向。智旭的論說儒佛，雖然有沿承舊義的一面，如他曾分別以「人乘」說儒家，以「天乘」說道家，而以為兩家「總不及藏教之出生死」。這些都與宗密判教說有類似之處。不過，他的融會儒釋無論從思想格局和會通方式來講，都還有不少孤明先發的地方。如他以判教說儒佛，但並不是簡單地重複舊制，而是引申了天台教判的系統，分別以藏、通、別、圓來論三教關係。[11]智旭有關儒佛關係的論述，聖嚴法師在《明末中國佛教之研究》中多處有所討論，其中最有參考價值的部分，是該書對智旭儒學著述部分所做的書誌學考訂，這些考述成為我們討論智旭儒佛關係論在其整體佛教學論述關係中的基礎。

　　《明末中國佛教之研究》從宋明儒學與佛教的關係入手，首先提出了宋明儒學實際受到佛教思想，特別是佛教如來藏常住真心觀念的影響而開展出自己形上學的哲學，於是儒門內部也分裂出以程朱一派的強烈排佛論和以陸王心學一系的對佛教「柔和態度」之兩大法流。智旭的融合儒佛主要

⓫ 參見智旭，〈性學開蒙答問〉，《靈峰宗論》卷三之二，《智旭大師全集》第十六冊，臺北：佛教書局，1989年，頁10707-10710。

就是應用了陽明學的思想而借助於儒家內部的思想資源，來為佛教在正當性做辯護。關於這方面的論述，《明末中國佛教之研究》中有幾條洞見特別值得注意。如關於陽明學的性質，聖嚴法師認為是秉承了佛教禪宗如來藏思想的特質，他還指出陽明學的致良知「就是《起信論》的不生不滅的真常真如心」。他提出智旭之融儒佛為一體，就是因為他所尊奉的《起信論》、《楞嚴經》之如來藏觀念與陽明心學的思想頗為一致，都是如來藏思想的法流。又，聖嚴還提到晚明陽明學派的普德講堂與智旭的關係，以及智旭早年與東林書院的關係等，⓬這些都是學界尚未展開討論，而又頗為關鍵性的一些問題。

聖嚴法師的《明末中國佛教之研究》基本從教內立場來論述晚明佛教的思想，他的材料也都比較側重在傳統佛教學內部的文獻，而於外學則有所不足。這也影響到其對一些問題的判斷。如該書在討論朱熹晚年思想變化，引《續藏經》中《居士分燈錄》及《名公法喜志》的說法，也應用到智旭《宗論》中所謂「晦庵早富著述，晚乃悔」一說。⓭實際上，朱子晚年思想變化的這一說法，是從陽明學那裡流傳出來的，陽明的《傳習錄》後即附有「朱子晚年定論」的資料，即是說朱子晚年悔其中年之學，而轉向心學。⓮明代佛門就是沿用陽明的資料來做發揮的。此外，在方法論的方面，《明

⓬ 均參考聖嚴，《明末中國佛教之研究》，第一章，第二節。
⓭ 聖嚴，《明末中國佛教之研究》，頁51-52。
⓮ 參考《王陽明全集》上冊，上海：上海古籍出版社，1992年，頁127。

末中國佛教之研究》也多側重於書誌學的文獻梳理，而較疏
於思想的分析，特別是思想背後的社會文化討論。這使得該
書在對宋明儒學的論述方面過於簡單，特別是對明代儒學內
部關係的複雜性，對儒學與佛學思想之間的出入關係還沒有
比較深細的把握。如該書對陳獻章白沙學派屬性的討論就失
之於速斷。❺於是，本文正是試圖從更複雜的層面，以智旭的
《四書解》為案例，來討論智旭儒佛觀以及背後的意味，對
該書之智旭儒佛關係論做進一步的拓展研究。

三、以智旭的《四書解》為中心的分析

《明末中國佛教之研究》發現智旭之儒佛關係著述就是
針對明末以朱子學為中心而確立的科舉制度而發。聖嚴法師
指出，明代科舉以《周易大全》、《四書大全》、《性理大
全》三大全書為基準，用於選生應試，並統一思想。在這一
流風所及的影響下，智旭才分別作《周易禪解》、《四書蕅
益解》、《性學開蒙》三書而予回應。❻這是非常有啟發性
的一種看法。只是該書並沒有就智旭這儒佛關係三論的歷史
脈絡做進一步的分析，而在討論其具體作品時，也只聚焦於
《周易禪解》一書來講儒佛的融合。❼

實際上，智旭援佛義以疏《四書》來貫通儒佛，這一解

---

❺ 聖嚴法師認為，白沙思想是程朱學的法流，關於此，參考《明末中國佛
教之研究》，頁40。實際上，陳白沙的思想傾向，恰恰是心學的一流，
而於朱學有所歧出。關於此，參考拙作〈禪慧與儒境──白沙心學的持
養與境界論〉，《中國文化》第十三期，1996年6月，頁103-108。

❻ 聖嚴，《明末中國佛教之研究》，頁46-47。

❼ 詳見《明末中國佛教之研究》，頁563-564。

經更值得我們重視和做具體的研究。以佛教直接解儒門《四書》可謂創制,在中國佛教思想史上可謂前無古人,而又開晚近儒佛會通的新形式。清之彭紹升,以至晚清民國以來的楊文會、歐陽竟無等以註解儒典,特別注意到以《四書》為中心來融會儒佛的思想方式,就多少受到了智旭思想的影響。**⓲**

(一)《四書解》形成的脈絡分析。

正如《明末中國佛教之研究》一書所發現的,智旭之以佛解儒是為了回應明代儒學一統的格局,而以佛教來做因應。問題是智旭之以佛解儒,究竟是為了順應儒學的國家化型態而表示佛教的臣服與支持,還是為了抵抗儒學意識型態化而為佛教的合法性做辯護呢?如果我們對其儒佛關係論的書寫脈絡做一些考察,這一問題就非常清楚。

正如傅柯所發現的,解經總是在具體的話語世界和知識型(epistemes)中進行的。學界解讀智旭的儒佛關係論,方法論上一般都脫離開思想史的場所去就他的《四書》註疏進行內部的解析,這樣的討論不免流於簡單化的敘事。智旭《四書》解經中的曲折,必須經由特定的思想史脈絡分析,即分析這一論述生產的可能性條件才可以獲得恰當的了解。就是說,智旭註疏《四書》,做為一思想史的事件不僅需要討論他《四書解》的內在涵義,更重要的是讀解其文字背

⓲ 如彭紹升之作〈讀《論語》別〉、〈讀《中庸》別〉,楊文會作〈《論語》發隱〉、〈《孟子》發隱〉等,皆以佛學闡解儒義,而不只是停留在一般理則或判教上的會通二家。歐陽竟無更以一種批判性的解經方式重新抉擇舊義,會通孔學而又別為一說。

後的修辭──解經策略。本文並不打算從整個晚明文化、社會、經濟和權力的脈絡來討論智旭《四書解》的寫作，而僅限於作者書寫的思想史「處境」（place of writing）來進行分析。⑲而關於此，我們必須從明代做為正統性思想的朱子《四書》學說起。

朱子的思想是有明一代士大夫學問的根柢所在，在這一意義上，可說成立於宋代的程朱學派對明代思想產生了「最大的影響」。⑳一直到晚明，學人們建立自家宗說也或明或暗地必須面對朱子學的傳統。明代思想史上無論是尊朱或攻朱者，均圍繞著他的《四書》解而發揮己意。《四庫全書總目》中就說「有明一代士大夫學問根柢，具在於斯（《四書》）」；又於論朱子《四書》解一書中說：

> 明以來攻朱子者，務摭其名物度數之疏；尊朱子者，又並此末節而回護之，是均門戶之見。㉑

可見，明代大部分重要的思想家都是經由出入朱子《四書》學的傳統而逐漸發展出自己學說的。

---

⑲ 關於這一「思想史」書寫的方法論，可參考克拉科（Elizabeth A. Clark）有關「新思想史」的討論，見Elizabeth A. Clark, *History, Theory, Text: Historians, and the Linguistic Turn*, Cambridge: Harvard University Press, 2004, pp. 106-129.

⑳ Ed., Wm. Theodore De Bary, *The Unfolding of Neo-Confucianism*, New York: Columbia University Press, 1970, p. 15.

㉑ 均見（清）永瑢等撰，《四庫全書總目》（上冊），卷三十五，《四書類一》，北京：中華書局，1965年，頁302、294。

　　儒門《四書》的形成源於宋代，❷而在元、明時代已經官方化為政府意識型態一部分，《明史・藝文志》中更是把《四書》獨立出來而別立一門。可以想見，以朱子學為中心所詮註的《四書》觀念在當時的知識分類和學術思想中所具有的重要地位。由此朱子為代表的理學思想，也做為國家欽定的正統性思想而成為科舉之標準，正如歷史學家們所指出的，歷時有明一代，朱子的《四書》學思想成為明代官方的「萬世法程」。❷

　　對於明代佛教學人來說，做為正統意識型態的朱子《四書》學中有鮮明的排佛論傾向。朱熹註疏《四書》把先秦儒學性理化和經典化的同時，也不斷「以斥夫二家（釋老）似是之非」為目的，明確把佛教做為「異端之說」。❷雖然朱子組織其學說，特別是其形上學的思想時也曾經陰援佛說，但他卻力辯儒佛之別。這一點，我們從朱子的《四書章句集註》和《或問》中都可以找到明確的證據。❷如果說宋代朱

---

❷ 朱熹於淳熙九年（1182年）首次把《大學章句》、《中庸章句》、《論語集註》和《孟子集註》勒為一編，由此而開始了儒家經學歷史上《四書》解釋的傳統，並成為中國宋以後政治和思想正統性的最為基本的經典依據。

❷ 參見余英時，〈明代理學與政治文化發微〉，見其著：《宋明理學與政治文化》，桂林：廣西師範大學出版社，2006年，頁22。

❷ 朱熹，〈中庸章句序〉，《朱子全書》（六），上海：上海古籍出版社，合肥：安徽教育出版社，2002年，頁30。

❷ 如朱子在《中庸或問》中就區分了儒家之天命「率性之說」與「釋氏所謂空者」的不同，並指出釋、老之教「與夫百家眾技之支離偏曲，皆非所以為教矣」。《論語或問》中也對儒佛之際的近似而非做了類似的論述，文繁不具引，參考《朱子全書》（六），頁552、906。

子作《四書》解，還在努力於把儒家道學從隋唐以來處於盛勢的佛教思想當中析分出來，以建立儒家自身的道統。那麼事過境遷，元、明以後的情況則顯然不同。朱子學不僅完善了自身的論述和建立了獨立的思想傳統，而且漸成為具有排他性的社會思想之獨尊。到了晚明，朱子學已經是「執其成說，以裁量古今之學術」，稍有與之不合者，亦「概指之為異學而抹煞之」。㉖這一點，明代朱學傳統大儒羅欽順也說到，朱子之「《論孟集註》、《學庸章句》、《或問》不容別有一般道理」。㉗顯然，朱子《四書》學並沒有為佛教留有多少空間，而他的儒佛之論對晚明佛教之合法性構成了很大的衝擊。晚明的紫柏大師就意識到朱子學的正統化給佛教所造成的困境，他提到了明代理學獨尊一術而斥佛老的狀況：

> 講道學，初不究仲尼之本懷，蹈襲程朱爛餿氣話，以為旗鼓。欲一天下人之耳目，見學老學佛者，如仇讎相似。㉘

李卓吾也清楚描述了朱子學傳統中的闢佛論一直影響到晚明思想界：

㉖ 黃宗羲，〈惲仲升文集序〉，《南雷詩文集》（上），《黃宗羲全集》第十冊，杭州：浙江古籍出版社，2005年，頁4。

㉗ 羅欽順，〈論學書信・與王陽明書〉，《困知記・附錄》，北京：中華書局，1950年，頁110。

㉘ 紫柏，〈與於中甫〉，《紫柏尊者全集》卷二十四，《卍續藏經》第七十三冊，頁349中。

> 自朱夫子以至今日，以老佛為異端，相襲而排擯之者，
> 不知其幾百年矣。㉙

在這樣一個脈絡裡來重新解讀晚明佛教思想運動中的三教融合論，特別是智旭《四書解》寫作的生產條件，也許才可以發現一些更深層的意義。《四書》之學的影響所及已經深入到佛教內部。有趣的是，晚明佛教界對僧才的培養也免不了要「教習《四書》，講貫義理」，㉚所以晚明佛教界要維繫佛教的合法性，都必須對《四書》，特別是朱子《四書》學的傳統做出慎重的回應，尤其必須處理朱子《四書》學傳統中的反佛論影響，並想辦法納入到佛教的立場重新給予解決。

（二）晚明儒佛關係論的不同類型

從晚明佛教諸大師對朱子學的反應來看，他們並不是鐵板一塊的。於是籠統地講他們融儒於佛並不能說明問題，這裡需要注意到晚明儒佛關係論述中不同的思想類型。如蓮池袾宏對朱子學傳統的回應就比較溫和，蓮池所提出的「儒釋和會」對正統的朱子學傳統就採取了相當包容的態度。如他把程朱視為「誠實儒者」，對於他們的辟佛言論，他也能夠同情地理解為「原無噁心」，只是其學主入世，故與出世佛

㉙ 李贄，〈複鄧石陽〉，《焚書》卷一，《李贄文集》卷一，北京：社會科學文獻出版社，2000年，頁11。

㉚ 德清，《憨山老人夢遊集》卷五十；〈選僧行以養人才〉，《卍續藏經》第七十三冊，頁809中。

教方向不同，勢必爭執。❸蓮池甚至還把儒家孝道看作是佛教淨土思想的首要倫理原則，以至於有學人認為他臣服於這一明代社會的「外在正統性」，而把佛教「儒家化了」。❸不妨對照蓮池《竹窗隨筆》和《竹窗三筆》中對陽明「良知」及陽明後學李卓吾的評論來看，都顯然沒有對朱子學這樣親切。❸而憨山德清融合儒說的方式與蓮池有些不同，他在佛教的立場上並不是由淨土入手，而是重於禪門，所以他於儒家也是本之於禪門心法來加以貫通的，他說「讀孔子書，求直指心法」，而對《大學》中的若干主題，他也進行了帶有禪學性質的會解。❸與許多晚明佛教學人一樣，智旭也提倡儒佛並用，甚至主張以儒扶佛，如他在《靈峰宗論・示石耕》中說：

> 佛法之盛衰，由儒學之隆替。儒之德業學問，實佛之命

---

❸ 《竹窗三筆・儒者辟佛》，《蓮池大師全集》，金陵刻經出本，頁42-43。

❸ Whalen W. Lai, "The Origins of Ming Buddhist Schism," Kwang-Ching Liu and Richard Shek, Eds., *Heterodoxy in Late Imperial China*, Honolulu: University of Hawaii Press, 2004. 問題也許沒有這麼簡單，蓮池的和會儒家很有策略上的思考，所以他在講「三教一家」時，特別提醒人們注意，不能把三家一致講到「漫無分別」的地步，所謂「理無二致，而深淺歷然」（《正訛集・三教一家》，《蓮池大師全集》，頁15。）佛教為本而優於儒家的原則是鐵定不動的。

❸ 分別見《竹窗隨筆・良知》、《竹窗三筆・李卓吾》，《蓮池大師全集》，頁26-27，25-26。在《竹窗隨筆・良知》中，蓮池特別要辨明良知與佛說真如之不同。

❸ 德清，《憨山老人夢遊集》卷四十四，〈《大學》綱目決疑題辭〉，《卍續藏經》第七十三冊，頁762上。

脈骨髓，故在世為真儒者，出世乃為真佛，以真儒心行而
學佛，則不學世之假佛。㉟

　　表面上看，智旭的很多說法不過是在重複蓮池以來融通
儒佛的通式。實際上，智旭對儒佛關係的論述，無論從思想
立場和方法上面都與蓮池以來的傳統有很大不同。可以說，
晚明佛教學界對朱子《四書》學的反佛論進行最有策略和系
統還擊的，則無疑要算智旭了。智旭所說的「真儒心行」其
實是別有深義的，他會通儒佛絕不肯泛泛回到儒佛不二的老
調，針對朱學的壓力，而特別明確地要把儒佛關係融會到佛
教優先的立場進行重新解說。這一精神在他註解《四書》的
時候是可以清楚辨識出來的，他所謂的「儒者道脈同歸佛
海」講的正是這個意思。

　　雖然智旭早年的佛學觀念曾經受到蓮池極大的影響，㊱
不過他後來走向自己獨立發展的道路，特別是他晚年重新討
論儒佛觀念時，別有抉擇而與蓮池親朱子學路線完全不同，
並表示了對做為正統性的朱子學派的批判。所以他在討論
「儒釋同異之致」的《性學開蒙答問》中，一開始就批評朱
子的《中庸》學把尊德性與道問學析別為二：「如兩物相
需，未是一貫宗旨」，明確表示陸象山的心學雖未究竟，卻
仍然「較紫陽之漸修，當勝一籌」。㊲這表示智旭對儒學的貫

㉟ 《靈峰宗論》卷二之四，《智旭大師全集》第十六冊，頁10537。
㊱ 參見〈八不道人傳〉，《智旭大師全集》第十六冊。
㊲ 《靈峰宗論》卷三之二，《智旭大師全集》第十六冊，頁10693、10700。

通，乃是以心學為宗，他會通儒佛就是有意識地接引到儒門心學的傳統中，去抵抗朱子學的影響。最有意味的是，智旭為了消解朱子學傳統的影響，還對宋明儒家正統性譜系進行了重新排定。智旭所排定的儒門宗譜，即他所謂的理學「宗傳」，從宋初的周濂溪一直說到明代的陽明，而其中他所謂能得「孔顏心法」的，除了周子外，就只有陽明了。在智旭看來，二程只似曾子和子夏，象山「乃得孟氏心法」，都不能夠說是道學的嫡傳。而論到朱子，智旭認為他更未接上周子的道統，「而非實知周子也」。❸智旭為理學所建立的這一道學圖式，實在是別有深意地把朱子學從儒學的道統中清理出去，這一作法在當時可謂意味深長的舉動了。

從智旭的傳記資料看，他早年對朱子學其實是有所出入的，而這也對他後來儒佛觀的形成有著很重要的歷史經驗。他少年時曾因崇朱子學說而走向了反佛，這一經歷對他後來重新反省朱子學與佛教的關係起到了關鍵性的作用。他在自傳性的〈八不道人傳〉中，說他早年習佛茹素，而十二歲接觸到儒門學說即開始「誓滅釋老，開葷酒」，十七歲以後因讀蓮池大師的《竹窗隨筆》而又回到佛教的路線，並重詮《論語》，「大悟孔顏心法」。等到五十歲左右，他才又系統地寫作《四書解》，並分別作《大學直指（依古本）》、《中庸直指》和《論語點睛》（其《孟子解》惜已不傳），系統地論述自己以佛會儒的思想。❸可以理解，智旭出入儒

---

❸ 〈儒釋宗傳竊議〉，《靈峰宗論》卷五之三，《智旭大師全集》第十七冊，頁11030-11031。

❸ 〈八不道人傳〉，《智旭大師全集》第十六冊，頁10220-10226。

學的經歷讓他意識到，對儒學，尤其是朱子學的進入稍有不慎，便很容易走向排佛主義的立場，讓他深有感觸的是「倘宋儒陳腐見識一毫未淨，未可深談佛法」。❹他自己的人生經驗使他在對佛學有了更系統和深入的學養之後，「反觀向所悟孔顏心學」而要做出新的融會貫通，並認真面對朱子學傳統對佛教所產生的效應：

> 復被宋儒知見覆蔽，遂使道脈湮埋，非藉三藏十二部
> 教，求開眼目，不唯負己靈，宣尼亦受屈多矣。❹

可見，智旭「身為釋子，喜拈孔顏心學示人」，❹確實也是境況所迫之下，不得已而為之。雖然他在自傳中對早年所謂的「聖學」經驗並未明指是朱子之學，但結合他在《靈峰宗論》有關儒佛的討論和他的《四書解》來看，他後來所特別要提防的所謂「聖學」，其實就是當時做為正統學說的程朱理學。這一點，從他給範明啟的信中就可以得到說明，他在信中說他少時「亦拘虛於程朱」，❹表示十二歲影響他毀非佛教的正是朱子學的一系。民國江謙在為智旭《論語點睛》作《補註》時也注意到這個問題，他說智旭作《論語解》，

❹〈寄萬韞玉〉，《靈峰宗論》卷五之一，《智旭大師全集》第十七冊，頁10931-10932。
❹〈示沈驚百〉，《靈峰宗論》卷二之一，《智旭大師全集》第十六冊，頁10389。
❹智旭，〈性學開蒙自跋〉，《智旭大師全集》第十八冊，頁11274-11275。
❹〈示範明啟〉，《靈峰宗論》卷二之一，《智旭大師全集》第十六冊，頁10390。

乃是針對《朱子集註》「采時賢之說，毀佛正法，使人不悟本來佛性」而發。❹

　智旭的疏解《四書》顯然有策略性地要顛覆朱子學的傳統，這還可以得到許多的證明：如智旭作《四書解》，在討論到《四書》之間的秩序安排與思想內容的解讀方面，都有意識地表示與朱學的不同。朱子有關《四書》之排序，乃首明《大學》、次《中庸》，而後才排到《論》、《孟》，所以朱子提出「讀《四書》者，又不可不先於《大學》」。關於此，朱子提出的理由是《大學》首尾該備，綱領可尋，節目分明，工夫有序，很切於學者日用。❺與朱子重視《大學》不同，智旭以人論定，更強調《論語》在《四書》系統中所具有的優先地位，他並不遵循朱子《四書》學的排序，而代以自己的判釋標準，即把《論語》列第一，次《中庸》、《大學》，最後才是《孟子》。他抬舉《論語》，乃由於「《論語》為孔氏書」，即孔子親傳，所以位列於首，而《大學》、《中庸》皆子思所作，故次之。更值得注意的是，智旭不僅在《四書》編排的體系上打亂朱子以來所立定的規矩，抬《論語》來抵抗朱子《四書》學傳統中的《大學》為先。對於《大學》章句，諸儒本來就頗有異同，智旭亦有意不崇朱註章句，而明確遵奉陽明的意見，承襲舊本。❻

---

❹ 江謙，〈《論語點睛》補註序〉，《智旭大師全集》第十九冊，頁12417。關於此，亦可參考聖嚴法師的《明末中國佛教の研究》一書第一章，第二節，臺北：法鼓文化事業股份有限公司，1999年。

❺ 朱熹，《大學或問》，《朱子全書》（六），頁515。

又如，智旭在註解《論語》第三章〈八佾〉中的「樂而不淫，哀而不傷」一節時，就指出這是針對后妃不嫉妒多求淑女而言，絕不是朱註中所謂「言后妃之德，宜配君子」來講的，他還批評朱子解「以求后妃，得后妃為解，可笑甚矣」，乃脫離《詩傳》、《詩序》的傳統而「別為新說」。❹

　　仔細解讀智旭的《四書》註疏，從知識的註經傳統來看，他顯然缺乏朱子《四書》學傳統中那套精密的解經家法和系統的儒門知識學的訓練，所以他對朱子的批判，如果要從儒家知識學的譜系中去做精細的辨證，當然還有很多的問題。而他的《四書解》所重視的其實並不在經義本身內容的準確性，而是要藉《四書》來完成他自己的修辭。具體說，即是在對《四書》進行重新解釋的策略中，造成的對朱子《四書》學傳統顛覆性的效果。關於這點，智旭自己在他的《性學開蒙答問》中曾不經意地流露出來。他頗有禪意地指出，只要「尚順實相正法」，無論應用何種方式來講「理性之談」都是合理的，所以他明確承認自己作《中庸直指》有六經註我之意，「是智旭之《中庸》，非子思之《中庸》也」。❹於是，只有把智旭的《四書》註疏放到晚明思想和佛教發展的歷史世界中，我們才能夠獲得恰當的理解。

❹ 均參見智旭，〈四書智旭解序〉（〈四書蕅益解序〉），《智旭大師全集》第十九冊，頁12345-12346。

❹ 分別參見朱熹，《論語集註》，《朱子全書》（六），頁89；智旭，《論語點睛》，《智旭大師全集》第十九冊，頁12440。

❹ 《智旭大師全集》第十六冊，頁10715-10716。

（三）《四書解》與如來藏傳統

聖嚴法師《明末中國佛教之研究》在討論智旭儒佛關係論時，堅持了一個很重要的看法，即智旭是以佛教如來藏的思想為根本來會通或解讀一切經義的。這一點，我們在具體解讀智旭《四書解》的文本中也可以獲得進一步的說明。智旭註解《四書》以所謂「須藉《四書》，助顯第一義諦」。❹這一策略也旨在以註經的形式拆解朱子《四書》學傳統所建立的儒佛之間的那道壁壘，所以他在解經的方式上，即是直接以釋氏之說來格義《四書》，而有意識地以佛知見為《四書》做解，建立儒佛不二之論。最明顯的，如他對於朱子和陽明對《大學》「格物致知」解釋中的對立，就「約佛法為唐宜之說」，以「一心三觀」、「一境三諦」而給予了佛教立場的統合。❺

進一步從佛教學的方面來分析，智旭在佛教義學上推重《起信論》（包括《楞嚴經》）為中心的如來藏緣起論，並究心於天台三大部。如他專門為《起信論》作了〈裂網疏〉，認為該論「圓極一乘」，為「佛祖傳心之正印，法性法相之總持」。❺₁所以他註解《四書》所持的佛教學觀念也主要來自於《起信論》和天台教觀。這樣的例子在他的《四書解》中隨處都可以找到，我們只需略舉數例為證：

---

❹ 智旭，〈四書智旭解序〉，《智旭大師全集》第十九冊，頁12345。

❺ 〈致知格物解〉，《靈峰宗論》卷四之三，《智旭大師全集》第十七冊，頁10904-10905。

❺₁ 分別見〈裂網疏自跋〉，《靈峰宗論》卷七之二；〈裂網疏自序〉，《靈峰宗論》卷六之四，《智旭大師全集》第十八、十七冊，頁11317、11225。

以《起信論》本、始二覺解。在《大學直指》開宗明義解讀「明明德」時說「上明字是始覺之修，下明德二字是本覺之性。」《論語點睛》〈學而第一〉中也這樣解釋「學而時習之」：「今學即是始覺之智，念念覺於本覺，無不覺時，故名時習，無時不覺」。又，〈雍也第六〉亦解顏回「不遷怒，不貳過」為「無怒無過，本覺之體；不遷不貳，始覺之功，此方是真正好學。」㊝

又，以《起信論》之生滅、不生滅「和合」解《中庸》開篇之「天命之謂性」。

以《起信論》之「直心正念真如」，解《中庸》「君子慎獨」。㊞

依天台解《四書》的例子也很多，不勞在這裡詳舉。智旭主要是以天台性具義展開論述的。如在《中庸直指》中，他解釋「善執其兩端」，說兩端就是指善惡，而「善惡皆性具法門」。同書中解「凡為天下國家有九經」云：「九經，無非性具；悟性方行九經」。《論語點睛》〈為政第二〉解釋「為政以德」，說「以德者，以一心三觀，觀於一境三諦，知是性具三德也。」又，解〈里仁第四〉中「能好人，能惡人」時，說「能好能惡，性具也；仁，性體也。」㊷

無論是以《起信論》或是天台性具論來格義儒說，凡此

㊝ 分別見《四書智旭解》（《四書蕅益解》），《智旭大師全集》第十九冊，頁12351、12352、12419、12458。

㊞ 分別見《四書智旭解》，《智旭大師全集》第十九冊，頁12378、12380。

㊷ 分別見《四書智旭解》，《智旭大師全集》第十九冊，頁12383、12395、12427、12444。

種種，表明智旭藉《四書》所要註解的佛學傳統，也是有所指涉的，這即是做為中國佛教思想主流的如來藏思想或真常唯心之論。

四、智旭與晚明佛學思想中的陽明學

聖嚴法師《明末中國佛教之研究》中所論智旭儒佛之辯，特別就智旭的思想與陽明學的關係做了專門論述。其不僅提出了智旭與陽明學契合之學理關鍵在於佛教如來藏思想的根基，也點明了陽明後學，如李卓吾、焦弱侯等所具有的佛教立場。不過，關於此，該書所論多有未發之覆。而我們從智旭《四書解》中，其實可以鮮明地表示出智旭與陽明及陽明後學之間的密切關係。

陽明學的傳統強調對經典的解讀必須「深思而自得」，即結合到個人的經驗和自我意識（self-consciousness）的內向價值去進行體會。所謂「學問之道，以各人自用得著者真」，❺晚明隨著陽明學的發展，尤其是對經典的解釋方面，已經不再是簡單地依門傍戶地在朱子學派單一的系統裡來進行，而是學不一途，存在著「一偏之見」和「相反之論」。❻這一情況下，晚明新儒學對《四書》的註疏也不再局限在朱子學的傳統內部來開展，而融入了自性義上的體會，值得注意的問題是，陽明學對《四書》的解釋也帶來了新的觀念與

---

❺ 分別見黃宗羲，〈惲仲升文集序〉，《南雷詩文集》（上），《黃宗羲全集》第十冊，頁4；《明儒學案·發凡》，北京：中華書局，1985年，頁18。
❻ 黃宗羲，《明儒學案·發凡》，頁18。

活力。❺這一新的儒學傳統也直接影響了一批當時重要的佛教學人，所以他們一面以佛教格義儒學經典，試圖瓦解朱學辟乎異端給佛教帶來的不利，一面又接續陽明學傳統中的反正統主義的解經策略，來為佛教爭取來自儒學內部的支持。

　　陽明通過批判朱子傳統的《四書集註》來建立自己的心學思想，這一點對朱子學的獨尊起到很大的破壞作用。❺難怪晚明沿承朱學傳統的羅欽順批判陽明學大類禪學，指責陽明的《大學》之教「局於內而遺其外，禪學是矣」。❺不管陽明學的思想歸屬如何去分判，可以說，陽明學所開出的思想路線從主體心性的思想上面打破了朱子之學在儒佛之間所鑄造起的那道藩籬。❺這表現在解經學的方面，就是陽明對《四

---

❺ 關於此可以參考荒木見悟（Kengo Araki）, "Confucianism and Buddhism in the Late Ming," *The Unfolding of Neo-Confucianism*, p. 54. 該文特別討論到了陽明學對晚明《四書》註疏所帶來的刺激，以及禪佛教影響下新的《四書》解釋的誕生。

❺ 《明史・儒林傳》中就說：「學術之分，則自陳獻章、王守仁始。宗獻章者曰江門之學，孤行獨詣，其傳不遠。宗守仁者曰姚江之學，別立宗旨，顯與朱子背馳，門徒遍天下，流傳逾百年，其教大行，其弊滋甚。」見（清）張廷玉等，《明史》第二十四冊，卷二百八十二，列傳第一百七十，《儒林一》，北京：中華書局，1974年，頁7222。

❺ 羅欽順，〈論學書信・與王陽明書〉，《困知記・附錄》，頁109。又，羅氏在批評陽明學類於禪學時，就這樣說到儒釋之辯：「蓋吾儒昭昭之云，釋氏亦每言之，毫釐之差，正在於此。」同上，頁111。

❻ 荒木見悟（Kengo Araki）, "Confucianism and Buddhism in the Late Ming," *The Unfolding of Neo-Confucianism*, p. 46. 豪夫（Kandice Hauf）也認為，陽明的良知之說重新釐定了儒家的邊界，而使程朱學所建立的那套儒佛界限被打破了。見 "Goodness Unbound: Wang Yang-ming and the Redrawing of the Boundary of Confucianism," Kai-wing Chow, On-cho Ng, and John B. Henderson, Eds., *Imagining Boundaries: Changing Confucian Doctrines, Texts, and Hermeneutics*, New York: State University of New York Press, 1999.

書》的詮註大都別出於朱子《四書》學的壟斷，力圖「以良知為大頭」，而這實際也破壞了朱子《四書》學所建立起的那種知識論傳統，把對《四書》的解讀從朱子獨斷論的思想系統中解放出來，融會到每個人的良知自心中去進行。陽明甚至還「明斥朱子傳註為支離」，**❻**這一動向，在陽明後學的發展中，特別在「朱子學的叛逆者」李卓吾的思想中可以更明確表示出來。智旭之所以公開以陽明、卓吾為援手來助其疏解《四書》，也正是看到了這一點。

晚明以來，佛學內部雖然在融合儒家的作風和方式上還不盡一致，但都對陽明學的傳統有著濃厚的興致，並紛紛做出不同的回應，隱然形成了佛教內的陽明學運動。**❻**像蓮池大師雖然是佛學內比較有朱學傾向的人物，主張慎辨陽明之良知與佛教之真常寂照之異同，但他仍然力讚陽明的良知「新建」之說「識見學力深造所到，非強力標幟以張大門庭」。**❻**

---

❻ 羅欽順，〈三續〉，《困知記》，頁109。

❻ 晚明以來，以佛教會通儒學傳統的，大都是接續陽明學脈來開展。如清代之彭紹升，回應程朱學派的辟佛論，會通儒佛，也是融合到陽明學來論述的，他說「從宋明諸先輩論學書，窺尋端緒，……而於明道、象山、陽明、梁谿四先生，尤服膺弗失。以四先生深造之旨，證之佛氏，往往相合。然四先生中，獨陽明王氏無顯然排佛語，而明道、象山、梁谿所論著，入主出奴，時或不免。」（見其〈一乘決疑論〉，參見石峻等編，《中國佛教思想資料選編》卷三，第三冊，北京：中華書局，1989年，頁445。）一直到歐陽竟無，他會通儒佛，而於儒學，最為推崇的，也正是陽明之學。如他對《大學》就取陽明之解而不取朱子之說，並說陽明修身之教乃「證知」，而「非徒解知也」。（參考《孔學雜著·大學王註讀敘·附：讀大學十義》，濟南：山東人民出版社，1997年，頁17。）

❻ 蓮池，《竹窗隨筆·良知》，見《蓮池大師全集》，頁26。

而晚明禪僧如圓澄（1561～1625）、無異元來（1575～1630）、宗寶道獨（1599～1660）等也都從不同方面發揮陽明的良知之說。❻這是晚明中國佛學思想中非常有趣的現象，值得做更細密的討論。

如果說蓮池為程朱之學曲為之辯，那麼智旭可以說是晚明佛教思想中最鮮明的陽明學派，他對於陽明學的推崇更是引以為同道而幾無分別了。智旭對陽明的悟道有一段耐人尋味的解釋：

> 王陽明奮二千年後，居夷三載，頓悟良知，一洗漢宋諸儒陋習，直接孔顏心學之傳。予年二十時所悟，與陽明同，但陽明境上鍊得，力大而用廣，予看書時解得，力微而用弱。由此悟門，方得為佛法階漸。❻

黃宗羲努力區隔陽明學傳統與佛學法流之不同，而智旭則有意識地引申兩者之間的思想關聯，他甚至認為宋明以來儒門理學當中，只有陽明一人「直續孔顏心脈」而又與佛門居士之見「未可軒輊」。❻更為可圈可點的是，智旭一面不留情面地批判朱子學的排佛論，而對於陽明的辟佛言論，卻極力進行一番知人論世般的辯護，並打了這樣的圓場：

---

❻ 參考陳永革，《晚明佛教思想研究》，北京：宗教文化出版社，2007年，頁387-388。

❻ 〈示蔡二白〉，《靈峰宗論》卷二之四，《智旭大師全集》第十六冊，頁10535-10536。

❻ 〈西方合論序〉，《靈峰宗論》卷六之四，《智旭大師全集》第十七冊，頁11196。

> 孰謂世間大儒,非出世白茅哉?或病陽明有時闢佛,疑
> 其未忘門庭。蓋未論其世,未設身處其地耳。嗚呼,繼陽
> 明起諸大儒,無不醉心佛乘。夫非鍊酥為酒之功也哉。**❻⓻**

　　所以當智旭在〈四書智旭解序〉中論到《大學》時,就
公開以陽明的《大學》解來駁正朱子的看法。他的《四書
解》中,引述佛教之外的觀念來解釋《四書》的,也就只有
陽明學的一脈。這裡姑舉他引陽明以為解證的數例:

　　《大學直指》解釋「小人閒居為不善」一條,以陽明良
知為解說:「此明小人亦有良知,但不能致知,故意不得誠
也。」

　　《中庸直指》解「博學之,審問之」一條下註曰:「王
陽明曰,問、思、辯、行,皆所以為學,未有學而不行者
也。」

　　《論語點睛》所引陽明學的更多,如解〈述而章〉之
「發憤忘食」一節云:「王陽明曰,發憤忘食是聖人之志
如此,真無有已時;樂以忘憂,是聖人之道如此,真無有
戚時。」又釋〈衛靈公章〉中「顏淵問為邦」一節說:
「王陽明曰,顏子具體聖人,其於為邦的大本,原都已完
備……。」**❻⓼**

---

❻⓻ 〈閱陽明全集畢偶書兩則〉,《靈峰宗論》卷四之三,《智旭大師全
　　集》第十七冊,頁10901。
❻⓼ 均見智旭,《四書智旭解》,《智旭大師全集》第十九冊,頁12359、
　　12397、12473、12537。

　　對於陽明後學的思想，智旭也是多所引述，而特別重視李卓吾的思想。在智旭看來，李卓吾就是所謂續陽明而起，「醉心佛乘」的一流。黃宗羲所說陽明後學中那類對於佛教「有知之而允蹈之者」的，很可能也是指卓吾之學。卓吾是晚明陽明學左派的重要人物，做為儒門出身，他公開出入儒佛，提出「儒、道、釋之學，一也」，認為儒家與佛教乃「萬古一道，無二無別」。卓吾自稱自己早年從儒家的聖教傳統內部反不能夠透解儒典精蘊，而「隨人說研，和聲而已」。年五十後因研讀佛經而「乃複研窮《學》、《庸》要旨，知其宗實」，❻可見，他是典型的黃宗羲所批評的那種「學佛知儒」的一類。如他解《四書》，就偶有直接用禪做格義的例子，在解釋《論語・鄉黨》篇時，他就把「三梁雌雉，時哉，時哉」理解為「分明一則禪語，若認作實事，便是呆子」。❼

　　卓吾這一藉佛而悟儒，即通明佛學之後返觀儒典而會為一味的方式，對於佛子以佛解儒的提示是意味深長的，也殆成為晚明以後不少佛教學人的通則。智旭也正是在深入佛教的真諦之後才悟入孔顏心法的。另一方面，李卓吾對程朱理學那種「直以濂洛關閩接孟氏之傳」的道統譜系也頗不以為然，在思想上否棄了朱子理學中的「反佛主義的桎梏」。他

---

❻ 分別見李贄，〈三教歸儒說〉、〈聖教小引〉，《續焚書》卷二，《李贄文集》卷一，頁72、63-64。

❼ 李贄，《四書評・論語卷之五》，《李贄文集》卷五，頁57。學界關於李贄《四書評》的真偽還有爭論，關於此，不在此詳論。不過，智旭的《四書解》以此為李贄作品，並廣為引證。

批評朱學「好自尊大」，而「反不如彼之失傳者」。❼「失傳者」具體何指，我們在這裡不加深究，而可以肯定的是，他對「宋儒之穿鑿」以解儒典表示了強烈的不滿，並反對「執一定之說，持刊定死本」，以通行天下後世。❼這些議論顯然都是針對朱子學的傳統而發的。特別要一提的是，他分明說自己對朱學的《四書》傳統頗不能心契，「讀傳註不省，不能契朱夫子深心」，❼於是他重作《四書評》的意味就更有耐人尋味的地方，很可能就是有意識地要在朱學傳統之外「別立宗旨」了。

對於卓吾的思想行誼，晚明以後的儒門學人大都採取比較激烈的批判態度。❼有趣的是，晚明佛門學人的反應卻表現得有點曖昧。一方面，卓吾別立褒貶，使「斥異端者日益側目」，❼而有又「為出格丈夫之事」、「參求乘理」，❼並公

---

❼ 分別參考（加）樸正民著，張華譯，《為權力祈禱：佛教與晚明士紳社會的形成》，南京：江蘇人民出版社，2005年，頁65；李贄，《藏書》卷三十二，〈德業儒臣前論〉，北京：中華書局，1959年，頁517。

❼ 李贄，〈孟軻〉，《藏書》卷三十二。值得注意的是，李贄在該文解釋孟子性善論時，以佛家之「至善者無善無不善」來做解，表示了與朱子反佛傳統的不同。見上《藏書》，頁520。

❼ 李贄，〈雜述‧卓吾論略〉，《焚書》卷三，《李贄文集》卷一，頁78。又，李贄在他的《四書評》中有批評朱子《大學章句》中有關「格物致知」的一段文字，有學者認為，這表示了李贄有「反對欽定經說」的歷史意義。參見侯外廬，〈李贄的進步思想〉，《侯外廬史學論文選集》（下冊），北京：人民出版社，1988年，頁56。

❼ 晚明儒學家大多批評卓吾過於激進主義的立場，如顧炎武和王夫之都對他時有抨擊，此可參見，佐藤鍊太郎，〈李贄《李溫陵集》和《論語》──王學左派的道學批判〉，見松川健二編，《論語思想史》，頁404-405。

❼ 袁中道，〈李溫陵傳〉，《李贄文集》卷一，頁132。

開以「異端者流」的身分批評朱子「以老、佛為異端」的觀
念，**⑦**這些都可以為佛門學人引為同道的地方；但另一面，卓
吾過於極端和尖銳的思想和行為方式，又讓佛門學人不便全
盤加以認同。這一欲揚還差的複雜心理，如果稍為細心地去
考究晚明佛教大師，如紫柏和蓮池等對卓吾的評論，就不難
體會出來。紫柏的說法非常有意思，他這樣評論卓吾：

> 然卓吾非不知道，但不能用道耳。知即照，用即行。老
> 朽更不如卓吾在。**⑱**

此外，紫柏在他的〈卓吾天台〉一文中，特別就卓吾與
明代朱學傳承耿定向（天台）之間的論爭發表了自己的看
法。在這裡，他表示了自己「始心見卓吾」之意，而對卓吾
思想之認定又頗有些模棱兩可。**⑲**蓮池在《竹窗三筆》中有
兩條關於李卓吾的，他對卓吾亦儒亦佛，而又非儒非佛的作
風有深入的體察，故一面讚歎卓吾「棄榮削髮，著述傳海
內」，有「超逸之才，豪雄之氣」；同時又惜其思想上過於
獨發天真，「不以聖言為量，常道為憑」，以及行為上的
不檢和狂放不羈，「不持齋素而事宰殺，不處山林而遊朝

---

⑯ 分別見李贄，〈與明因〉，《焚書》卷二，《李贄文集》卷一，頁57；
袁中道，〈李溫陵傳〉。

⑰ 李贄，〈複鄧石陽〉，《焚書》卷一，《李贄文集》卷一，頁11。

⑱ 紫柏，《紫柏尊者全集》卷二十三，《卍續藏經》第七十三冊，頁343
上。

⑲ 《紫柏尊者全集》卷二十一，《卍續藏經》第七十三冊，頁343上。

市」。⓼可以說，這些對卓吾毀譽參半的評論，表示了晚明佛家學人對卓吾的思想方式多少有些愛恨交織。

智旭對卓吾的欣賞是明確和堅定的。雖然他很少直接對卓吾進行公開的評議，而他對卓吾的公開推崇，主要就表現在他的《四書解》的寫作當中。也許他重解《四書》很大意義上就是受到了卓吾的啟發，特別是他的《論語點睛》，幾乎無處不在地廣引卓吾之說來加以佐證。智旭之前各家有關《論語》的註疏非常之多，為什麼他偏偏要援引在當時根本就沒有權威性，而且還爭議頗多的卓吾之疏來表示自己的見地，這是很有意味的事情。從智旭的《論語點睛》所引卓吾之說來分析，我們可以找到一些理解的方向，這就是引卓吾之解以通會佛義。在智旭的《論語點睛》中，通常都是把卓吾解與佛家觀念（通常以「方外史曰」來表示）結合起來註疏《論語》的。我們引若干條為證：

〈里仁第四〉解「德不孤，必有鄰」，先引卓吾說「有一善端，眾善畢至」，接著就是「方外史曰：此約觀心釋也」，講得其實就是天台「觀心為要」的道理。

〈述而第七〉解「好古敏以求之者」，也是先引卓吾一句毫無意味的禪語（「卓吾云：都是實話。」）接著又是「方外史曰：不但釋迦尚示六年苦行，雖彌勒即日出家，即日成道，亦是三大阿僧祇劫修來的。」原來是以佛家之漸修來通貫儒門之學而知之。

又，〈衛靈公第十五〉解「當仁，不讓於師」條，先以

⓼ 參見《蓮池大師全集》，頁25-26。

禪門之「見過於師，方堪傳授」來解，接著又引卓吾註來旁
證：「只為學者，惟有當仁一事讓師故云。」❸

可以想見，智旭的廣引卓吾以證經解確實是別有深意在
焉。晚明佛學思想史上的儒佛會通並不是籠統地以儒佛不
二，或是以佛解儒就可以講清楚的，佛門學人對於儒學的融
貫，無論是就佛教學的立場或是儒學的方面看，都表現出不
同的思想傾向和方式，諸如上文所分析的，蓮池與智旭就分
別表示了晚明佛門中的尊朱與宗王的不同路線。於是，明代
儒學內部的朱王之爭，也曲折地再現於晚明佛學的思想論述
當中，不了解這一點，就會忽略晚明佛學思想有關儒佛關係
論的複雜性和豐富性。智旭疏解的《四書》，別有深意地回
應了朱子《四書》學傳統對佛教所造成的衝擊，試圖以佛解
儒經的方式重建佛教在社會思想中的合法性，並策略性地融
攝陽明學派，特別是異端學人李卓吾的思想來對抗朱子學的
傳統，儼然形成了晚明佛教法流中的陽明學傳統。

---

❸ 均見智旭，《四書智旭解》，《智旭大師全集》第十九冊，頁12450，
12473、12543。

Ouyi's *Comments on the Four Books* and its thoughts on the relation of Confucianism and Buddhism:
a Research Based on Master Sheng Yen's *Study of Late Ming Chinese Buddhism*

Jun Gong

Professor
Department of Philosophy, Sun Yat-sen University, Guangzhou, China

▍ Abstract

Based on the study of Ouyi Zhixu (蕅益智旭) aroused by Master Sheng yen's *Study of Late Ming Chinese Buddhism*, by studying *Ouyi's commenting on the Four Books* as a sample, this research explores profoundly Ouyi's thoughts on the relation of Confucianism and Buddhism. The research consists of three parts: in the first part, it analyzes the characteristics and the merits of Master Sheng yen's *Study of Late Ming Chinese Buddhism* in the background of general study of late Ming Chinese Buddhism; in the second part, by tracing the origin and motive of Ouyi's interpretation of the *Four Books* in the culture background of late Ming which is dominated by the Neo-Confucianism of Zhuxi (朱熹), it concludes that *Ouyi's Comments on the Four Books* is in fact an apologetics for the Buddhism, aiming for the elimination of anti-Buddhism trends of Neo-Confucianism of Zhuxi; in the third part, it studies in details how Ouyi on one hand fights for the Buddhism against the Neo-Confucianism of Zhuxi by the shield of doctrines of Yangming school, creating a "Yangming-Buddhism school" in late Ming, and on the other hand implants his interpretations of the *Four Books* into the frame of Buddhism thoughts, in order to establish a orthodoxy and legitimacy of Buddhism in way of making an inter-reference between Confucianism and Buddhism.

Keywords：Master Sheng yen, Master Zhixu, *Study of Late Ming Chinese Buddhism*, *Four Books*, Yangming New-Confucianism

聖嚴思想論叢 ④

聖嚴研究 第四輯
Studies of Master Sheng Yen Vol.4

編者	聖嚴教育基金會學術研究部
出版	法鼓文化
主編	楊蓓
封面設計	黃聖文
地址	臺北市北投區公館路186號5樓
電話	(02)2893-4646
傳真	(02)2896-0731
網址	http://www.ddc.com.tw
E-mail	market@ddc.com.tw
讀者服務專線	(02)2896-1600
初版一刷	2013年11月
建議售價	新臺幣380元
郵撥帳號	50013371
戶名	財團法人法鼓山文教基金會—法鼓文化
北美經銷處	紐約東初禪寺
	Chan Meditation Center (New York, USA)
	Tel: (718)592-6593 Fax: (718)592-0717

Ⓜ️ 法鼓文化

國家圖書館出版品預行編目資料

聖嚴研究／聖嚴教育基金會學術研究部編著. --
　初版. -- 臺北市：法鼓文化, 2012. 05-
　　冊　；　公分　（聖嚴思想論叢；3-）
　部分內容為英文
　ISBN 978-957-598-588-2（第3輯：平裝）. --
　ISBN 978-957-598-630-8（第4輯：平裝）

　1.釋聖嚴 2.學術思想 3.佛教哲學 4.文集

220.9208　　　　　　　　　　101005860